戦中・戦後の経験と戦後思想

一九三〇—一九六〇年代

北河賢三・黒川みどり 編著

現代史料出版

はじめに

北河賢三

私たち日本現代思想史研究会のメンバーが近年共通のテーマに据えてきたのは、（1）「戦後知識人」の思想を中心とする戦後思想史、および（2）戦争体験論である。（1）は『戦後知識人と民衆観』（影書房、二〇一四年）に、（2）は『年報・日本現代史』第二四号の特集「戦争体験論の射程」（二〇一九年）に、それぞれ反映されている。

（1）については、『戦後知識人と民衆観』の編者の一人赤澤史朗が「戦後知識人と民衆観」というテーマに関連する主な研究に言及しているが、その前後から今日までに、清水幾太郎、花田清輝、高杉一郎、松田道雄、竹内好、福田恆存、丸山眞男、日高六郎、加藤周一、鶴見俊輔、谷川雁、吉本隆明、藤田省三、松下圭一など、「戦後知識人」の思想を論じた著書・論文が著されている。本書の執筆メンバーも近年、松田、竹内、丸山、日高、鶴見、松下についての研究を発表しており、本書では諸論稿を通じて、戦中〜戦後の思想史を見透すことに力点を置きたいと思う。

その点で参考になる最近の研究として、松本礼二『知識人の時代と丸山眞男　比較20世紀思想史の試み』（岩波書店、二〇一九年）と、三宅芳夫『ファシズムと冷戦のはざまで　戦後思想の胎動と形成　1930―1960』（東京大学出版会、二〇一九年）がある。いずれも日仏（松本の場合はフランスおよび欧米）知識人の思想の比較思想史論であるとともに、松本は二〇世紀という長期のスパンで「知識人の時代」と丸山眞男を、三宅は一九三〇〜六〇年代というスパンで「戦後思想の胎動と形成」を、論じているという点で示唆に富む著作である。

松本は、「知識人の時代」は終わったとしても、「二〇世紀思想の文脈においての歴史的検証が今ほど必要な時はない。……林達夫から丸山眞男まで、日本の知識人の思想を歴史的に対象化することは、彼らの知的遺産を糧にものを考え始めた世代の歴史家の義務であろう」(「思想の言葉」『思想』一九九四年一〇月)と述べている。その時点からさらに四半世紀を経て研究者の世代交代も進んでおり、松本の世代の知的経験が今日通じるものかどうかわからないが、「日本の知識人の思想を歴史的に対象化すること」は、今日の私たちの課題でもあろう。

戦後思想史の研究は多様で、一方では、「戦後知識人」と「戦後思想」「戦後民主主義」の弱点や限界、「虚妄」や「幻想」に照準を合わせて、そのネガ像を描くことに力点を置く著作も目立った。尤もと思う指摘もあり、それらの限界に気づかされるが、歴史の無理解も見受けられる。歴史的限界があることをふくめて、「戦後知識人」の戦中・戦後の経験と思想的・学問的営為の歴史的意味を受け止め伝えることは、私たちの責務だと考える。

松本は上記の著書において、知的エリートが政治や経済のエリートから明瞭に分離せず、知的集団内部の専門分化も進行していない明治期のエリートと区別される明治末以降の知識人を、①「大正教養主義ないしオールド・リベラリスト世代」、②「一九〇〇年—マルクス主義の世代」、③「戦後啓蒙の世代」、に区分して論じている。これまで用いてきた「戦後知識人」の中心部分は、③の「戦後啓蒙の世代」にほぼ対応するリベラル派であり、松本は「戦後啓蒙の世代」として、清水幾太郎(一九〇七〜一九八八)から鶴見俊輔(一九二二〜二〇一五)までを例示的に挙げている。彼らはしばしば「進歩的知識人(文化人)」と揶揄・批判されてきた知識人であるが、「進歩的知識人」という呼称が流布したのは、裏返せばその威信が高かった時代でもある。

本書で取り上げている知識人は、上田美和「知識人の戦争責任論——当事者意識の視角から——」(以下、上田論文と記す)が注目している①の世代の「オールド・リベラリスト」安倍能成や労農派マルクス主義者の大内兵衛らを除くと、和田悠「松田道雄における市民主義の成立」、北河賢三「市民の哲学者・久野収の成り立ち——戦時下の経験を中心に――」、黒川みどり「「部落共同体《むら》」との対峙――丸山眞男における一九五〇年代後半から六〇年代――」、宮下祥子「日高六郎の学校教育をめぐる思想と運動」は、いずれも③「戦後啓蒙の世代」の知識人論である。また、高木重治「山形県における国民教育運動の展開――山形県児童文化研究会と山形民研グループ――」が取り上げている山形県の教育・文化運動のリーダーの須藤克三、真壁仁も同じ世代である。なお、上田が安倍・大内のほか、もう一方の軸に据えているのが丸山眞男である。

松田、久野、丸山、日高は、いずれも戦時中までに思想的・学問的基盤を築いており、しかもマルクス主義の影響を深く受けているリベラルだが、戦後の一時期までの松田を除くと、マルクス主義者との自己意識はない。一方、マルクス主義的知識人の動向を論じたのは、高岡裕之「「構造改革」論の成立に関する覚書――一九六〇年前後のマルクス主義――」である。同論稿で高岡が「構造改革」派の代表的論客として取り上げているのは、やはり③の世代に属する佐藤昇である。

一方、(2)の戦争体験論については、赤澤史朗が上記の『年報・日本現代史』第二四号「特集にあたって」のなかで、「戦争体験論の射程」の趣旨を述べている。赤澤によると、「「戦争体験」の持つ独自の作用の一つは、これまで全く見えなかったものを明瞭に意識化させるもの」「公式のタテマエとは距離のある社会の実態を、自己や他者の体験を通じて具体的に知らせるもの」だという。戦争体験の記録は膨大にあり、それに言及した文章は多く体験記を用いた研究も少なくない。また、「戦争体験の思想化」の必要(とその困難さ)は、戦中派の安田武ら(第二次)わだつみ会によってつとに唱えられてきた。にもかかわらず、赤澤が「戦争体験を冠した本は多いが、戦争体験の思想史研究は、けっして多くはない」(「「戦争体験論」の成立」『歴史評論』二〇一八年八月)と述べているのは、妥当であろう。

本書で、そういう視点を受け継いで女性の戦争体験を論じているのが、井上祐子「『婦人民主新聞』に見る戦争観と戦争体験記――敗戦から一九六〇年代まで――」である。井上論文では、女性の戦争観と戦争体験記の各時期の特徴とその推移が跡づけられている。また、取り上げられた女性の戦争体験記には、戦争の被害とともに、あるいはそれ以上に家制度の重圧がのしかかったこと、引揚の体験記には「一般女性を救うためにソ連軍兵士たちに差し出された「水商売」の女たちがあったこと」など、性暴力の被害および「女性間の差別の問題」が記され、男性の戦争体験記との相違が浮き彫りになっている。後者の性暴力と差別の問題は今日では広く知られるようになったが、『婦人民主新聞』のみならず六〇年代以降の戦争体験記において、しばしば取り上げられている。なお、戦争体験論の意味を考えるうえで、前記『年報・日本現代史』第二四号所収の「特集論文」（小沢節子、望月雅士、小林瑞乃、米田佐代子）および「研究動向」（矢崎彰）が参考になろう。

　戦争体験はふつう、兵士・民間人の戦地・戦場体験、沖縄戦・引揚・抑留の体験、空襲・原爆による戦災、疎開、徴用、勤労動員その他の銃後の動員や日常の生活体験を指すことが多いが、本書では戦争とファシズム下の抑圧の時代を生きた人びとの諸々の経験をも視野に入れて、とくに日中全面戦争以降の戦時下の経験を、本書のタイトルでは「戦中」の「経験」と表記している。

　「戦後啓蒙の世代」の知識人の思想は、いずれも戦争の時代の経験と深く結びついている。本書では、北河が久野収の「戦時下の経験」を中心に据えて、その経験と戦後思想の関係を論じている。松田道雄については、和田が松田の一九三〇年代の経験と戦後の思想と行動との関係を重視して論じている。松田のロシア史・革命思想史研究や『昭和史』論争への参加は、彼の戦前の経験と不可分のものであった。また、上田論文は、「オールド・リベラリスト」に代表される戦前派と、「戦後啓蒙の世代」に対応する「準戦前派」および戦中派という異なる世代の知識人の、戦争体験の差異にもとづく戦争責任論・戦争責任意識を、「当事者意識」を軸に論じたものである。

　以上、知識人の動向を中心に、人びとの戦争の時代の経験と戦後思想の関係を指摘してきたが、いま一つの留意点は人びとの戦後の経験であり、戦後の政治・社会・文化の動向に向き合い、そのなかでの問題の発見にもとづいて、政治・社会認識を変化あるいは深化させ、新たな課題に取り組んでいったことである。本書のタイトルを「戦中・戦後の経験と戦後思想」とした所以である。「戦後の経験」（藤田省三）という言葉からは、①敗戦後の「焼跡・闇市」時代の経験（とその結晶としての作品群）が想起されるであろうが、ここではそれとともに、とくに②一九五〇年前後からの東西冷戦の深刻化とレッドパージ・「逆コース」、そのなかでの平和問題談話会の結成と活動、③五五年の日本共産党六全協、五六年のスターリン批判・ハンガリー事件の衝撃による共産党およびマルクス主義の威信と影響力の低落、④六〇年安保闘争の経験、などを念頭に置いている。

なお、戦後の経験と戦後思想の関係については、当然のことではあるが、対象とする人物と各筆者の問題関心ならびに視角、先行研究および筆者自身の研究との関係によって、テーマ設定の仕方が規定されることになる。

たとえば、日高六郎は、戦中～一九五〇年代に「日高社会学」と称される独自の学問・思想を形成するとともに、五〇年代以降、さまざまな問題に取り組み諸集団の運動にも積極的に参加する「行動する知識人」だった。したがって、日高を論じる際には、いくつもの課題設定が考えられる。そのなかで、宮下祥子は日高の教育問題・教育運動への取り組みに注目して論じている。日高の教育問題へのかかわりは、偶然の契機もあったが、四八年の社会科教科書の執筆に始まり、五五年以降は、日教組教育研究全国集会に長期にわたって伴走し続けた。宮下論文には、日高以外にも教育学プロパーではない教研集会の講師・参加者の竹内好、桑原武夫、加藤周一、木下順二、安田武、遠山啓らの批評や日高との対話、日高の応答が引用されており、彼らの教師論をふくむ、戦後思想史における教育の意味について考えさせられる。そのうち安田は、日高の教師観を批判しつつも日高の「辛抱づよさ」を指摘しており、筆者の宮下は、「教育に関わらなければ、日高六郎という知識人はおそらく相当違う姿になっていたのではないか」と述べている。日高に接した人びとの証言や宮下論文から、直面する諸問題に取り組み続けた日高が、寛容の人であるとともに知識人としての責任感が強い人だったことを窺知することができる。

なお、教研集会に参加した各地の教師たちの教育実践や地域の教育運動の実情は、一部の地域を除いてほとんど検討されていないが、高木論文は、山形県において教育・文化運動をになった諸集団の一九五〇～六〇年代の動きを明らかにするとともに、綴方や詩に表れたこどもたちの生活と意識、それに向き合う教師たちの姿を伝えている。

日高とともに市民主義を唱え牽引した彼より年長の知識人は、久野収と松田道雄だった。久野と松田の市民主義については、北河と和田が論じている。このうち松田がベ平連運動と小田実が提示した市民運動の思想に共鳴して市民主義に踏み出すのは、一九六〇年代後半のことである。和田論文はそこに至るまでの松田の歩みを論じたものである。戦前マルクス主義に深く影響され、周辺部においてではあれ共産主義運動にかかわった松田は、久野や丸山眞男らの思想に影響をうけ、知識人の主体性論争ともいうべき一面をもつ『昭和史』論争に参加するなかで、自らの戦前の体験を顧みて、共産党の戦争責任とともに、知識人としての自己の戦争責任と主体性を問い直し、さらにはマルクス主義の革命理論を批判した。そして六〇年代には大衆社会化とともに管理社会化が進行するなかで、マルクス主義的革命理論（マルクス・レーニン主義）を無効とみなし、管理社会を変革する運動として「市民運動」を発見するに至るのである。

丸山眞男の場合は、丸山自身が自らの精神的軌跡を率直に語り、学問的道程を随時整理して論じており、また、他の知識人に比して研究蓄積も多いので、おおよその思想的道行きを知ることができる。前記の黒川論文は、それをふまえて、一九五〇年代後半から六〇年代末までの丸山の言動と研究を丹念に追った論稿である。それは煎じつめれば、五〇年代後半以降の丸山の日本の政治・社会および思想状況に対する認識（危機意識）と、その認識にもとづく「日本の思想」の再認識・深化であり、「日本の思想」の根にあるもの、すなわち「原型」（のちの「歴史意識の「古層」」）の探究に向かっていった、そのプロセスと思索を跡づけた論稿である。黒川は、丸山が安保闘争の高揚や全共闘運動に向き合うなかにおいても、「「部落《むら》共同体」との対峙」という課題を一貫して追究し続けたことに注目して論じており、その末尾において、六〇年代末の時代状況のなかで安田武が丸山の学問に向き合う姿勢に共感を込めて、「この厳しいリゴリズム」と評している条を引いているのが印象的である。

ところで、本書で取り上げた主な知識人は、安倍能成、松田道雄、久野収、丸山眞男、日高六郎など、期せずしてであるとはいえ、いずれもリベラルである。戦後史・戦後思想史においてリベラル派知識人の果たした役割は大きかった。とくに、冷戦が激化するなかで多くの知識人が参加した平和問題談話会において、久野、丸山らが「知識人の独立性」を重視したことは、その後の諸運動において知識人の威信を高める契機となったと考えられる。一方、敗戦後、共産党などの左翼勢力とマルクス主義の影響力は大きかったが、一九五〇年のコミンフォルム批判を機とする共産党の分裂と武装闘争の時期を経て、共産党は五五年の六全協において自己批判したものの、その威信は低下し、五六年のスターリン批判・ハンガリー事件によって社会主義に対するマルクス主義者内外からの懐疑・批判が高まった。そうした状況においてリベラル派知識人の威信はいっそう高まり、それゆえに、六〇年安保闘争において彼らが有意な役割をにない得たとみることができよう。

一九五〇年代後半～六〇年代の左翼党派については、既成左翼に対する新左翼の成立と、その後の新左翼の四分五裂を中心に論じられることが多い。高岡裕之が前記の論稿で取り上げている「構造改革」論も、スターリン批判の衝撃をきっかけに登場したマルクス主義者内部の政治思想である。「構造改革」派も広くは新左翼とみなすことができるが、ブント（共産主義者同盟）などに代表される新左翼とは明らかに区別される流派である。従来「構造改革」論は、社会主義への平和的移行を提唱したイタリア共産党の戦略を踏襲した理論とみなされ、共産党・社会党内の一部の勢力とその政策論を対象として、政治史的文脈において論じられてきた。これに対して高岡論文は、「構造改革」論登場の歴史的意味を思想史的観点から論じており、併せて戦後マルクス主義思想の様相を照らし出す新たな問題提起の論となっている。

以上に述べてきたように、各論稿は対象とする知識人などを中心にして、その戦中~戦後もしくは戦後の歩みを描き、それぞれの思想的特徴や姿勢を明らかにしている。とくに知識人論の場合には、各論稿は密接に関連しており、取り上げられた人物の数は多くしかも相互にかなり重なっているので、それらを突き合わせることによって、一九三〇年代~六〇年代の思想状況を、ある程度見透すことができるのではないかと考えている。

この「はじめに」は、もう一人の編者である黒川みどり氏の意見をふまえて、北河の責任でとりまとめた。

なお、本書の編集・出版は、前記の『年報・日本現代史』を発行している現代史料出版の赤川博昭氏にお願いした。赤川氏は快く引き受けてくださり、コロナ禍の最中にもかかわらず、順調に刊行にこぎつけることができた。記してお礼申し上げたい。

目　次

I　知識人の戦争責任論
――当事者意識の視角から――

上田美和

はじめに

二〇一七年から一八年にかけて、吉野源三郎著『君たちはどう生きるか』がベストセラーになった。一九三七年に発表された本が、八〇年の時を超えて脚光を浴びたのである。現代の読者の受け止め方の大半は、〝コペル君を中心とした少年たちの友情物語〟であって、〝軍靴の音近づく時代に、作者吉野源三郎が若い世代に送ったメッセージ〟という面には、さほど関心は寄せられなかった(1)。作家梨木香歩による次の指摘は興味深い。主人公のコペル君は作中で一五歳の設定であり、作品発表年から計算すれば、一九二二年生まれである。吉野が思いを込めて描いたこの世代は、皮肉なことに「その後真っ先に戦争に駆り立てられる運命となるのだが……(2)」。

コペル君と同じ一九二二年生まれには、どのような人々がいるだろうか。たとえば、鶴見俊輔、上原良司、佐々木八郎、山田風太郎、安田武、橋川文三、といった人々がいる。梨木がいうように、彼らは学徒出陣等による戦死者が多い世代である。生きていれば、敗戦時二三歳になったこの世代は「戦中派（ダン・ゲール）」の中心に位置する。他方、コペル君の生みの親である吉野（一八九九年生）らの世代は「戦前派（アヴァン・ゲール）」と呼ばれた。一般に戦前派と戦中派には、親子もしくは師弟程度の年齢のひらきがあった。(3) また、戦前派と戦中派の間に位置する世代がある。丸山眞男（一九一四年生）は、自身を「片足戦中派・片足戦前派」と分類する。戦中派ほど満身アナーキーでもニヒリズムでもなく、戦前派のように「いい時代」も少しは知っている、という自己分析による。(4) そこで、この世代を本稿では「準戦前派」と呼ぶことにする。世代論の始まりは、敗戦直後に丸山たちが結成した青年文化会議の主張が嚆矢である。丸山は「非常な被害者意識で結束」「怨恨と被害意識から出発した」と振り返る。(5) 準戦前派は戦前派批判という点では、戦中派と近い位置にいた。

吉野源三郎は、岩波書店が一九四六年一月に創刊した総合雑誌『世界』の初代編集長であった。一高時代に安倍能成（一八八三年生）(6) の教え子であった吉野の尽力によって、草創期の『世界』には幅広い執筆陣が集った。しかし、世代間の溝は次第に顕在化していく。(7) 安倍ら戦前派の人々は、一九四八年七月創刊の雑誌『心』に活動の重心を移すようになった。

安田武（一九二二年生）は、年齢の差はわずかであっても、戦中派の内部ですら「掩えない断層がある」という。(8) 世代差の断層について先行研究は次のように説明する。小熊英二は「世代の相違から派生した、戦争体験のちがい」と述べ、(9) 福間良明は、戦前派と戦中派の「教養」の圧倒的な差を対立要因に挙げている。(10) もちろん小熊が指摘するように、戦争体験といっても、同世代間ですら居住地域や空襲経験の有無などによって差異が生まれ、均質ではなかったことには注意するべきである。(11)

以上を全て考慮に入れた上で、世代間断層の決定的な要因は、鶴見俊輔（一九二二年生）が示唆したように、動員経験の有無だったと筆者は考える。鶴見は留学先のアメリカから交換船で帰国し、海軍軍属としてジャカルタに勤務した体験をもつ。「［戦前派は─引用者注］だれ一人として昭和六年から二〇年までの間、動員年齢でなかったんだ。これだけでも決定的ですよ」[12]。動員経験のある準戦前派と戦中派は、被害者意識をもって戦前派に対峙したのである。鶴見の示唆を受けて筆者は、知識人たちの戦争体験の差異から、戦争責任の問題を考えることにしたい[13]。そこで、〈知識人たちは、それぞれどのように戦争責任を引き受けたのか〉が本稿の課題である。

先行研究において赤澤史朗は、戦後日本における戦争責任論の変遷を次のように時代区分している。第一期：一九四五～五四年。戦前派が主な担い手。第二期：『昭和史』（一九五五年）論争を画期とする一九五五～六四年。戦中派が主な担い手。第三期：日韓条約、ベトナム反戦運動を画期とする一九六五～八八年。戦時中は国民学校の生徒だった「少国民」世代が主な担い手。第四期：冷戦終結を画期とする一九八九年以降。「純戦後」世代が主な担い手。第三期以降は、戦争責任の処理を怠っていたという意味で戦後責任も含まれてくる[14]。本稿では、赤澤氏区分の第一期を中心に、第二期までを射程に入れて分析する。

戦争責任論は世代間の断層を浮き彫りにした。丸山眞男は「解放されたという意識の方が強くて…自分個人として戦争責任があるとはまず思っていなかった」「自分の手が汚れているということとは当然に違う[15]」と語る。「当時むしろ憎しみと軽蔑をもったのは、やはり、戦争中羽ぶりのよかった知識人たちに対してですね。…被害者意識もあったんです[16]」。

自分たちは戦争に強制的に動員された被害者であり、戦争責任があるとすればむしろ、戦争指導を行った戦前派世代であるというのが、丸山たち準戦前派、および戦中派の認識であった[17]。つまり、準戦前派・戦中派には被害者意識が強く、戦争責任意識が希薄だったということになる[18]。では彼らに比べ、自らの手を汚すことなく安全な場所にいた戦前派ならば、戦争責任を負う主体になりえたのだろうか。本稿は、戦争責任を引き受ける主体を〝当事者意識〟の視角から探っていきたい。戦争体験者の知識人が戦争責任を問うときに、批判対象にその人自身は入っていたのか、という視角である。もちろん知識人は、戦争指導者ではなく、むしろ当時、それぞれの持ち場で抵抗した人々もいる。現代の立場から彼らを問責するのではなく、彼ら知識人が自身の戦争体験をどのように位置付けたのか、というのが本稿の問題意識である。

一　戦争責任とは何か

本稿での議論の前提として、戦争責任の種類を整理する。

第一に、〝何に対する責任か〟という分類である。この戦争に負けた責任だけではなく、負ける戦争を始めた責任（開戦責任）、および長期にわたり戦争を継続した責任を含めて「敗戦責任」と呼ぶ。他方、交戦国およびアジア諸国への侵略戦争責任を「加害責任」と呼ぶ。

第二に、〝戦争責任の主体の範囲〟による分類である。戦争指導者に限定する狭義のもの（指導者責任論）と、国民・民衆にまで及ぶ広義のものがある。戦争協力の度合により、責任に軽重はある。

以上、第一と第二の種類の掛け合わせで、戦争責任論は次のようなカテゴリーに分けられる。

（a）戦争指導者に敗戦責任があるとするもの。

（b）国民にも敗戦責任があるとするもの。

（c）戦争指導者に加害責任があるとするもの。

（d）国民にも加害責任があるとするもの。

敗戦当時の日本社会で、責任ということばは戦争を振り返る文脈で頻繁に使われた。しかしそれは（a）（b）の敗戦責任の意味が大半であった[19]。しかも、敗戦直後の日本国民に屈辱感と被害者意識が先行した結果、特に（a）に相当する、指導者の敗戦責任論に集中したのである[20]。一九五〇年代半ば頃までこの傾向が続いた。荒井信一は、日本における加害意識の希薄さの理由を「日本の場合には脱植民地化が軍事的崩壊とともに他律的に行われたために、本国国民の自意識にトラウマティックな影響を残すことは少なかった」ためと説明している。[21]

（a）の例として、一九四五年九月、政界を代表するリベラリストの芦田均（一八八七年生）は帝国議会で「大東亜戦争ヲ不利ナル終結ニ導キタル原因並其責任ノ所在ヲ明白ニスル為政府ノ執ルベキ措置ニ関スル質問」を行い、日本を敗戦に導いた重大責任者を明らかにするべきだと主張した。[22] 準戦前派の丸山眞男は「軍国支配者の精神形態」（一九四九年）において、日本ファシズムを「無責任の体系」という視角によって鮮やかに読み解いてみせたが、これは指導者責任の追及であった。[23]

（b）の例として、伊丹万作（一九〇〇年生）「戦争責任者の問題」（一九四六年）がある。「だまされていた」とうそぶく民衆に対して「だまされること自体がすでに一つの悪である」と喝破した。[24] 大熊信行（一八九三年生）は『戦争責任論』（一九四八年）において、次のように述べている。国内的に戦争責任論は、戦争に勝った場合には発生しない。敗戦という結果に導いた開戦責任も含まれる。[25] 戦争犯罪と戦争責任は区別される。前者は刑法的概念であり、後者は政治的・道徳的概念である。[26] 大熊は、今度の戦争は国民全体が戦争責任者であると説く。「「国家」といふ掴みどころのないものに、一切の責任を着せ、事実的責任能力ある個人が、責任をまぬかれるという過去の通念が、清算される」「その程度は、満洲事変から終戦まで、各自の享有した権限または権力に正比例すべきものだ」と主張した。[27] また、中野好夫（一九〇三年生）は、「一つの告白」（一九四九年）において、戦争中の自らの協力責任を告白し、今後は絶対に平和を守ると誓うことで反省を生かそうとした。[28]

カテゴリー（c）（d）のように、敗戦直後にいちはやく加害責任をとりあげた知識人は存在するが、多くない。[29]

（c）の例として、横田喜三郎（一八九六年生）は「戦争責任論」と題し、満洲事変以降の日本の戦争が、不戦条約で禁止された侵略戦争であったから、これを行ったのは国際的犯罪であると述べている。[30]

（d）のように国民・民衆の加害責任を問う声が小さかった理由は、吉田裕によると「民衆の戦争責任の問題をとり上げることが、結果的には指導者の免責につながるという警戒心が知識人の間で根強かったこと」が挙げられるという。[31] ここでは（d）の例に、安倍能成と、日中戦争への従軍経験をもつ竹内好（一九一〇年生）[32] を挙げる。

戦争末期に安倍が第一高等学校校長だったことを竹山道雄（一九〇三年生）は「疑うことのできないしあわせであった」と書いている。[33] 安倍校長は軍事教練の査察、学生生活全般への軍部の介入に対し、〝瑣末な要求は受け入れるが肝心な部分には従わない〟方針を実践し、一高は廃校の危機を乗り切ったといわれる。[34] また、戦局悪化に伴い、一高在学中の中国人留学生に危害が加えられることを危惧した安倍は、一九四五年八月、四三名の留学生を山形県に疎開させ、彼らの安全を確保したりもした。[35] そうしたなか、多くの学生が出征していった。

一高校長時代の安倍が「教授や学生たちからうけていた信頼と敬愛とは、戦後も長い間語りぐさになっていた」[36]。たとえば、一九四五年四月、沖縄海上で二二歳の若さで特攻死した東京帝大生佐々木八郎も、一高で受けた安倍の修身の授業について「安倍さんの話にはいつも多くのテーマがあって、…友情の思い出話が印象に残った」と感慨深く書いている。[37]

「軍部に媚び」なかった戦争中の行いによって、戦後の安倍は「いくらか流行児になつた」[38]。しかし安倍は「私は…たゞ傍観するのみであつて、組織的政治的にそれに反対することはできず、唯自分自身に直接交渉する事件に対して、どうしても承認の出来ぬ事に対して、反抗の言論と小さな行動をするに過ぎなかつた」[39]「悔恨の念」「阻止し得なかつた国民、即ち我々の無気力と怠慢との責」[40]「私は戦争中にかいた文章を読んで、誇を覚えるよりもむしろ恥を感ずる」[41] と後悔の弁を繰り返した。それは「この戦争の直接の責任者でなくて、しかもこの戦争のためにもっとも多く犠牲を捧げた」[42] 戦死した教え子たちへの懺悔であった。こうした悔恨は当時の教員たちに共通する真情だっただろう。[43]

重要なのは、安倍がアジア諸国に対する日本国民の戦争責任について、敗戦直後から言及していたという事実である。「我々日本国民が中国に対して今まで何をなし来たつたかを反省し、懺悔し陳謝」(44)「日本人は多くの場合この共栄圏の国民を貧しくし、不幸にし、彼等から尊敬せられぬどころか、彼等から嫌悪され、…我々は又中国に於ける一部の同胞の振舞に思ひ及んで、一層心を暗くする」(45)。

他方、ＧＨＱの占領下で竹内好は、先の戦争の日中戦争の側面を強調し、日本国民個人の道徳的責任を主張した。「中国人の抗戦意識が、現在でもまだ一般の日本人にわかっていないからである。それがわからぬことは、戦争の性質がわからぬことである。…侵略戦争というコトバを口にする人が、その侵略戦争を実感として感じていない。口にすることの多い人ほど感じていないように見える。…戦争は、一面においては、国民の一人一人にかかわる問題を含んでいる。個人の負うべき道徳上の責任を国家権力に帰することはできない(46)」。

一九四〇年代後半は、被害者意識が先行し、加害意識が希薄な時代であった。しかし安倍と竹内は、早期に戦争責任論に向き合い、アジア諸国への加害責任に明確に言及したという事実において、当時の知識人のなかで際立っていたといえる。

二　ほどけていく結び目

冒頭で述べたように、雑誌『心』の成立経緯は『世界』の成立と密接に関わっている。安倍能成は、一九四五年に入り、山本有三、志賀直哉、和辻哲郎、谷川徹三らと早期講和のための私的な会合を始めた(47)。重光葵外相の意向を受けた外務省の加瀬俊一《としかず》が山本に、予想される終戦時の社会的混乱もしくは「左翼革命」に備えて対策を練ってほしい、と依頼したのがきっかけだった。メンバーは重光外相を訪問し、そこでは戦局について内密の話が交わされた(48)。

志賀の発案で、会の呼び名は外相官邸のあった麹町三年町にちなみ、「三年会」とされた。戦後、三年会は「同心会」（柳宗悦の命名といわれる）と名を変え、それが『世界』（命名は谷川徹三）の母体となった[49]。同心会は毎月一、二回の例会を岩波書店で行い、上野の博物館講堂で講演会を開催していた[50]。同会員は三〇～四〇人の知識人たちであった[51]。「迎合しなかったリベラルな思想家や芸術家の集まり」[52]である同心会が編集に協力すると『世界』創刊号に明記されている。岩波書店社長岩波茂雄（一八八一年生）は安倍の長年の親友であり、『世界』は「安倍先生を除いてはその創刊が考えられない」ほどだった[53]。こうした経緯からもうかがえるように、草創期の『世界』は出版界の「リベラル保守」に位置するとみられていた[54]。「金ボタンの秀才のような雑誌」と呼ばれた『世界』は創刊号八万部を売り切り、上々のスタートをきった[55]。

　このような創刊当初の雰囲気は、同時期に成立した「民主人民戦線」とも似ていただろう。一九四六年一月、共産党の野坂参三が亡命先から帰国し、山川均が人民戦線論を唱導し、これに呼応する組織が全国各地に発生した。三月に開催された「民主人民連盟」世話人会では、野坂、安部磯雄、石橋湛山、羽仁説子、大内兵衛、長谷川如是閑、三浦銕《てつ》太郎らが集結したのである[56]。

　一九四八年一二月には、安倍は吉野の要請によって、平和問題談話会の議長を務めることになる。一九四〇年代後半、冷戦による国際・国内対立の深刻化のなかで安倍は、戦前派と準戦前派の結び目としての役割を辛うじて果たそうとしていた。丸山眞男と吉野は平和問題談話会における安倍のリーダーシップを「フワッとしていて、しかも根本のところはちゃんとおさえて全部を統率していく指揮者」「たしかに抱擁力がありました」と語っている[57]。後から考えれば驚くような幅広いメンバーの連帯が成り立ったのが、戦後初期という時代であった。「何か過去の［戦争への――引用者注］根本的な反省に立った新らしい出直しが必要なのではないか」という意識でつながった人々を、のちに丸山は「悔恨共同体」と呼んだ[58]。

もっとも、『世界』の草創期からすでに不協和音はあった。一九四六年一月創刊号の巻頭論文「剛毅と真実と知慧とを」を書いたのは安倍だったが、「新しい時代への動きにさからうから」という理由で、GHQのプレス・コードによる削除処分を受けた。この事件以後、『世界』編集部内で「同心会の主流は排除すべきである」との主張が高まったという。(59) 安倍は一九四六年一月、幣原内閣文部大臣に就任し、四月には親友の岩波茂雄社長が死去したこともあって、『世界』とは距離を置くようになる。同心会の人々は生成会（長與善郎による命名）と名を変え、(60) 一九四八年七月創刊の『心』（当初、向日書館、のちに日本評論社刊、月刊誌、一九八一年八月終刊）に注力していく。(61)

『心』創刊号で、安倍は『世界』からの離脱について「吉野源三郎君は私と時代は違って考は違ふけれども、真面目に周到に考へて堅実な方針でやつて居るし、今更私が世話をやく必要もないと、…いつの間にか編輯に関係しないことになつた」と説明する。(62) また、日本が敗戦による領土縮小とインフレによる生活苦で「僅に残れるは唯「心」あるのみ」という意味から誌名がつけられたという。(63) 安倍は、宮内省の管轄を離れて私立学校として戦後再出発した学習院の院長として張りきっていた。彼は、「許された言論と思想の自由」が「暴力の圧迫と責任を忘れた放縦」と履き違えられていると危惧し、学生たちに「自重」を呼びかける。(64)『心』編集部が目指すのは「さわがしい人でも、流行を追う人でもなく…日本の内で、最も落ちついた、勤勉な人々に愛読される雑誌」であり、(65)「『心』の出現を従来の総合雑誌の傾向に対する抗議」(66) と述べていることからも、生成会メンバーの円満的離脱を強調しつつ、『世界』を強く意識していたことがわかる。

『世界』のほうでも、座談会「世代の差違をめぐって　進歩的思潮の批判と反批判」が組まれた。(67) 同座談会で安倍は「ほんとうの意味の愛国心が生れてこなければいけない」として、若い世代というよりも労働者の権利要求を批判した。安倍は「ほんとうの意味の愛国心」とは軍国主義的な愛国心ではないと主張し、冷戦の対立が国内冷戦の構造を呈していることに警鐘を鳴らした。議論は噛み合わなかったが、安倍曰く、世間の注目は引いた。(68)「外の嵐が強くて、戦争中は同じやうな位置にゐた人達をも、徐々にまた急速に相隔てていつたからである。『世界』そのものも最初の同心会の立場からずんずん遠のいて行くやうに見えた。それに対して心平らかでない人も同人中には多かつた[69]」。

このように、「外の嵐」の激しさによって、かつての「フワッとし」た結び目がほどけていくのは時間の問題だった。戦前派は学生運動を非難した。たとえば竹山道雄は、レッドパージに抗議する東大の学生運動から、一九三六年の二・二六事件を想起するのである。矢内原忠雄教養学部長（一八九三年生）が戦争中に「わだつみの声をきかせまいとして生活を賭した」ことを、今の学生は知らずに敵視しているのだ、と竹山は憤慨する[70]。田中耕太郎（一八九〇年生）も、学生の暴力的行動は往時の青年将校と同様だと述べている[71]。竹山や田中のように、戦前のファシズムと戦後の学生運動を同一視する戦前派は、戦没学徒への懺悔を敗戦後わずか数年で忘却したのだろうか。安倍は、天野貞祐（一八八四年生）、和辻哲郎（一八八九年生）との鼎談で、自分たち戦前派の責任にも一応は言及している。「ほんとうに勉強すべきときに勉強ができなかつた…欠陥が現在の青年には存する…それは青年自身の責任よりも戦争をやつた、又戦争を止め得なかつた我々年輩の責任だというべきだろうが、戦争を始めた以上やむを得ないことでもあるし…[72]」。

和辻は、学徒出陣して帰還した学生を「戦争に行つてきた連中は、何かしらやはり身につけてきてゐますね…苦労しただけ育つてゐる。…今活発に動き出してゐる左翼の連中よりも、経験を積んでゐる」と評している[73]。和辻は学生を戦争に送った負い目から、学徒出陣の学生と学生運動に参加する学生は別物だと、分けて考えたかったのだろうか。

こうした戦前派の学生観は、やがて一九五一年に発表された、天野貞祐の「国民実践要領」に行き着く。天野は一九五〇～五二年、第三次吉田内閣の文部大臣を務め、教育勅語がなくなった後の道徳律が必要だとして、同要領を『心』誌上に掲載した。「おのれをほしいままにする自由はかえつておのれを失う」「責任を伴わぬ自由はない」「血気の勇はかえつて事を誤り、真の勇気ではない」「節度が必要である」「社会の規律を重んじなければならない」「軽々しく流行を追うべきではない」「国家はわれわれの存在の母胎」「天皇を親愛し、国柄を尊ばねばならない」と続く。[74] とにかく学生運動を抑制しようとする意図がうかがえる。[75]

『心』は、同人の平均年齢が六〇歳を超え、[76] 一九五〇年代には名実ともに〝オールド・リベラリストの雑誌〟としての地位を確立した。[77] 出版社は、日本評論社、酣燈社、平凡社と移り変わったが、生成会は全国各地に支部をもち、『心』は一定数の愛読者を擁していたことがわかる。[78]

『心』と『世界』は戦後日本の新旧リベラリスト、すなわち「オールド・リベラリスト」と「ジュニア・リベラリスト」の関係と相似している。『世界』一九五四年四月（創刊百号記念）号に、安倍や小泉信三（一八八八年生）らオールド・リベラリストの人々は〝『世界』は偏っている〟と批判的コメントを寄せた。他方、たとえば安倍の息子は『心』に見向きもしなかったようだ。「私の次男などは『世界』は愛読して居るが、『心』は殆ど読まうともしない。近頃の若い人だちは恐らく私の二男と同じであらう。『心』と『世界』との隔りの如く、私も『世界』を支配する思想や感情や感覚には、親近を感じないものがある」。[79]

三　戦前派の戦争責任論

本節では、『心』同人を中心とした戦前派が、戦争責任をどのように考えていたのかについて、冒頭区分の第一期を中心に追跡する。

冷戦の進行は日本の占領政策を転換させた。講和と再軍備をめぐる対立が先鋭化するなか、安倍が議長を務める平和問題談話会は一九五〇年、「講和問題に関する平和問題談話会の声明」を発表した。全面講和論の立場をとる同声明には署名離脱者が出た[80]。同談話会と『心』双方に参加している者の間でも意見が割れた。安倍能成、天野貞祐、大内兵衛（一八八八年生）、矢内原忠雄（一八九三年生）、和辻哲郎は署名したが、田中耕太郎は単独講和の立場から署名しなかった。

一九五〇年六月二五日、朝鮮戦争が始まった。安倍は日本がとるべき途は「徹底的平和…絶対に戦争をせぬといふこと」「戦争に対する絶対不介入、即ち中立の外にない」と主張した。それが「戦争に死に果てた同胞」と「アジヤ諸国」への「罪滅し」だと述べている。「日本人以外例へば中国、フィリッピン、タイ、マライその他を、「大東亜共栄圏」でなく「大東亜共餓圏」にし、発頭人たる我々日本以上の苦痛と困難とに陥れて…」[81]と、安倍はアジアへの戦争責任を引き続き強調している。一九五一年九月、サンフランシスコ講和条約成立により西側諸国との単独講和が成立し、全面講和論が否定された後も、安倍は全面講和を諦めなかった[82]。安倍は、「私自身の意見であつて、『心』同人の意見を代表するものではない」とことわった上で「再軍備断じて非なり」という無軍備論を展開したのである[83]。

では、『心』同人の中で安倍と同じ戦争責任観をもつ人は、ほかにいなかったのだろうか。それは大内兵衛である。東大経済学部で財政学講座を担当していた労農派の大内は、森戸事件（一九二〇年）や第二次人民戦線事件（一九三八年）での検挙歴がある。戦後は東大に復帰し、法政大学総長を務めるなど学界で活躍し、社会党左派の理論的指導者の一人でもあった。

大内兵衛は『心』の中心メンバーでありながら、主義主張の面では異色の存在であった。たとえば、皇室への敬愛を全面に押し出すメンバーが多いなかで、大内は「元号は廃止されねばならぬ」といった論考を『心』に発表し[84]、冷戦期の米ソ対立に関する座談会でもひとりソ連を支持する側にたち[85]、悠然と〝不協和音〟を奏でていた。

だが実は、草創期の『世界』、『心』そして平和問題談話会における大内の役割は大きかった。一九四五年九月、三木清の獄死は、長年彼と懇意にしていた岩波書店および吉野にとっての痛恨事であった。吉野は三木の遺体を入れる棺桶の手配にまで奔走した。そんな吉野に大内は、三木の通夜の帰り道に、新しい雑誌の方向性を「あまり威勢のいいものにしないようにしよう」と示唆したのである。吉野は大内のアドバイスの真意を汲んで、『世界』を作ることになる。(86) 安倍が幣原内閣文相になった際に『世界』編集の留守を預かったのも大内だった。(87) そして大内は、平和問題談話会副議長として安倍議長を支えた。吉野は「大内先生には、この会は安倍さんがシンボルになっておやりになるのであって、自分のような社会主義者は安倍さんとは意見が違うところがあるのだが、しかしこの点では自分が少し抑制して、安倍さんのラインでまとめていきたいというお考えがあった」と振り返る。(88)『世界』一九六〇年二月号に、平和問題談話会が「安保改定問題についての声明」を発表した際、安倍議長は安保改定に反対だったが、この署名には参加しなかった。(89) これまで安倍あっての談話会だったのだから、この段階で解散すべきであるという大内の提案が賛成を集め、談話会の解散が決定したのである。(90)

大内は経済合理主義の観点から、安倍と同様に全面講和を支持し、アジア、特に中国への加害責任について度々言及している。「日本はそれらの国に対して悔悛の情を表し、それらの国々から、ゆるしてやるという承認をえることができなければ、ほんとうの意味の講和はできない。…中国に対して日本が犯した罪悪というもの、それについて世界の舞台で中国人と世界的な了解を得るようになることが、日本の将来にとつて一番重要なことだ(91)」。「日本が今度の戦争で一番荒しまわったのはいうまでもなく中国である。その地域の広さ、その時期の長さ、そのやり口の残忍さ、全てを通じて、もしわれわれに賠償の責任があり、誠意があるとすれば、いずれの旧敵国にも先立ってまず実行しなくてはならぬものはこの中国に対する賠償である(92)」。

安倍や大内が加害責任を語る際に、中国への悔恨が前面に出る傾向があった。その理由の一つには、対日講和条約が全面講和を実現できなかったことが挙げられる。講和の対象にならなかった中国との戦争状態は、いまだ終わっていないことになったからである。

日頃の意見の相違により、『心』同人とは「水と油」だと評された大内が、「喧嘩」せずに長くやっていられたのは、学生運動観において意見が一致していたからである。学生運動をめぐる一九五二年の座談会で、安倍が「大学構内に警察官が入るといふ事は、どうですか。…入れないわけにはゆかないね」と問えば、大内は「原理的にはそれを入れないわけにはゆかないね。というのは警察といふのは国家全体のもので大学も国家の秩序内のものですから」と応じている。(93) 大内は「危険思想大いに結構だよ」と学生運動への寛容を示しながら、国家秩序が保たれるために大学に警察が導入されることに、同意したのである。

大内は、『心』グループのなかで少数意見を唱えることによって、社会的役割と思想的立場のバランスをとろうとした社会主義者であったと思われる。『心』における大内は、〝不協和音〟ではなくむしろ、戦前派オールド・リベラリストの多様性を担保する存在だったといえる。

四　準戦前派・戦中派の戦争責任論

本節では、一九五〇年代半ばまで（冒頭区分の第一期）に、準戦前派・戦中派が戦争責任についてどのような見解を示したのかを論じる。

吉田満（一九二三年生）は一九四三年、東大を繰り上げ卒業して学徒出陣で海軍に入り、四五年、戦艦大和に搭乗したが、辛くも生還した。「私は戦場に参ずることを強いられたものである［傍点引用者］」と吉田は『戦艦大和の最期』初版（創元社版）あとがきに書いた。(94) 文語体で書かれた同書はＧＨＱのプレスコードにかかり、一九四九年八月、不本意ながら口語体の『軍艦大和』（銀座出版社）として出版された。講和条約発効に伴い一九五二年八月、元の形で刊行されたが、「戦争肯定の文学」と非難されてしまう。(95) だが、吉田は次のように問うた。戦争に反発していても、自分の意思とは裏腹に生涯を終えなければならない戦闘のなかで、些かでも何らかの意義を見出して死のうとする者までが、戦争肯定者と見なされるのかと。「それではわれわれはどのように振る舞うべきであったのかを、教えていただきたい。我々は一人残らず、召集を忌避して、死刑に処せられるべきだったのか。…先ず、自分が自分に与えられた立場で戦争に協力したということが、どのような意味を持っていたかを、明らかにしなければならない。私の協力のすべてが否定されるのか、…」[96]。

安田武は、学徒兵として従軍・捕虜経験があり、戦後はわだつみ会の常任理事を務めた。戦後、彼は「昭和十八年十二月、学徒出陣ノタメ出征」の一行を、履歴書に書くのが「つくづくイヤになった」。彼は広津和郎（一八九一年生）に就職の相談に行った際、「ああ、君もやっぱりねえ。いちばん大切な時をねえ」と言われ、「なんともいいようのない暗い屈辱感と、心の真底から燃えたぎってくるような深い憤り」に落ち込む[97]。では、安田は戦争責任についてどのように考えていたのか。「私は、あの頃あの戦争が侵略戦争であるとか、況して帝国主義戦争であるということを知らなかったし、また人道主義的な立場から、戦争一般を罪悪として否定する考えもなかった」[98]。もともと安田は「ヒューマニズム」の立場から反戦的であったのに、現実に出征するに際して、「愛する祖国の国土を守」ることが自分たちの使命だと思うようになり、自ら思考を停止してしまったと自己批判する。安田は、だからこそ今後、『きけわだつみのこえ』の〝続編〟を若い世代に書かせるようなことがあってはならない、と主張した[99]。

荒正人（一九一三年生）は戦中派の心境を次のように説明する。日本軍が戦争中にアジア諸国に対して行った野蛮行為が敗戦後に暴露されていくなかで、荒が絶望したのは、日本軍の行いに対してではなく、年長の知識人＝戦前派に対してである。「こんな野蛮な文化人の賞賛される野蛮日本《バルバ・ジャパン》など滅んでしまうがよい」。戦前派は、自分たちならば戦争心理にかられて残虐行為に走ったりしなかった、と教養に自信を示す一方で、戦中派を「無教養な民衆だから」、残虐行為に走ったのも無理はないと「なにかよそごとのような、つめたい傍観者の態度で」見下していると荒には思えたのだった。[100]彼もまた、大熊信行のように、日本人が自ら戦争犯罪人の追及を徹底的に行うべきことを主張した。荒は、戦争責任を責める者たち自身の、「侵略戦争」に対する責任感の「稀薄」さが我慢ならないのだった。[101]「なぜこんなにも文学者の戦争責任について、寛容でなければならぬのか。…責めるもの自体が、…その本心では、戦争にそれほど呪詛や憎悪をいだいていたわけではなかったのだ[102]」。

戦争責任を責める者は戦争のことを心底憎んでいなかったのではないか、とは痛烈な問いかけである。荒はここで、アジアなど加害を与えた地域を具体的に明示しているわけではない。しかし、「侵略戦争」ということばを使っており、一九四六年時点で日本の加害責任を認識していたことがわかる。「一般に旧世代の進歩人は三十代、二十代がひとしなみに戦争に押し流されたと考えて、内心自分たちだけが……といった優越感から発言しているが、これは間違いである。そのために世代と世代の反発が生じるのである。…責任はたれにあるのだろうか[103]」。「わたくしたちが非難しているのは姿勢を崩さずに戦い抜いたひとたちではない。そういうひとから脱落していた癖に、八・一五以後そういうひとたちと同列であるかのように見せかけたり、…一昔まえの経験を鼻にかけて得意になっていたりするようなひとびとである。…批判する資格がないにもかかわらず戦後になって新世代を批判した旧世代は、戦争中の謬りに輪をかけた誤謬の蟻地獄の中で永遠にさまよわなければなるまい。…三十代と四十代の対立、相剋という時代的な問題はこのような極めて特殊な地点から発生したのである[104]」。

荒はこの年三四歳、戦時中に応召経験はないが、準戦前派世代である。荒は、組織的な反戦運動には至らない、深層心理にとどまる個人的なものであっても、抵抗の意志の存するものを抵抗とみなす。人知れず「真実ノート」(『葦折れぬ』として戦後刊行された)を書き、二二歳の若さで衰弱死した千野敏子(一九二四年生)のように、十代・二十代の若い世代の戦争抵抗を、荒は「抵抗は抵抗であった」と評価する。一方で、「自我による抵抗すらなしえなかったひとびとがそれを批判したりする資格があろうか[傍点原文]」と非難し、次のような結論に至る。「戦争に抵抗したひとたちだけが戦争のなかから発足した世代である」[105]。このように荒の「戦後世代」の定義は独特である。年長者であっても戦争に抵抗した者ならば、戦後派とみなされるからである[106]。

この後、荒の戦争責任論はアジアへの加害責任論に接続していく。ただし、その責任を負うべき主体は「日本軍」および「追放解除になつた連中」と限定されている。「講和問題の草案に賠償のことがないのは不思議…アジアの諸地域で、日本軍が破壊、損傷した人命、財産、施設などの総額は厖大なものである筈です。それが帳消しになつている理由はどこにあるのでしようか。…相手には、追放解除になつた連中が戦争責任を痛切には自覚していないということなど判りすぎるほどわかつているのです[107]」。

同じ世代でわずかな年齢差でも、動員経験の有無や被害の内容など、戦争体験の差異によって断層が生まれることは前に述べた。その一例として加藤周一（一九一九年生）を挙げることができる。彼は医学生だったので、学徒出陣を猶予され、出征経験がない。加藤の同世代に向ける視線は厳しい。「新しき星菫派に就いて」で加藤は、満洲事変や南京陥落後に二〇歳に達した知識階級を、かつてのロマン主義に模して「星菫派」と呼ぶ。ここでの星菫派とは、準戦前派・戦中派世代の知識人を指している。加藤は彼らが甘い感傷に浸るばかりで現実への批判をもっていない、と批判した。戦争責任は「何等の見るべき抵抗を示さなかった知識階級」に及ぶが、星菫派は「無力であるのみならず無学」「力弱い葦の如く、激しい風に揺られながら、逆わないことに依て折れるのを防ぎ、目立たずに迎合することに依て支えを得、辛じて生長を続けてきた」と容赦ない[108]。つまり、加藤は世代的にはぎりぎり戦中派でありながら、苛烈な戦争体験をもたないがために、同世代固有の被害者意識には加わらなかったのである。ただその後加藤は、『近代文学』の荒正人や本多秋五（一九〇八年生）から、〝民衆を見下している彼らこそ星菫派〟との批判[109]を受けることになる（星菫派論争）。

他方、準戦前派の丸山眞男には被害者意識を醸成するのに充分な戦争体験があった。一九四四年、召集令状が届いた時にすでに丸山は三〇歳、朝鮮の平壌に応召した。東京帝大の助教授が陸軍二等兵として徴兵されるのは珍しく、治安維持法違反の疑いで拘留された前歴のある丸山への懲罰的徴兵だったといわれる[110]。後述するが、丸山は一等兵として軍務に就いていた広島で被爆している。「僕はやっぱり軍隊ほどいやなところはなかったっていうよりほかないし、…八月の十六日か十七日頃に…「どうも悲しそうな顔をしなけりゃならないのは辛いね」と話し合ったのをおぼえています[111]」。

一九五〇年、『世界』主催の座談会で丸山眞男が語った内容は、準戦前派の時代認識を知る上で重要である。彼は、戦前派六名（大内兵衛、荒畑寒村、安倍能成、鶴見祐輔、長谷川如是閑、長與善郎）に対し、ただ一人の「大正ツ子」として参加した。「日本の最良の時代を経験して来た人人」と「私共から下のジェネレーション」とでは、歴史観が違って当然だと丸山はいう。戦前派は「あんな素晴らしかつた日本を後の奴がめちやめちやにしてしまつた」と明治以降の歴史を振り返るが、丸山たち準戦前派は「そんなめちやめちやになるような「素晴らしさ」はもう真平だという感じ」という冷徹な目でみているのである。

丸山はこの時点でアジアへの戦争責任に言及した。「国民を犠牲にするだけならまだしも隣の民族を犠牲にして省みない…同じ東洋の仲間である朝鮮に対し、台湾に対し、中国に対しどんな風に振舞つたかという点が忘れられてしまう…欧米に対してはたえず心理的圧迫を感じながら、他の東亜諸国に対しては終始傲然たる優越者意識をもつて臨んだのが過去の日本だつた。今もその意識は消えていない。この点はいかに反省してもしすぎることはないんじゃないか[112]」。

他方、一九五六年三月号掲載の『中央公論』の座談会で、司会の大宅壮一（一九〇〇年生）は戦前派代表として、戦中派に「みなさんの世代からの、戦争責任に関しての発言が少いというのはどういうわけですか」と問いかけた。それに対する、丸山邦男（一九二〇年生、眞男の弟）の答えが興味深い。「戦争責任は僕らに全然ない、とは思います。

…そういつた罪の意識は戦前派の中にもないのですよ。みんな、いかに自分が戦争に反対であつたかという、僕らにも自信がもてないことを臆面もなく発言しているのではないですか。…なにか肩透しを喰つたようで戦前派を信じられませんね」[113]。戦中派の人々のもつ戦前派への不信感の核心に、戦争責任問題があったことがわかる発言である。

以上のように、第一期の準戦前派・戦中派の戦争責任論は、自分たちの世代を戦争へ送り込んだ戦前派世代に向けての被害者意識を特徴とした。しかし一九五〇年代半ば以降、本土の占領期が終わると、準戦前派・戦中派知識人の戦争責任論に、冒頭カテゴリー（d）＝日本国民の加害責任に該当するものが現れてきた。たとえば、弟邦男の前掲発言と同時期に、兄眞男は「中国の生命・財産・文化のあの様な惨憺たる破壊に対してはわれわれ国民はやはり共同責任を免れない」と述べている。丸山は、これまで日本国民が天皇と共産党の戦争責任を正面から扱ってこなかったことの問題性を指摘したのである[114]。

たしかに鶴見俊輔は、一九五〇年代半ば以降は戦争責任意識を自力でつくり出す動きが見えた、と評している[115]。しかし、丸山邦男の発言からもわかるように、当該期にはまだ、彼らの被害者意識は残存していた。ならば、「自分個人として戦争責任があるとはまず思っていなかった[116]」兄眞男が、「われわれ国民」の戦争責任を論じるようになったことは、何を意味しているのか。その「国民」の中に準戦前派・戦中派の彼ら自身は、果たして含まれていたのだろうか。

五　当事者意識の欠如から生成へ

前節から導かれるのは、戦争の加害責任に対する〝当事者意識〟という問題である。ここで当事者意識とは、戦争責任、もっといえば加害責任を負う主体を自分が引き受けようとする心的態度をいう。当初、準戦前派・戦中派にとって加害責任は〝被害者である自分たちにとっては外在的なもの〟だったのではないかと筆者は考える。実は、カテゴリー（d）の〝その先〟は、二方向に枝分かれしている。一方が、「日本国民」に自分が含まれる場合であり、他方は含まれない場合である。前者は、被害者である自分自身にも容赦なく加害責任の矛先を向けることになる。後者であれば、加害責任をさほどの痛みなしに、客観的に指摘することができるだろう。

敗戦直後に準戦前派・戦中派が、戦争の加害責任について当事者意識をもつのが困難だった理由は、次の例に凝縮されている。

敗戦の翌年一九四六年三月三〇日、東大で「戦没並に殉難者慰霊祭」が挙行された。東大戦没学生手記編集委員会編『はるかなる山河に』の冒頭に、南原繁総長（一八八九年生）の告文「戦没学生にささぐ」が収められている。

南原の告文の要旨は次の通りである。（一）この戦争は軍閥・超国家主義者等少数者の無知と無謀と野望によって企てられた。（二）日中戦争・太平洋戦争勃発後も、「笛吹けど君達は踊らなかつた」。それは学徒たちの理性と良心がまさっていたからだ。（三）しかし学徒は召集に際し、国民としての義務を免れようとはせず、「ペンを剣に代へて出征した。（四）学徒は正義と真理の勝利を願ったはずだ。（五）しかし、正義と真理は我等ではなく米英の上にあった。（六）戦争に勝った方が正義なのではなく、理性の審判が下ったのだ。（七）我等は、苦痛でもその宣告を受け取らなければならない。（八）この戦争での日本民族の「国民的罪過に対する贖罪の犠牲」のために、学徒は「同胞に代って自ら進んでこれに当り、笑つて死地に就いたのである」。（九）我等は「諸君のこの尊き犠牲の上に」祖国を再建しなければならない(117)。

一九九〇年代に、日高六郎（一九一七年生）は、南原のこの文章こそ、日本人の戦争観が戦後五〇年（当時）が経っても分裂したままである理由の一端を示しており、「私たちの戦争認識を研ぐための絶好のテキスト」であると評した(118)。

準戦前派の日高は、学徒の遺族にとって衝撃を与えたかもしれないと思われる、戦前派南原の告文の問題点を述べている。（三）で、南原は学徒が召集から逃げなかったことを称揚するが、ならばベトナム戦争の脱走兵は国家への義務を果たさない、咎められる存在だというのか。（五）には中国の存在が欠けている。（三）・（五）・（六）の関係をどう説明するのか。つまり、理性の審判が下った結果敗北した日本の側に、正義と真理はなかったことになる。日高はまた、大学教師の戦争責任を指摘した。「理性と真理の府」である大学の教師がまとまって、満洲事変の頃に軍部の独走に対して警告を発していれば間に合ったかもしれないと述べている(119)。

自らの手を汚さなかった＝戦争に行かずに済んだ戦前派が「老骨がおめおめと生き残つてゐることが、赦されぬ(120)」と、心から悔恨を述べても、準戦前派・戦中派が素直にそれを受けとることは難しかった。たしかに、安倍や大内のように、〝誠実〟に日本の加害責任を問題視した戦前派もいる。しかし、彼らが責任を口にすればするほど、準戦前派・戦中派は自らの戦争協力を責められているようで、傷つき、シラけたであろう。戦前派は、あれはアジアへの侵略戦争＝〝日本の側に理のない、間違った戦争〟だったという。準戦前派・戦中派はそのような〝悪い戦争〟に強制的に動員され、手を汚し、命まで絶たれたのである。ならば彼らは、不本意ながらも年長者の命令に従い、戦争に協力した加害者なのだろうか。彼らにとってそれは、死者に鞭を打たれるような仕打ちであったに違いない。準戦前派・戦中派が加害責任を論じるのに、戦前派世代よりも時間がかかったのは当然であろう。

したがって、一九五〇年代半ばまでに丸山ら準戦前派・戦中派が加害責任に言及したのは、日本社会全体がそうあるべきだと考えていたのであって（「共同責任」と、ちゃんと丸山は書いている）、〝個人としての自分〟がその責任を引き受けることと、必ずしもイコールではなかったのである。竹内好はこう述べている。「戦争体験の普遍化が困難である以上に戦争責任の普遍化は困難である。罪の意識の伴わぬ戦争体験はありうるし、その幅はひろいからである(121)」。戦争体験者にとって、被害者意識を超えて当事者意識に届くことは、依然として困難な作業であった。

では、アジアへの加害責任に早くから言及していた安倍のような戦前派オールド・リベラリストの当事者意識はどうだったのか。象徴的な出来事がある。一九四八年一二月一二日、同年七月のユネスコ声明への応答「戦争と平和に関する日本の科学者の声明」に関して、「平和問題討議会」（平和問題談話会の前身）が開催された。

討議中、羽仁五郎（一九〇一年生）の「爆弾動議」（丸山眞男談）[122]に対して、議長の安倍が憤慨するという一幕があった。「これまで日本の学者は一体たれに対して責任を感じていたのであろうか、…極端にいえば無責任であつたとさえいえるのではないかと思われます」[123]。こう述べた羽仁は、知識人の戦争責任を問題にしようとしたのだが、個人的な戦争責任を云々される自覚のない安倍には、心外だったのである（この際、丸山がうまくとりなしたことも、記録に残っている）。戦争中、圧迫されていた自分たちはむしろ被害者であり、戦争責任があるのは軍部や超国家主義者であると考えていたのであろう[124]。しかし、安倍たち戦前派による軍部への消極的な抵抗を、準戦前派・戦中派は「不作為」として評価しなかった[125]。

以上からわかるように、一九五〇年代半ばまで（冒頭区分の第一期）の加害責任への当事者意識の欠如は、戦前派から準戦前派・戦中派に共通する心的態度であった。未だこの時期には、加害責任を〝自分ごと〟として引き受ける当事者意識は、三つの世代の間で宙ぶらりんになっていたのである。

しかし、一九五〇年代半ば以降（第二期）、知識人の戦争責任論は徐々に当事者意識の生成に向かっていく。

荒正人は、「思想の科学」一九五六年度総会における討論「戦争責任について」に出席している。指導者ではなかった国民には戦争責任がないのではないか、という考えが日本国民には根強いが、彼はこれに反対する。一般国民にも戦争責任があると考え、それは戦争相手となったアジアの国々や植民地に対する責任が当然含まれていると荒は述べている[126]。

丸山眞男にも、被害者意識を揺るがす出来事が起きている。一つ目は、戦後長い間、被爆体験を語らなかった丸山が、自らの戦争体験を再考するきっかけとなった、一九五四年のビキニ水爆事件である(127)。二つ目は一九五六年、竹内好からの指摘である。「この際われわれは恥かしいとか今となつては具合が悪いとかいう考慮を一切すてて、戦中戦後に書いたものを一括して社会の目にさらすことから出発すべきじゃないか」。このことばは丸山の「胸を深くつきさし」、「ちつぽけな学問的羞恥感」を捨てさせた。翌一九五七年には、戦後責任を含めた戦争責任について「すべての知識人が深い反省を要求されているのではないか〔傍点原文〕」と書くに至る(128)。ここには丸山自身も含まれている、と読むのが自然であろう。

鶴見俊輔は一九五六年に発表した「知識人の戦争責任」において、前述の大熊や荒と同様に、戦争責任問題を占領軍に任せたままで放置するのではなく、自らの手でやり直すべきだと説く。鶴見は、戦争責任は「それぞれの場合に、許されていた選択可能性（オルターナティヴ）を客観的にしつかりとつかまえた上で、はじめて…公平な批評ができる」と述べる。この基準にあてはめれば、政治家・実業家は知識人より重く、知識人は大衆より重い戦争責任を負うことになる(129)。さらに鶴見は、同年発表の「戦争のくれた字引き」において、自己の戦争体験を開示するに至る。戦時中、軍属として「慰安所」設置の仕事に従事した際の心境が詳細に語られている(130)。アジアに対する加害責任の表白に他ならず、鶴見の当事者意識なしには書きえない内容であった。

おわりに

戦中派による『心』グループ批判として、久野収・鶴見俊輔・藤田省三による「日本の保守主義」がある(131)。『心』に集う戦前派の保守性を批判する内容で、『心』同人からは反論が発表された(132)。この論争の印象が強く、『心』グループは、天皇制尊重や社会的特権性を強調する一面的なイメージで評価されてきた。しかし本稿を通じて、保守的とみられてきた『心』の戦前派には、意外にも、敗戦直後からすでに加害責任に言及した安倍能成のような人がいたことが判明した。〝よりリベラル〟と目される準戦前派や戦中派に先行していたのである。

ただし、当事者意識は戦前派・準戦前派・戦中派に忌避された。たしかに彼らは、日本にはアジアへの加害責任がある、と書いた。しかしその〝日本〟の中に最初から当人たちは入っていただろうか。〝書いた〟個人が必ずしも当事者意識をもっているとは限らない。述べた内容と、主体が分離する場合がある。これは本稿に限らず、思想史研究上の普遍的な問題である。

本稿の課題は〈知識人たちは、それぞれどのように戦争責任を引き受けたのか〉であった。追跡の結果、一九五〇年代半ばまで（第一期）の彼らは、当事者として引き受けたとはいい難かったことがわかる。戦争の被害者であった彼らに、自らの戦争体験と戦争責任の折り合いをつけることは、戦後すぐから、できたわけではないのである。

しかし、一九五〇年代後半から六〇年代（第二期）、安保闘争やベトナム戦争への関わりを通して、彼らは変わっていく。[133]「結局、ぼくらは、ぼくら自身の「経験」を超えることができるのでしょうか？　自己自身の影を越えるように？」[134]と橋川文三（一九二二年生）が問うたように、当該期以降、戦争体験者の知識人は、さまざまな方法で当事者意識に向き合うことになった。

丸山が原爆体験を初めて公に語ったのは、戦後二〇年経った一九六五年、東京九段会館で行われた「八・一五記念国民集会」である。この時、丸山は壇上からではなく聴衆席から語ることを選んだ。[135]重い過去を、一聴衆の場所から公表したところに彼の遠慮が表れていた。丸山は一九六七年の座談会で「［自分に―引用者注］いちばん足りなかったと思うのは、原爆体験の思想化」「わたしの懺悔」「いまさら自分も被害者でございという顔で被爆者運動に参加するのをためらう気持ちがある」と述べている。[136]のちに新聞のインタビューで彼は、それまでの沈黙の理由を「兵隊だから、被爆した市民に対して傍観者みたいな立場にいた。そういう後ろめたさがある」と答えている。[137]丸山は「傍観者」という自己規定によって、被害者意識から距離を置こうとしていたのである。

丸山は、前掲座談会「戦争責任について」のなかで、戦争責任問題を分類している。その一つが、誰に対する責任なのか〟という観点であった。すなわち、日本の一般国民に対する戦争責任と、他の国家・国民に対する責任を混同してはいけない。また、この他国民についても、英・米・ソ・中およびアジア諸民族をそれぞれ区別して論じなければならないと主張したのである(138)。

この座談会に同席していた家永三郎（一九一三年生）は、のちの著書『戦争責任』（一九八五年）の構想と構成において、同世代の丸山が設定した分類に深く影響を受けたことを記している(139)。つまり、一九五〇年代半ばに丸山が提示した課題に徹底的に取り組んだのは、八〇年代の家永だったのである。家永は同書で「戦争を知らない世代」にも戦争責任はある、と論じた。戦後の世代と社会は戦前の遺産を相続することなしには形成されず、そのなかには戦争という負の遺産も入るというのがその理由である(140)。家永は、戦前派と準戦前派・戦中派の対立に一つの〝解〟を示したことになる。戦後に生まれた「純戦後世代」ですら責任があるのならば、戦前派・準戦前派・戦中派は当然、責任から逃れられないからである。もっとも、この解を戦後世代がどのように受け止めたのかは別問題である。

鶴見俊輔は、行動によって当事者責任をとろうとした。『戦争が遺したもの』（二〇〇四年）のなかで、軍属時代、殺人行為に立ちあうくらいなら、アヘンを飲んで自殺しようとしていたことを語った。そうした体験を告白できるようになるまでには「戦後ずいぶん時間がかかりました。…自分のなかで哲学的に解決がついたのは、今から一〇年ぐらい前ですよ」と述べる。鶴見のベトナム反戦運動への献身は、戦時中に行動できなかった悔恨を、戦後の行動で取り返すためだったこと、九〇年代に「女性のためのアジア平和国民基金」の呼びかけ人に参加したのは、自分に加害責任があると思っていたからだと認めている(141)。

かつて戦中派の無念を吐露した吉田満は、一九六〇年代に入り、平凡な一兵士・一市民であった自分に戦争協力の責任はある、という結論に至る。『戦艦大和ノ最期』に寄せられた批判が、吉田を自己の戦争責任を突き詰める作業に向かわせたのである。徴兵拒否をせず、召集令状に応じた自分。あの状況で果たして自分に拒否ができたのか、彼は自問した。召集令状が来てからでは遅い。その前に抵抗しなければならなかったのだ。戦争非協力か、協力かの二択しかないと思っていた自分は間違いで、戦争を止めるために「一つ一つは微細でも、無数といえる程の多くの機会が与えられていた」のに、「政治への恐るべき無関心」に毒されていて抵抗できなかった、という。ここにおいて、かつて戦中派が戦前派に向けた非難のことば「戦争否定への不作為の責任」を、吉田は当事者として引き受けようとしたのである(142)。

このようにして一九五〇年代後半から六〇年代以降、知識人の当事者意識は生成された。彼らは戦時中、抑圧を受けた被害者でありながら、所属する日本社会の一人として加害責任を受け入れようとしたのである。つまり彼らは、戦後当初から当事者だったわけではなく、戦後を通じて当事者になっていった。

やがて戦争体験者の多くは故人となり、減少していく。しかし戦争責任論は現代も依然として国際問題化し、紛糾している。家永の見解を敷衍すれば、当事者意識の問題は、純戦後世代のはしくれである筆者にとっても〝自分ごと〟である。ならば、吉田のいう「戦争か平和かという無数の可能性(143)」にかけ続けることが、個人としての拠り所になると筆者は考えている。

注

(1) たとえば、ジャーナリストの池上彰はNHK「100分de名著　読書の学校」のためのテキスト『池上彰　特別授業『君たちはどう生きるか』』(NHK出版、二〇一七年)のなかで、この本が書かれた時代背景を丁寧に説明し、ファシズムへの警鐘の側面に読者の注意を促そうとしている。

（2）梨木香歩「今、『君たちはどう生きるか』の周辺で」『図書』二〇一八年五月号、五頁。
（3）一般に「戦中派」は次のように定義されている。「戦争時代に動員の可能性の中におかれ、しかも満州事変発生にさきだつ軍国主義以前の社会体制の記憶のないもの。つまり、一九四五年に、十七歳―二十六歳まで」（久野収・鶴見俊輔『現代日本の思想』岩波書店、一九五六年、一九〇頁）。
（4）「丸山先生を囲んで」一九六六年一〇月、60年の会『60』第四号『丸山眞男座談』第七冊（岩波書店、一九九八年）六六・六七頁。
（5）前掲「丸山先生を囲んで」五〇頁。
（6）本稿に関連して、オールド・リベラリスト間の差異を検討した拙稿「リベラリストの悔恨と冷戦認識　芦田均と安倍能成」（伊藤信哉・萩原稔編著『近代日本の対外認識　Ⅰ』彩流社、二〇一五年）がある。安倍の詳細な年譜は、助川徳是「安倍能成年譜」『香椎潟　国文学研究誌』一四号、一九六八年八月を参照のこと。
（7）『世界』および吉野源三郎に関する研究は、佐藤卓己「『世界』　戦後平和主義のメートル原器」（竹内洋・佐藤卓己・稲垣恭子編『日本の論壇雑誌』創元社、二〇一四年）、「管制高地に立つ編集者・吉野源三郎」（戸部良一編『近代日本のリーダーシップ』千倉書房、二〇一四年）、『物語　岩波書店百年史　二』（岩波書店、二〇一三年）、根津朝彦「『世界』編集部と戦後知識人」（『メディア史研究』第三四号、二〇一三年九月）、竹内洋『メディアと知識人』（中央公論新社、二〇一二年）、『革新幻想の戦後史』（中央公論新社、二〇一一年）、『教養主義の没落』（中公新書、二〇〇三年）、黒川みどり「戦後知識人と平和運動の出発」（『年報　日本現代史』第八号、二〇〇二年）、富士晴英「吉野源三郎と『世界』」（『歴史評論』第五五三号、一九九六年）など多数。
（8）安田武『戦争体験　一九七〇年への遺書』（未来社、一九六二年）五六頁。また、三宅芳夫は、とりわけ戦時期のような特殊な状況下では三～五年の差であっても環境が激変するので、単純な世代論では割り切れない難しさを述べている。三宅芳夫『ファシズムと冷戦のはざまで　戦後思想の胎動と形成　一九三〇―一九六〇』（東京大学出版会、二〇一九年）三九一頁。
（9）小熊英二『〈民主〉と〈愛国〉戦後日本のナショナリズムと公共性』（新曜社、二〇〇二年）二〇三頁。

(10) 福間良明『「戦争体験」の戦後史　世代・教養・イデオロギー』(中公新書、二〇〇九年)。
(11) 前掲小熊、八〇八頁。
(12) 久野収・鶴見俊輔・藤田省三『戦後日本の思想』(岩波書店、一九九五年)一二五頁。初版は中央公論社、一九五九年、のち絶版。勁草書房から一九六六年復刊。
(13) 戦争責任論に関する先行研究は膨大である。本稿が示唆を受けたものに、家永三郎『戦争責任』(岩波書店、一九八五年)、赤澤史朗「戦争責任論の展望」(『歴史評論』四六〇号、一九八八年八月)、荒敬『日本占領史研究序説』(柏書房、一九九四年)、河原宏『日本人の「戦争」　古典と死生の間で』(築地書館、一九九五年)、吉田裕『日本人の戦争観　戦後史のなかの変容』(岩波書店、一九九五年)、荒井信一『戦争責任論』(岩波書店、一九九五年)、石田雄「戦争責任論五〇年の変遷と今日的課題」『記憶と忘却の政治学』(明石書店、二〇〇〇年)、赤澤史朗「戦後日本の戦争責任論の動向」(『立命館法学』二〇〇〇年、二七四号)、日本の戦争責任資料センター『季刊戦争責任研究』(一～九一号、一九九三～二〇一八年)などがある。
(14) 前掲赤澤「戦後日本の戦争責任論の動向」。
(15) 「未発表討論　平和問題談話会について」(一九六八年六月一六日)における丸山の発言、『世界』一九八五年七月臨時増刊、三三七頁。
(16) 鶴見俊輔・丸山眞男による座談での丸山の発言。「普遍的原理の立場」『思想の科学』一九六七年五月号、『丸山眞男座談』第七冊(岩波書店、一九九八年)一〇五頁。
(17) 前掲小熊、二〇四頁。
(18) 赤澤史朗は、一九六〇年代においても、戦中派が戦争責任を「自己の問題」として受け止めにくかった理由として、あらゆる責任意識の前提となる「自由」が、彼らには不在だったことを挙げている。赤澤史朗「「戦争体験」と平和運動　第二次わだつみ会試論」『年報　日本現代史』第八号、二〇〇二年、八・九頁。
(19) 前掲吉田『日本人の戦争観』。
(20) 前掲荒、二〇四頁。

(21)　前掲荒井、二三一頁。
(22)　「第八十八回帝国議会衆議院議事速記録第二号」『官報号外』一九四五年九月六日。前日九月五日の議事。
(23)　丸山眞男「軍国支配者の精神形態」『潮流』一九四九年五月号。
(24)　伊丹万作「戦争責任者の問題」『映画春秋』一九四六年八月号、『伊丹万作全集　一』（筑摩書房、一九六一年）。
(25)　大熊信行『戦争責任論』（唯人社、一九四八年）四九頁。
(26)　前掲大熊、五一頁。
(27)　前掲大熊、九四頁。
(28)　中野好夫「一つの告白」『新潮』一九四九年二月号。
(29)　詳しくは、吉田裕「占領期における戦争責任論」『一橋論叢』一〇五巻第二号、一九九一年二月、二六頁・三四頁。なお、陸軍軍人のため、本稿の知識人という範囲を超えるが、戦後直後の（c）もしくは（d）の例として、沖縄出身で降伏調印の日に妻子とともに自決した、親泊朝省（一九〇三年生）が挙げられる。「私は自ら反省して自らはずべきこと少なからざるものあるを悟るのである…外征軍、特に支那に於て…無辜の民衆に対する殺戮、同民族支那人に対する蔑視感、強姦、掠奪」と述べた。彼は当事者として、日本軍のアジアへの加害責任を明らかにした。一九四五年八月二〇日「草莽の文」、日高六郎編『戦後日本思想大系　一　戦後思想の出発』（筑摩書房、一九六八年）所収。
(30)　『東京新聞』一九四五年一一月六・七日。他に、戦争責任の問題を論じている座談会記事として「民主主義獲得への途」（一）～（五）『読売報知』一九四五年一一月四～九日。
(31)　前掲吉田「占領期における戦争責任論」二九頁。
(32)　竹内好については、黒川みどり・山田智『評伝竹内好　その思想と生涯』（有志舎、二〇二〇年）、同『竹内好とその時代　歴史学からの対話』（有志舎、二〇一八年）。
(33)　竹山道雄「昭和十九年の一高」『向陵時報』一九四六年一二月稿、『竹山道雄著作集　三　失われた青春』（福武書店、一九八三年）二二三・二二四頁。
(34)　前掲竹山二二二頁、安倍能成『我が生ひ立ち』（岩波書店、一九六六年）五八一・五九一頁。後者の初出は『心』一九六〇年六月号―一九六五年一二月号。ただし、大西貢「大正期教養派の成立とその挫折」（『近代日本文学の分水嶺』明治書院、一九八二年）は同書の問題点を指摘している。

（35）安倍能成『安倍能成　戦後の自叙伝』（日本図書センター、二〇〇三年、底本は『戦後の自叙伝』新潮社、一九五九年）一三頁、前掲『我が生ひ立ち』六〇一頁。

（36）谷川徹三「信念の人安倍能成さん」『朝日新聞』一九六六年六月八日夕刊。

（37）日本戦没学生記念会『新版　きけわだつみのこえ』（岩波文庫、一九九五年）一九三頁。

（38）前掲『戦後の自叙伝』二〇頁。

（39）前掲『我が生ひ立ち』五六〇頁。

（40）安倍能成「剛毅と真実と知慧とを」『世界』一九四六年一月号。

（41）安倍能成『戦中戦後』（白日書院、一九四六年六月）「序」。

（42）前掲『戦中戦後』「強く踏み切れ」（一九四五年八月二一日）四九・五〇頁。

（43）前掲竹山、二二八頁、吉野源三郎『職業としての編集者』（岩波新書、一九八九年）七五頁。

（44）「日本の出発」一九四五年八月二八日、『週刊朝日』一九四五年九月二日号、前掲『戦中戦後』六一頁。

（45）安倍能成「年少学徒に告ぐ」『蛍雪時代』一九四五年一〇月号、前掲『戦中戦後』八〇・八一頁。

（46）竹内好「中国人の抗戦意識と日本人の道徳意識」『知性』一九四九年五月号。

（47）前掲『戦後の自叙伝』一二頁。

（48）加瀬俊一『日本外交の憂鬱』（山手書房、一九八一年）二四八―二五一頁。

（49）安倍能成「『世界』と『心』と私」『世界』一九五四年四月号、前掲『戦後の自叙伝』一八頁。岩波茂雄「『世界』の創刊に際して」『世界』一九四六年一月号、谷川徹三「『世界』の名付親として」『世界』一九五四年四月号、前掲吉野、五九―八四頁。

（50）一九四六年八月以降、安倍が帝室博物館総長（四七年五月から国立博物館長）を務めていた関係と思われる。

（51）詳細は「その後の同心会」（『世界』一九四七年九月号）と、前掲谷川を参照。たとえば講演会は次のような講演者とテーマで行われていた。一九四七年三月二二日第一回講演会、和辻哲郎「二条城の障壁画について」、安倍能成「知識階級の地位」。四月一九日第二回講演会、児島喜久雄「レオナルド・ダ・ビンチの画法」、小宮豊隆「歌舞伎の倫理」。五月一七日第三回講演会、仁科芳雄「原子力と平和」、大内兵衛「世界新貨幣制度への参加」。六月二一日第四回講演会、藤原咲平「暦の話」、柳宗悦「美と経済」。七月一九日第五回講演会、務台理作「自然史について」、武者小路実篤「文芸雑感」。

(52)「編輯後記」『世界』一九四六年一月号、一九二頁。

(53) 座談会「安倍先生と平和問題談話会」での吉野源三郎のコメント。『世界』一九六六年八月号、一二二頁。

(54) 元『世界』編集長緑川亨のコメント、「平和問題談話会とその後」『世界』一九八五年七月臨時増刊号、五八頁。

(55) 前掲吉野、八四頁。

(56) 松尾尊兊『戦後日本への出発』(岩波書店、二〇〇二年) 二八・二九頁。

(57) 前掲「安倍先生と平和問題談話会」一二九頁。

(58) 丸山眞男「近代日本の知識人」『後衛の立場から』(未来社、一九八二年) 一一五頁。悔恨共同体については、「一九五〇年前後の平和問題」(一九七七年五月、広島での講演、『丸山眞男手帖』第四号、一九九八年一月所収) も参照。

(59) 塙作楽『岩波物語　私の戦後史』(審美社、一九九〇年) 二七頁。『世界』編集者の塙は中学校時代からの丸山の友人である。苅部直『丸山眞男　リベラリストの肖像』(岩波新書、二〇〇六年) 一三八頁。

(60) 前掲「その後の同心会」(一九四七年九月当時) 掲載名簿 (会員数四一名) と『心』創刊号掲載の生成会名簿 (一九四八年七月、会員数四二名) を見比べると、同心会から生成会に改称する間に石橋湛山 (一九四七～五一年、公職追放中) や大内兵衛が会員名簿から抜けたことがわかる。しかし、大内の名は『心』一九五二年一月号掲載の生成会同人名簿には復活している。

(61) 前掲「『世界』と『心』と私」。『心』総目次は一九八一年七・八月号 (合併終刊特別号) に掲載。終刊時は平凡社刊。

(62)『心』一九四八年七月号「余録」。

(63) 同前。筆名「歪汀」による。

(64) 安倍能成「卒業式の辞」『心』一九四八年七月号。

(65)『心』一九四八年九月号「生成言」。筆名「無車」による。
(66)『心』一九四八年一一月号、田中耕太郎による「生成言」。
(67)司会は清水幾太郎（一九〇七年生）、若い世代を代表して磯田進（一九一五年生）、松村一人（一九〇五年生）、高桑純夫（一九〇三年生）、都留重人（一九一二年生）の四名に対し、安倍、天野貞祐（一八八四年生）、和辻哲郎（一八八九年生）が対話した。『世界』一九四八年八月号掲載。
(68)安倍能成「出し遅れの証文」『展望』一九四九年九月。
(69)前掲谷川、五二頁。
(70)竹山道雄「学生事件の見聞と感想」『中央公論』一九五〇年一二月号。
(71)田中耕太郎「政治について　とくに学生のために」『心』一九五二年七月号。
(72)「鼎談　青年と政治（一）」『心』一九四九年新年号。
(73)同前。
(74)天野貞祐「国民実践要領の由来」「国民実践要領」『心』一九五三年一月号。
(75)安倍能成「大学の自由」『心』一九五四年一月号。
(76)「復刊の言葉」『心』一九五一年一〇月号。
(77)「オールド・リベラリスト」という用語の誕生は、一九四六年二月二日、青年文化会議の創立宣言がきっかけで、『帝国大学新聞』同年二月一一日号に掲載された。『丸山眞男回顧談』下巻（岩波書店、二〇〇六年）三〇六頁。「オールド・リベラリストに対決するジュニア・リベラリスト」『改造』一九五二年九月一五日増刊号、「オールド・リベラリスト放談」『中央公論』一九五五年一一月号。
(78)『心』一九五八年九月号、六七頁によると、六月一四日に日本橋三越劇場で『心』満十周年記念講演会を開き、岩波書店の貸与により映画「志賀直哉」を上映した。また、七月三〇日から五日間、同人の書画展を三越画廊で開催した。七二・七三頁に生成会支部と各代表者名が記載され、当時、富山、山口、岐阜、京都、八幡、横浜、川崎、名古屋（二箇所）、静岡、中信、豊橋、伊勢崎、香住、渋川、唐津、仙台、神戸、石川、和歌山支部があったことがわかる。

(79) 前掲「『世界』と『心』と私」。
(80) 『世界』一九五〇年三月号、四月号別冊。前掲「平和問題談話会とその後」での緑川亨の発言、六七頁。吉川幸次郎「非署名者の所感」一九五一年一月号、「講和に対する意見・批判・希望」一九五一年一〇月号。
(81) 安倍能成「世界平和に寄する一日本人の願ひ」『文芸春秋』一九五〇年七月特別号。
(82) 安倍能成「再軍備の問題をめぐりて」『世界』一九五二年三月号、「来るべき総選挙を如何に迎へるか」『世界』一九五二年一〇月号。
(83) 安倍能成「再軍備断じて非なり」『心』一九五三年六月号。
(84) 『心』一九五〇年五月号。
(85) 座談会「右旋回の時流とソ連の批判」『心』一九五二年六月号。
(86) 前掲吉野、八〇頁。
(87) 前掲「安倍先生と平和問題談話会」一二二頁。
(88) 前掲「平和問題談話会について」での吉野の発言、三五頁。
(89) 「戦後の30年と『世界』の30年」『世界』一九七六年一月号。
(90) 前掲「平和問題談話会とその後」七六—七八頁。
(91) 「討論会　単独講和と日本経済」『世界』一九五一年一〇月号での大内の発言。
(92) 大内兵衛「片面的講和の全面的帰結」『世界』一九五二年五月号。
(93) 「座談会　大学の自由及自治」『心』一九五二年五月号。
(94) 吉田満「戦艦大和ノ最期」初版あとがき、一九五二年七月、『戦艦大和ノ最期』（講談社、一九九四年）一六六頁。
(95) この経緯については吉田満「『戦艦大和ノ最期』をめぐって」『歴史と人物』一九七九年五月号（『戦中派の死生観』文藝春秋、二〇一五年、初版一九八〇年所収）に詳しい。
(96) 前掲吉田、一六八・一六九頁。
(97) 安田武「喪われた世代」『群像』一九五四年一〇月号、『戦争体験　一九七〇年への遺書』（未来社、一九六三年）一四頁。

(98) 前掲「喪われた世代」一九頁。
(99) 前掲「喪われた世代」二八頁。
(100) 「終末の日」一九四六年四月一二日、『荒正人著作集　第一巻　第二の青春』(三一書房、一九八三年) 八五頁。
(101) 同前、九四・九五頁。
(102) 同前、九五頁。
(103) 「戦後」一九四七年一二月五日、『荒正人著作集　第一巻　第二の青春』二七七頁。
(104) 前掲「戦後」二八一・二八二頁。
(105) 前掲「戦後」二八五—二八七頁。
(106) 前掲「戦後」二八七・二八八頁。
(107) 荒正人「講和に対する意見・批判・希望」『世界』一九五一年一〇月号、一七五頁。
(108) 加藤周一「新しき星菫派に就いて」加藤周一・中村真一郎・福永武彦『1946・文学的考察』(講談社、二〇〇六年、初版は真善美社、一九四七年) 一二・一九・二二頁。
(109) たとえば荒正人「縦糸の忍耐」『近代文学』一九四七年一一月。
(110) 前掲苅部、一〇七頁。
(111) 座談会「戦争と同時代」一九五八年一一月『同時代』第八号での丸山の発言、『丸山眞男座談』第二冊(岩波書店、一九九八年) 二〇三頁。
(112) 「日本の運命(二)　興敗の岐路　半世紀を決算する」『世界』一九五〇年三月号、五八・五九頁。
(113) 「戦中派は訴える」『中央公論』一九五六年三月号、一六〇頁。
(114) 丸山眞男「戦争責任論の盲点」『思想』一九五六年三月号。『丸山眞男集』第六巻(岩波書店、一九九五年) 一六〇・一六一頁。苅部直は、同論について「戦後日本の知識人としては、アジア諸国に対する一般国民の「道徳的責任」に言及した、早い例に属するだろう」(前掲苅部、一一〇頁) と述べている。しかし本論が指摘したように、安倍の場合は一九四五年八月という敗戦直後であったし、丸山にしても、アジアへの戦争責任は一九五〇年座談会時点ですでに言及していることがわかる。
(115) 鶴見俊輔「戦争責任の問題」『思想の科学』一九五九年一一月号、『鶴見俊輔著作集』第五巻（筑摩書房、一九七六年）三七頁。
(116) 前掲「未発表討論　平和問題談話会について」。
(117) 南原繁「戦没学生にささぐ」東大戦没学生手記編集委員会編『はるかなる山河に』（東大協同組合出版部、一九四七年）。
(118) 日高六郎「『きけわだつみのこえ』再読」『私の平和論』（岩波書店、一九九五年）八三頁。
(119) 同前、八二頁。
(120) 辰野隆「序」、前掲『はるかなる山河に』一一頁。
(121) 竹内好「戦争責任について」初出『現代の発見　第三巻　戦争責任』（春秋社、一九六〇年）『日本とアジア　竹内好評論集　第三巻』（筑摩書房、一九六六年）二〇六頁。
(122) 前掲「平和問題談話会について」三三頁。
(123) 「平和問題討議会議事録」『世界』一九八五年七月臨時増刊号、二六一頁。
(124) 赤澤史朗は「自由主義的知識人の場合には、…概して自身の戦争協力についての責任の自覚は乏しかったといえよう」と述べている。前掲「戦後日本の戦争責任論の動向」一四二頁。
(125) たとえば「戦争責任について（一）」『思想の科学会報　一六』一九五六年一一月二〇日（復刻版その一、柏書房、一九八三年）。
(126) 「戦争責任について　座談会速記録の全部」『思想の科学会報　一七』一九五七年三月二〇日（前掲復刻版その一）。
(127) 前掲「普遍的原理の立場」一〇九頁。
(128) 「旧版への後記」一九五七年三月、『増補版　現代政治の思想と行動』（未来社、一九六四年）五七八頁。
(129) 鶴見俊輔「知識人の戦争責任」『中央公論』一九五六年一月号。
(130) 鶴見俊輔「戦争のくれた字引き」『文藝』一九五六年八月号、前掲『鶴見俊輔著作集』第五巻所収。
(131) 前掲『戦後日本の思想』所収。

(132) 座談会「『心』グループ批判を読んで」、安倍能成「私の素直な疑問」『心』一九五八年八月号。
(133) 一九六〇年代、若い戦後派たちによる年長者批判があった。三島由紀夫（一九二五年生）や石原慎太郎（一九三二年生）らは、戦中派を「同窓会趣味」「回顧趣味」と批判した。当該期、橋川の戦争責任論に関する論稿は彼らへの応答でもあった。橋川『増補版　歴史と体験　近代日本精神史覚書』（春秋社、一九六八年）。
(134) 「ある往復書簡―吉本隆明に」『日本読書新聞』一九五九年六月一日、前掲橋川、六頁。
(135) 「二十世紀最大のパラドックス」『世界』一九六五年一〇月号、『丸山眞男集』第九巻（岩波書店、一九九六年）。
(136) なぜ「思想化」をしなかったのかという鶴見の問いに、丸山は「わからない」と答えている。前掲「普遍的原理の立場」一〇七頁。
(137) 「二十四年目に語る被爆体験」『中国新聞』一九六九年八月五・六日、『丸山眞男集』第十六巻（岩波書店、一九九六年）三六三頁。丸山は一九七七年五月、広島大学平和科学研究センターで前掲「一九五〇年前後の平和問題」を講演するために三二年ぶりに広島を再訪した。古谷旬宛書簡、一九七七年五月三〇日、『丸山眞男書簡集』二（みすず書房、二〇〇四年）一八九―一九一頁。丸山と広島について詳しくは、林立雄編『丸山眞男と広島　政治思想史家の原爆体験』広島大学平和科学研究センターIPSHU研究報告シリーズ第二五号、一九九八年三月。
(138) 前掲「戦争責任について（二）」『思想の科学会報　一六』。
(139) 家永三郎『戦争責任』（岩波書店、一九八五年）三二一頁。
(140) 前掲家永、三〇八頁。
(141) 鶴見俊輔・上野千鶴子・小熊英二『戦争が遺したもの』（新曜社、二〇〇四年）五三・八九頁。
(142) 吉田満「一兵士の責任」初出原題「戦中派の良心」『論争』一九六二年九月号（前掲『戦中派の死生観』所収）。
(143) 前掲「一兵士の責任」一八六頁。

本研究はＪＳＰＳ科研費 JP20K01452 の助成を受けたものです。

Ⅱ 『婦人民主新聞』に見る戦争観と戦争体験記
――敗戦から一九六〇年代まで――

井上祐子

はじめに

婦人民主クラブ（以下、婦民）は、羽仁説子と加藤シヅエが一九四五年一〇月にGHQ民間情報教育局婦人問題担当官エセル・ウィード中尉から、新しい民主的な婦人運動についての相談を受けたことに始まる。二人のほか、宮本百合子、佐多稲子、松岡洋子、山本杉、赤松常子、山室民子の計八名が呼びかけ人となって準備を進め、さらに櫛田ふき、厚木たから一七名[1]が加わって、二五名が発起人となった。すでに民主的な考えをもつ婦人だけの団体ではなく、日本の婦人全体が民主的になることを目指して婦人民主クラブと名づけ、翌四六年三月一六日に、結成大会となる「民主婦人大会」（婦民主催・朝日新聞社後援）を開催した。婦民は女性の大衆団体であり、特定の政党と結ぶものではなかったが、立場としては革新政党に近く、クラブ員には共産党員も多かった。発起人や初期の中心メンバーの中には文筆業者や芸術家も多く、戦前のプロレタリア運動に関わり、自身や夫が検挙・投獄される経験をもつ人もあった。そのため彼女たちにとって思想・言論の自由は、何ものにも代えがたい重要なものであった[2]。

婦民では職場と地域で支部が結成できたが、発足当初は教員などの勤労婦人が多く、支部も都市部から広がっていった。創立から二〇年間の婦民の活動を概括した永原和子によれば、四九年に支部数が五二、会員数は最高の六〇〇〇名であったという。(3)

『婦人民主新聞』(4)(以下、『婦民』)は、婦民の機関紙と女性向けの一般紙・啓蒙紙を兼ねるものとして、一九四六年八月二二日に週刊新聞として創刊された。(5)発行部数は創刊時の五万部が同年一一月から七万五〇〇〇部となり、「独立」回復後も五~七万部程度だったと思われる。(6)『婦民』の編集・発行は婦民の活動の柱の一つであったが、会員の何倍もの読者があったのであり、クラブを超えた世論形成の場としてあったといえよう。

婦民の出発点には敗戦による解放の喜びがあるが、一方でアジア太平洋戦争に対する悔恨も共有しており、婦民は反戦・非戦の主張を展開した。『婦民』には同紙の編集者や婦民の幹部あるいは男性知識人による記事・論説だけでなく、クラブ員や男性も含めた読者の戦争体験記、戦争・敗戦の体験に基づく意見を述べた投書や手紙、戦争被害者への訪問記、戦争の被害や戦争観に関する独自のアンケート調査なども掲載している。それらからは国民の最大公約数的な戦争観とは異なる戦争観がうかがえる。

そこで本稿では、『婦民』を主要資料として、敗戦から一九六〇年代までの婦民のアジア太平洋戦争に対する向き合い方や戦争観について検証したい。婦民の戦争反対は一貫していたが、その論理や戦争体験のすくい上げ方は、時代状況にともなって変化していった。それぞれの時期に、どんな戦争体験が何のために、どのような形で引き出されたのか、戦争や戦争責任がどう論じられていったのか、その変遷の過程を敗戦から「独立」回復まで、「独立」回復から五〇年代末まで、六〇年代の三期に分けて考察したい。

戦後の女性史・女性運動史研究には大きな蓄積があるが、婦民については創立期に言及されることが多く、前述の永原の研究と婦民自体の沿革史以外には長期的な分析を行ったものはない。(7)永原は、クラブが自ら「平和への志向」

をクラブの「体質的根性」と述べ[8]、平和運動に熱心に取り組む一方で、日常の生活問題からは遊離する傾向にあったことが組織を大きくできなかった原因ではないかと分析している。平和運動に力を注いだのは、戦争への悔恨・反省が深かったからであるが、その方向性を決定づけたのは理論的支柱であった宮本百合子である。『婦民』創刊から亡くなる一九五一年一月までの宮本の論説を分析した亀田春枝は、宮本が再三「平和はつねに戦争挑発から戦い取っていかなければならないことを訴え[9]」、平和のための「日本婦人の心構え[10]」を示していたと指摘する。

女性向けメディアの研究では戦前の雑誌に関するものが多く、戦後のものへの関心はそれに比して薄い。メディア研究ではないが、山本真理『戦後労働組合と女性の平和運動―「平和国家」創生を目指して』（青木書店、二〇〇六年）は、敗戦直後から五〇年代にかけての女性の平和運動について分析する中で、『婦民』はじめ多くのメディアを利用している。同書は担い手をグループ分けしながらその思考と行動を丹念に検証し、それぞれの成果と問題点を明らかにしており、左翼系のメディアについては、「マルクス主義の宣伝よりも、困難な立場におかれた女性について報道することで、読者に彼女らや自分自身の苦しみの原因を考えさせ、そのような境遇が不条理なものであることを認識するよう促した」（二七〇頁）と評価している。鹿野政直も『婦民』を「女性による市民運動の目くばりや標的を凝縮して示した刊行物との観がある[11]」と高い評価をしている。一方で、「日常生活に追いまくられ、活字による啓蒙に無縁な大衆女性には距離があったのではなかろうか[12]」という批判もある。伊藤康子のこの指摘は、前述の永原の分析と通じるところがある。また実際『婦民』の読者調査では、「かたい」、「むずかしい」などの声も多かった[13]。

永原や伊藤の指摘にあるように、『婦民』は底辺層を含めて広く一般女性に読まれたものとはいえないが、女性の政治意識・社会意識を高めるために有用なメディアであったことは確かであろう。本稿ではこの『婦民』の戦争への向き合い方を通して、女性がいかに戦後精神を形成していったのかの一端を明らかにしていきたい。

なお『婦民』の記事については、『婦民』を省略し、執筆者（無署名の場合もある）・タイトル・発行年（西暦下二桁）

月日を記す。また記事中の旧漢字は新漢字に改めた。

一　戦争体験の平和運動への包摂——敗戦から「独立」回復まで——

敗戦後、平和を謳歌できた時間は短く、冷戦体制の下、日本は次の戦争の影に脅かされることとなる。戦争・敗戦の痛手も生々しい中、人々の平和への思いは強く、婦民も平和運動に加わる。憲法第九条を柱とする平和主義の下、婦民の唱える平和も第一義的には次の戦争の防止であったが、それは人権の尊重や女性解放ともつながっていた。

敗戦直後には戦争体験記を書く力や余裕のある人は限られており、戦争に関しては戦災者収容施設等への訪問記や座談会、アンケートなどによって被害者の実情を伝える記事が多かった。それらは他のメディアでも企画されており、珍しいものではなかったが、『婦民』では母子寮・孤児院のような女性・子供の施設への訪問記（「戦争で傷められた人々」四七・二・六）や後述の女世帯のアンケート調査だけでなく、「こんな目にあうのなら…　傷痍軍人座談会」（四八・八・一二）や「フロ釜にすむ父子あり」（四九・八・一三）など、女性メディアながら男性被害者にも目を向けているところに特徴がある。その後、朝鮮戦争や全面講和運動が始まると、戦争体験が平和運動と結びつけて語られるようになる。

（1）「平和」への始動

戦争や平和に関する記事が増えるのは、冷戦体制が明らかになり、アメリカ占領軍の方針が変わる一九四八年からである。婦民では同年一一月に綱領の第三項を「婦人民主クラブは婦人の全能力を発揮し、日本民主化と世界平和確立のために努力する」と変更し、「世界平和確立のため」の努力を追加した(14)。婦民を含めた女性団体は、同年八月に平和確立大会を企画していたが、〝心の平和〟を重視する主にキリスト教系の団体を中心とする保守系グループと、戦争の原因となる具体的な現実と闘うという立場に立つ婦民を含む革新系グループに分裂した。そして『婦民』では初めて組んだ「平和特集」(四八・八・一二)に、その立場を示した声明書を掲載した。また同号で宮本百合子は八月一五日を、「平和を守るためには、具体的に平和を破壊しつゝある根づよいファシズムの作用の一つ一つと、わたしども一人一人が正直にたゝかって行かなければならないことを、自分にもひとにも確認する日」(「わたしたちは平和を手離さない」)と訴えた。宮本は「ファシズムによって最も悲劇的な被害を蒙ったのは婦人と子供である」(同前)として、平和のために女性が行動を起こす必要を繰り返し読者たちに説いている[15]。

「平和特集」の翌週に掲載されたアンケート調査「しんこくな戦争の被害」(四八・八・一九)は、全日本印刷労働組合の協力で勤労婦人三〇二名から回答を得たものである。この調査によれば、回答者の七割が家族を亡くす、家財を失うなどの被害に遭っていたが、「戦争を避けるためにはどういう態度をとったらよいでしょうか」との質問に対しては、「団結によって戦争を阻止五四」、「政治に関心をもつ五一」などの意見もあったものの、「わからない一〇〇」が最も多く全体の三分の一を占めた。この結果は、次の戦争の影に脅えながらも、具体的にはどうすればよいのかわからない女性たちが多かったことを示していよう。

社会主義に立脚する革新派グループは、戦争の原因となる具体的現実として低賃金・物価高、不当弾圧・人権蹂躙などをあげ、資本主義とそこに生じるファシズム体制を敵視した。『婦民』ではこれらの現実と闘い、戦争準備の動きを許さないこととともに、平和=戦争防止のためにアジア太平洋戦争と向き合うことを求め、現在の不幸の原因は敗戦にあるのではなく戦争そのものにあるとして、戦争の原因をつきつめて考えるように訴えた[16]。そのために論説ばかりでなく、女性に受け入れやすい形も工夫された。「主婦と平和　武谷氏をかこむ座談会」(四九・一〇・七)では、日常生活と平和運動をいかに結びつければよいのかを、物理学者の武谷三男と問答をしながら主婦たちが語り合うという形式で、女性たちに考え、行動する糸口を与えようとしている。武谷はその中で、「一ばん大事なことはこの間終った戦争を一人一人の経験を通して徹底的に反省することですね。どんな風にして戦争に捲きこまれていったかを見きわめるのです」と話している。また「戦争は基本的人権に対するじゅうりんのもっとも大きいもの」であり、どんな小さなことでも人権蹂躙と闘うことが平和運動だともいう。『婦民』では日常生活の中での闘いと結びつけることで、主婦たちを平和と人権の意識に目覚めさせようとしていた。

平和確立大会は一九四九年には統一大会が開かれ、「世界の平和は婦人の手で」がスローガンの一つになった。講和問題がもち上がり、朝鮮戦争が始まる中で、女性団体の足並は必ずしも揃わなかったが、女性たちの厭戦感は強く、平和を願う気持では一致していた。また女性の平和運動は、国際民主婦人連盟などを通して国際的にも広がっていた。

その中で、平林たい子は戦時を振り返って、「婦人だけが戦争の痛苦をよけい経験しているわけではない。とすれば婦人が特別な平和要素であるという買被りはやめよう(17)」と問題を投げかけた。『婦民』では平林の意見に対し、痛苦の多寡は性別よりも権力関係に見るべきだとしながら、「国家権力から男性の権力までもふくめて、女は最末席でそれを受とめなければならなかった」のだから、女性の方が「よけいに戦争の痛苦を経験している」と反論し、「無力さに目覚めればこそ、われわれはいま必死に闘っている」と主張した(「空地」五一・三・四)。ここでは戦争の被害よりもむしろ戦前のイエ制度における女性抑圧に重点が置かれ、女性を戦争とイエ制度による二重の被害者としてとらえている。後述のように女性が受けた戦争被害は、イエ制度によって増幅されることが往々にしてあり、女性には女性ゆえの苦しみがあった。前述の宮本百合子の言葉にもあるように、婦民では戦争という軍事行為だけでなく、戦争を可能にする社会体制によって、女性は被害を受けたという認識に立っていた。

しかし婦民では被害者意識だけにとどまっていたわけではない。当時婦民の委員長だった櫛田ふきは、一九五一年の初頭に次のように呼びかけた。

「もはや傍観者であるということは権力に屈服することでしかないということを、否むしろ、戦争に協力さえしているということを、この前の戦争の惨めな経験から、私たちは知っている筈なのだ。特に傍観者になり勝ちな婦人たちに考えてもらいたいのはどのような戦争も決して私たちを幸福にはしない」（「一九五一年をむかえて」五一・一・一）。だからこそ戦争をくいとめようと。

婦民ではその設立趣意書[18]で、官製婦人団体の戦争責任を問うてはいたが、女性全体の戦争責任を考えるまでには時間がかかった。とはいえ、この時期から戦争の反省に立ち、自ら考え、平和のために一歩踏み出すことを女性たちに促していた。それは戦争防止のためだけではなく、女性の解放にもつながることであった。

（2）被害国としての責務／加害国としての責務

周知のようにGHQは原爆被害に関する報道を禁じていたが、一九四八年には大田洋子の『屍の街』（中央公論社）が出版され、五〇年には二月に発表された丸木位里・赤松俊子の「八月六日」（「原爆の図」第一部「幽霊」）の巡回展が行われるなど、限定的ながら原爆被害についても知られるようになっていた。『婦民』では前述の「平和特集」に原爆被害の写真や大田洋子のエッセイ「あらゆる知能と善意を―八月六日に寄せて」を掲載し、丸木・赤松の「原爆の図」についても折に触れて報道した。またストックホルム・アピール支持の平和署名を集めることにも力を注いだ。

しかし朝鮮戦争が始まると、原爆使用の危険性が高まった。その危機感の中、『婦民』では原爆の被害を受けた国としての責務が論じられるようになった。原爆を受け、その被害を知るものとして、再度の悲劇を防止することを日本の責務と考えるというのが、それらの主張の軸であった。それに加えて、平和署名への妨害行為に対する批判もあり[19]、櫛田ふきは前述の「一九五一年をむかえて」の中で、「敗戦で、原爆で不幸のどん底からたち上ろうとしている日本婦人のいま世界人類にたいする義務としてまた権利としての平和への誓は、年のはじめにして切々たるものがある」と述べ、平和運動を義務だけではなく、権利として主張した。

また戦争未亡人となり、戦後作家となった畔柳二美は、原爆製造禁止へと考えを進め[20]、それが人権＝生存権を守ることだとして次のように述べた。

「第二次世界戦争の終りに第一号、第二号と続けて二度の原爆の洗礼を受けている私たち日本人は、その惨虐を一番よく知っている国民であるだけに世界の良心に訴える責任があるのではないだろうか。〔中略〕これは特定の国に向っていうよりは、原爆を持っているると思われるすべての国々に向って製造を禁止してもらうよう訴えるべきで真の人権尊重の主張にもなろう。」（「人間をこそ愛そう」五〇・一二・一七）

占領下で明確にはされていないが、これらの意見は原爆被害国の責務を論じるという形をとることで、朝鮮戦争への反対の意思をも示したものであり、評価されるべきであろう。ただそれらは平和運動家たちの理念であり、被爆者と日本人が一体化され、日本人として原爆反対・戦争反対を訴えることに重点があった。そこでは現実の被爆者に目を向けるという意識は薄く、その問題は「独立」後に持ち越される。

また『婦民』においては、被害国としての責務だけが論じられていたわけではなく、平和運動を進める中で、加害国としての責務にも目が向けられていた。

宮本百合子「新卒業生におくる言葉（上）」（四八・四・八）や鈴木創枝「古き悲劇の立像たち―東京裁判の判決から」（四八・一一・二〇）では、東京裁判で明らかにされた日本軍の残虐性こそがファシズムの要因であり、残虐行為への判決を民衆自身のものとしなければファシズムの思想が根だやしにならないと述べ、女性たちに日本人の残虐性に目を向けるように求めた。

前述のように婦民には共産党員も多く、中国に大きな関心をもっており、中国の女性や各種団体とも交流があった。また引揚者の援護にも協力し、クラブ員には引揚者もあった。全面講和運動の中では、中国との関係は貿易問題が主としてとりあげられていたが、『婦民』には経済問題とは異なる視点からの意見があった。

　中国引揚者の本多房子は、「日本再武装反対の愛国大会」など中国女性たちの日本再軍備反対の運動や世論を伝え、「われわれの同胞の手によって、さんざんひどい目にあわされた隣邦中国の婦人たちが、こんなにきびしく熱烈に日本の再武装に反対し、平和を愛するわたしたちに手をさしのべてくれているのに」対し、日本女性たちが「もっと大きな声ではっきりと『戦争はいやです。再武装絶対反対』と叫ぶことができないとしたら、それは全アジア、全世界の民主的な婦人にたいして顔向けのできないことであり、子供たちにたいして申訳け《ママ》のないことになるでしょう」（「アジヤ《ママ》の嫌われ者になるな」五一・二・一八）と述べた。少し後の時期になるが、やはり中国引揚者の三輪きみ子は、「現在の中国政府が日本の帝国主義の復活をおそれ、警戒していることは、あの戦前の植民地支配が悲惨なものであったからこそ、一層強いのだろう。私にはそれが実感としてよくわかる」（「人の命は何よりも尊い」五八・八・一〇）という。日本軍の中国での行為を知る引揚者たちは、日本の加害と中国の日本への警戒感を認識しており、再軍備への反対を日本人の責務ととらえていた。

　講和問題に関しては、周知のように一九五〇年六月に、平塚らいてう、ガントレット恒子、上代たの、野上弥生子、植村環の五人が「非武装国日本女性の講和問題についての希望要項」を、米国務省顧問ダレスに送った。らいてうらはさらに講和条約の草案が発表された五一年八月一五日に、「三たび非武装国日本女性の平和声明[21]」を出し、五つの項目をあげた。その第三項で、日本が侵略したアジアの国々に対しては、その損害を当然賠償すべきで、経済力がないということは理由にならないと、日本の戦争責任を賠償という形で果たすことを主張した。加納実紀代は彼女らの全面講和論を「アジアに対する日本の侵略責任の自覚の上に立ったもの[22]」として高く評価している。この声明への賛同を示すものとして、婦民では婦人民主クラブ常任委員会名で「子供たちを守る―批准国会にさいし婦人の立場から」（五一・一〇・七）を掲載し、クラブとしての考えを次のように述べた。
「この平和憲法への誓いを講和会議にのぞんで実践することこそ償いきれぬ迷惑をかけたアジアの諸国の人達に対する責をはたす唯一の道であると信じます。（中略）私達はアジアの民衆と殺しあうための尨大な軍備費をアジアの国国の賠償に罪の償いとしてふりむけることこそが叡智ある人間のとるべき道だと信じます。」
予算・再軍備反対・賠償を一体的にとらえ、財源の提案とともに戦争責任を果たすことを主張した点に婦民の特徴があろう。しかし、らいてうや婦民の主張は、多くの女性が支持するところとはならなかった。[23]
レッドパージや共産党の五〇年問題[24]で左派には苦しい時期となるが、『婦民』では日本政府とその背後にあるアメリカの両支配層に批判の目を向け、日本の国としての、あるいは日本人としての責務を論じることに力を入れた。

（3）母の戦争体験記と求められる母親像

敗戦直後の女性の問題として最も大きかったのは、戦争未亡人の問題であった。『婦民』でも婦民の支部を通じて行った一二三の女世帯（主に戦争未亡人）の生活調査の結果を報じている（「未亡人はどう生きているか」四九・八・一三）。一九四九〜五〇年頃には、厚生省婦人少年局や地方自治体などで同様の調査が行われ、戦争未亡人の困窮の実情が明らかにされてきていた。[25]『婦民』の調査は小規模ながらも、「働いている間の子供の世話をする人」、「現在一番困っていること」なども尋ね、生活の実態に迫ろうとしている。ただ婦民においては、戦争未亡人の問題も一般困窮者の生活問題として解決するべきだとの見解に立っており（櫛田フキ「未亡人の名を捨てよう」五〇・二・一七）、戦争未亡人の問題を重視して積極的に取り組むわけではなかった。

婦民においては、戦争未亡人よりもむしろ「母」が重視された。前述のように女性を平和運動の担い手とする根拠に戦争被害があったが、もう一つ、母・母性も平和運動の足場になった。生命を産み、育てる女性は生まれつき平和的な属性をもつという本質主義の主張は他国にもあり、国際的な連帯の源でもあった。加えて日本には、イエ制度という独自の理由もあった。戦後イエ制度は法制度としては廃止されたが、実生活がすぐに変わったわけではなく、旧意識は長く残った。したがって、戦後も女性の最大の役割は「母」役割であり、子供を大事に思う自然な心情と現実生活の必要性ともあいまって、〝子供のため〟が女性たちの行動の最大の動機であった。平和運動においても〝子供のために平和を守る〟が女性たちの行動の推進力となり、『婦民』でも「「自分の育てた子を殺すのはいやだ」という単純な、しかしもっとも人間的な感情を強く主張」（角圭子「母親のための童話」四八・八・五）することが呼びかけられた。また戦争で子供を亡くした母親たちの体験を平和運動に結びつけようとする試みも行われた。

周知のように、『きけわだつみのこえ　日本戦歿学生の手記』（日本戦歿学生手記編集委員会編、東大協同組合出版部、一九四九年）は、反戦・平和の書として大きな反響を呼んだ。『婦民』では〝母からの応答〟として、同書に手記が掲載された戦没学生二人の母親の談話を掲載した（「その母たちの切なる願い　亡き子らは〝平和〟を」五〇・四・一五）。柳田富久は大略次のような話をしている。戦争中は戦争を正しいと思っていたが、今ではどんなに間違っていたかを知った。息子の命であがなったものは、この平和と武装を捨てた憲法であり、平和を守ることこそ息子を大事に守ることであるという気持に支えられている。また松岡元子は、自分は軍隊に行けば人間ができてくると思うような愚かな母親で、息子の考えや悩みを少しも察することができず、すまないことをしたが、今後は平和のための活動を手伝いたいと述べている。「軍国の母」から「平和を守る母」へと変わった彼女たちは、婦民にとっては母親として目指すべき姿であったと思われる。

同じく戦争で息子を亡くした柳原燁子（白蓮）は、「私達はこの〔世界平和の――引用者注〕故にこそ天界で働らいているると信じたい息子と地上においては人として同じ目的に協力したいと念じている。これが我子を犬死させない唯一の道だと思っているから」（「誰故にこの嘆きを」四九・四・一三）と宮本百合子宛の手紙に書いた。柳原は他の遺母たちとともに、「死後の霊魂の不滅を信じさせてもらい度い」との気持から、宗教者などの話を聞いていた。

これら戦没者の母たちは、平和であることが息子たちの死を意義あるものにすると考えて、息子たちに代わって、あるいは息子たちとともに平和に努めることを自らに課している。そしてその中に自分の生きる意味をも見つけようとしていたのだろう。平和への協力は、今生きている子供たちばかりでなく、死んだ子供たちのためでもあった。しかし、柳田や松岡が戦中には戦争や軍隊を肯定していたように、母性平和本質主義は必ずしもあたらない。各種調査にも明らかなように、再軍備に賛成する女性たちも少なからずいた[26]。戦争で子供を亡くしたこと自体が戦争を憎む感情を生んだであろうが、日記や手記などで子供たちの無念や反戦の思いを知ったことや、宗教的な教えが母親たちの気持の転回を促し、支えていたように思われる。

さらに『婦民』では、戦争で子供を亡くした母親たちの体験を平和運動につなげるために、彼女らの手記を募集する（「戦争で子供をなくしたお母さんへ！」五一・七・八）。この企画は、翌週必ずしも子供を亡くした人に限らず「戦争のために沢山の苦労を重ねてきたお母さん」の手記に広げられる（「戦争で痛手をうけたお母さんへ」五一・七・一五）が、結局、『婦民』には掲載されなかった。同年一二月に刊行された平塚らいてう・櫛田ふき監修『われら母なれば』（青銅社）の案内（「母のつくる本　願いかない近く出版」五一・一二・一六）からすると、同様の企画を立案中であった青銅社に協力することになり、『婦民』には掲載せず、手記の応募者などに執筆を依頼して同書を刊行したものと思われる。全面講和運動を通してらいてうと櫛田は親交を温めており、らいてうは当時婦民の顧問となっていた。

同書には、散文と詩・短歌が掲載されていたが、散文は壷井栄・佐多稲子・柳原白蓮と一般女性一三人（内一本は聞き書き）の計一六本がある。そのうち、子供を亡くした母親は五人であり、『婦民』の当初の企画では原稿が集まらなかったのではないかと思われる。また母子家庭が一〇人、そのうち五人が戦争未亡人であった。壷井・佐多を含めて、戦後の話も多い。夫が戦地で行方不明になった杉野とよ（「十四年間」）は、夫が応召した一九三八年からの生活を綴っており、栗原ちか「息子とともに」は戦前から戦後にわたる半生記で、いかにイエ制度に苦しんだかが記されている。前述のように、婦民では軍事行為だけでなく、戦争を可能にする社会体制に反対する立場に立っており、戦後も含めて、戦争と社会体制によって苦しめられた母子の体験が主となっている。

広島電鉄で寮の舎監をしていた小西信子（「腐爛地蔵」）は、原爆で大やけどを負った一人息子をその日のうちに看取ったが、その日の行動を克明に綴るとともに、終戦の詔勅を聞いた後の気持として、「子を失った悲しみはまた新しい角度から深くなって行く。〔中略〕「お母さん、お腹がすいた」といった言葉は耳から去らない」（二一五頁）と記す。そして「二十七歳のときからあの子一人を手塩にかけて様ざまな苦労もした。封建的な家族制度の下に男性の圧制は骨の髄まで泌みていた」（二〇八頁）と、イエ制度の苦しみにも触れている。小西は後に婦民広島支部などで被爆者としてさまざまな運動に携わる。

まえがきでらいてうは、「今のうちに生々しい体験が早く書かれなければならない……こう考えて、この仕事にかかりました」（二頁）と書いている。しかし、戦死であれ、原爆死であれ、他の死に方であっても、親がわが子の死を受け入れることは簡単ではなく、時間がかかる。最期がわからなければ、〝帰ってくるかもしれない〟との淡い期待もある。子供を亡くした母たちが、してやれなかったことを悔い、助けてやれなかったことの罪責感にさいなまれながら、日々を生きていたことは想像に難くない。書くということは出来事を客観的に見るという作業であり、時間の問題ばかりでなく、子供の死について書くことのハードルは高かったと思われる。

この時期、女性雑誌にも戦争未亡人の手記は多く、書籍にもなっている(27)。しかし、この後も子供を亡くした母たちの手記は少ない(28)。年齢層の問題やイエ制度の呪縛などもその要因であろう。遺族としての母の体験を語り合おうとした婦民の試みは、逆に彼女たちの語り難さを示すものとなったように思われる。

二　保守政権との対立と戦争被害者のすくい上げ――「独立」回復から一九五〇年代末まで――

講和により「独立」を回復すると、保守政権は〝戦後改革の行き過ぎを是正する〟として「逆コース」の歩みを加速させていく。それに対して、革新派は「平和と民主主義」という戦後改革の成果を守るべく闘う。婦民も反動的な法案や政策に対し反対の声をあげ、平和運動を進める。「独立」以後の運動は占領下とは異なり、抽象的な平和を求めるものではなく、個別具体的な法案や問題をめぐる闘いとなり、戦争への向き合い方も個別の被害者の声をすくい上げるものとなる。

（1）保守政権との闘い

保守政権が進める「逆コース」の中で、婦民にとって大きな問題となったのは、女性に関わる問題と治安立法の問題であった。女性に関わる問題としては、まずイエ制度の復活の策動があった。「わたしのくらし　わたしの一票」は一九五五年の衆議院選挙に際して、保守政権批判の声を集めたものだが、その中に戦争未亡人の野田みや子（三五歳）の体験と意見（「嫁は一家のギセイなのか」五五・二・六）が掲載されている。農家の長男と結婚した野田は、夫の戦死により弟と再婚、姑の嫁いびりに耐えかねて家出をしたが、子供のことが気にかかり家に戻ろうとした。しかし、離婚もしないし、同居もしないと家を出された。そして文章の最後を「私は戦争を呪い、家族制度を呪います」と結ぶ。イエ制度の苦しみは、前述のように他の女性たちの手記にもあり、野田の思いは多くの戦争未亡人に共通するものであっただろう。

政府はまた婦人少年局の閉鎖や生理休暇の廃止など、戦後女性が得た女性のための制度を奪うような政策をもくろんだ。『婦民』ではこれらについても、反対の論陣の中に、戦争中の動員により結核や婦人科疾患に苦しむ女性たちの体験に基づく意見を加えた(29)。

これらの政策は、女性たちの反対の強さもあって、阻止された。戦争に起因する苦しみを償うどころか、戦後獲得した制度や権利を奪おうとする政権に対して、女性たちは黙ってはいなかった。

前述のように婦民のクラブ員には共産党員もあったため、治安立法に対する反対には、戦前の体験に根ざす強いものがあった。戦前に共産党員として投獄された経験をもつ清家トシは、講和条約発効を前に提案された団体等規制法案に対して、一九二八年の三・一五事件当時に逆戻りしたような錯覚に陥ると書いた（「あの頃のような錯覚」五二・三・一六）。そして事件後二十数年の歴史に鍛えられた女性たちが日本を守るだろうと期待を寄せたが、清家のこの期待は叶わず、同法は破壊活動防止法として成立した。

一九五八年に提案された警察官職務執行法の改正に対しては、周知のように多くの国民が反対運動に参加した。『婦民』でも反対の論陣を張るとともに、治安維持法の復活と見て、「あのころのイヤな思い出―治安維持法におびえた市民生活の記録」（五八・一一・二）を掲載した。同特集では、「ごく普通の市民生活にまで及んだ当時の警察官の横暴ぶりについて」五人の女性が体験を綴っている。いずれも日米開戦以前の話で、散歩していただけで検束され、始末書を書かされたり、警察に拘留されるような友人をもっていることを理由に解雇されたなどの体験が記されている。中でも犬飼きみ子（「刑事が破談にした婚約」）の体験は深刻で、婚約者と二人で歩いていたときに刑事に目をつけられ、男性の会社から結婚を反対されたため延期したが、結婚の前に男性が召集され戦死したという。「デートも邪魔する警職法」というキャッチコピーが一般市民を反対運動に巻きこんでいったが、この特集は、警職法がデートを邪魔するどころではなく、人生を変えかねない可能性をもつことを、体験をもって知らせ、警鐘を鳴らした。

同年の社会教育法の改正についても、「政党への中立及び社会教育関係団体の自主性を犯すおそれがある」（「声明書」五八・一一・一六）などの理由から反対運動を行った。しかし、ここでは戦前の「強大な戦争協力団体となった婦人会の動向を」たどる記事（「愛国婦人会はもうご免です！」五八・一一・一六）はあるものの、体験記は掲載されていない。婦人会は女性たちが同調圧力の下、否応なく組み込まれ、戦争協力を強いられた場であり、婦民の会員からは、「私たちは戦時中のあの隣組や国防婦人会などのことを忘れてなりましょうか」（八坂スミ「虎の威を借りるもの」五〇・一二・二四）という声があった。ならば、婦人会の指導者や国策の問題としてだけでなく、自らの問題としてその内側からの体験を記し、女性の戦争協力を問い、見つめ直すこともできたのではないだろうか。一九五九年の母親大会では、谷川雁が母親の戦争責任を追及した。しかしこの批判は、ごく一部の女性を除いて、真摯に受け取られることがなく[30]、『婦民』でもこの問題をとり上げていない。

保守政権の反動的政策に対して、人権や私生活主義という戦後の新しい価値観が反対運動の大きな推進力となったが、戦前・戦中の痛手や記憶が色濃く残る五〇年代においては、戦争体験もリアリティをもって反対運動を支える役割を担ったといえるだろう。『婦民』においても、保守政権と闘うために、戦前・戦中の抑圧体験・被害体験を前面化していった。しかしその一方で、自分たち自身がどのように戦争に参加し、協力したのかという問題に内省的に踏み込んでいく力は弱かった。ただそれは婦民だけの問題ではなく、女性の戦争への参加・協力のしくみを明らかにすることは、その後も課題として残った[31]。

（2）戦争被害者の声のすくい上げ

「独立」以後、占領期には公にできなかった戦中および占領期の被害を明らかにすることができるようになった。『婦民』では、埋もれた戦争被害者たちの声をすくい上げる、あるいはその声を広げることに努める。

講和条約発効後には、『アサヒグラフ』の特集「原爆被害の初公開」（五二・八・六）などを通して、原爆被害のすさまじさが報道されるが、『婦民』でも早速「世界よ！繰返すな　この原爆の悲惨!!」（五二・八・三）として、河井理助と出口大賢の体験記を掲載した。広島で被爆した河井（「一人の記録」）は、家族を捜し歩く中で見た悲惨な光景を記している。出口（「原爆で死んだお父ちゃん」）は長崎で被爆した小学生で、日教組が募集した「平和を希う」作文からの転載である。また、ひめゆり部隊の生存者である金城浩子の訴え（「沖縄『ひめゆり部隊』の悲劇」五二・八・二四）を通して、沖縄戦の悲惨さと戦後の生活の厳しさも伝えられた。金城は「住民たちは今もって本土の人たちが味った終戦時のあの虚脱状態におかれていません。（中略）そしてここから朝鮮に出兵しB29が飛び立っています。戦争反対の言葉は私の身体全体からほとばしり出る言葉です」と書き、敗戦時となんら変わらない状況の中で、朝鮮戦争に加担している苦悩を訴え、強い戦争反対の意思を示した。

その後、沖縄の記事は間遠になるが、一九五三年八月には「原爆傷害者座談会（広島にて）　あの日から八年」（五三・八・九）が掲載され、原爆症に苦しむ人たちの生の声が届けられた。その中である被爆者は、「私はあの日のことより後の七《ママ》年間の歩みの方が、原爆の悲惨さが深まっていくような感じで毎日をあの日と同じような苦しみで送っています」と戦後も続く苦しみを訴えた。それぞれの生活の厳しさが話されるとともに国家への批判や要求も出された。ＡＢＣＣが死亡した父親の葬式と引き換えに解剖を申し出たことに対して、「葬式を出してくれる位なら生きているうちになぜ注射の一本も打ってくれなかったのか（中略）私はアメリカにたいする復しゅう心で一ぱいです」と語るものもあった。

また『われら母なれば』にも手記を送った小西信子は、「広島でおかされた罪悪が『真珠湾』と相殺され、戦争が長びくために続けられただろう戦闘員の死の犠牲と比較される性質のものではないと考える」として、「真珠湾」を主張するアメリカに非を唱えるとともに広島の惨劇の真実を知らせることを阻もうとする日本政府を批判し、「真珠湾」の日にあえて広島を語った（「真珠湾も原爆も」五二・一二・七）。

一九五四年三月のビキニ事件以後、原水爆の問題は、原爆マグロや放射能の雨を通して、国民全体の日常生活の問題ともなり、原水爆禁止運動は国民的な広がりをもった。婦民もその担い手として、毎年の原水禁大会に参加し、被爆者援護の活動も行った。『婦民』でも原水禁大会報告記や座談会・訪問記などを掲載した。[32] 日米両政府によって、戦後もさらに苦しめられる被爆者や沖縄の人たちの実態を伝え、彼らの怨嗟や批判の声をさまざまな形でとり上げていくことは、六〇年代以降も続く。

さらに『婦民』では、このような大きな運動にならない被害者たちの声も届けようとしていた。その多くは子供と女性であった。戦災孤児や混血児をとり上げるほか、[33]「この子らこそ被害者だ！　激増するわるい子どもたち」（五八・一二・一四）では、久里浜少年院の少年たちの作文集『とべない翼—久里浜少年院手記集』（地主愛子編、理論社、一九五八年）を紹介し、戦争が彼らをつまずかせた大きな要因であることを報じている。

一九五三年に中国からの集団引揚が再開され、五六年には中国残留婦人の一時帰国の道が開かれた。これらは民間団体の努力によるものであり、中国敵視政策の下、日本政府は彼らに冷淡であった。[34]「中国へ帰りたい！　帰還孤児の寮をたずねて」（五三・八・三〇）では、中国からの帰還孤児の一時宿泊所である足立寮の様子が報じられた。同記事によれば、元遊郭であったらしいこの足立寮には九歳から一九歳までの二一名が暮らしていた。世話をする専従者もなかったようで、「言葉も分らないし、お巡りさんもこわい」と訴える子供もあった。児童相談所に入ることを拒否したため児童福祉法が適用されず、生活保護を受けながら不安の中で身を寄せ合って生きている様子が記されている。中国残留婦人に対しても、政府は彼女たちを戦争犠牲者と見なさず、厄介払いをするかのように早い中国帰国を促した（「帰国の喜びも今は消えて」五六・九・一六）。

婦民では引揚者や一時帰国者の援護に力を入れ、『婦民』でも協力を呼びかけていた。国が切り捨てようとする戦争や占領の被害者たち、[35] 中でも力の弱い女性や子供に光をあて、その声を伝えるこれらの記事は、忘れられようとしている被害者たちへの救済の世論を形成しようとするものであり、また対米従属の下で戦争被害に頬かむりしようとする政府を批判するものでもあった。

（3）戦争体験をめぐる齟齬

「ウェーキ島餓死兵士の母を訪う　くい違う母と子の心」（五四・七・四）は、ビキニ事件に際して派遣された調査船俊鶻丸に同乗していた朝日新聞社の記者が入手した、日本兵の日記の持主の母を訪ねた訪問記である。前述のように婦民では戦没者の母たちを平和運動に包摂しようとする志向があり、また戦争犠牲者の声をすくい上げる意味もあったと思われる。その日記には、飢餓に苦しみ、食糧を盗んでは営倉に入れられる兵士たちの生活が綴られ、「軍隊にこんな地獄があるとは思わなかった。一月一日から八月七日の八ヵ月自分は生と死の境をさまよった」と記されていた(36)。

しかし、この日記を書いた渡辺輝正の母、渡辺志んからは、『婦民』の記者が期待していたであろう反戦や平和をのぞむ言葉は聞かれなかった。山梨県の小さな村に住む渡辺は、夫が家出をした後、女手一つで三人の子供を育てたが、一人の息子は戦争で亡くなり、嫁に行った娘には頼れないとして七〇歳で一人暮らしをしていた。息子が「立派な兵隊としてお国のために死んだということ」を「唯一の生きる支え」とし、「どだい死んだものは仕方ねえ」と諦める母親に対し、『婦民』の記者は、「諦めきった心には、食糧のたたれた一孤島で、心の底から戦争を呪い、餓死していった息子の気持は全然通じていないのだった」と批判的に記した。反戦・平和を唱えない渡辺を記者がもどかしく思ったことが、記事からは感じられるが、この母親にとって一番大事なことは村の中で後ろ指をさされないように生きることであり、息子が軍律に違反することなく役目を全うして〝立派に〟死んだことを誇りにして生きていたことは責められまい。

息子の死を意味あるものにしたいと思う気持では、渡辺もまた柳原白蓮らと変わるところはなかった。しかし息子を大事に思う気持は同じでも、偏狭な農村の女性たちには「諦めの気持ちが強く、戦争による悲しみをいかに痛切に感じていようとも、それが必ずしも女性の抗議運動に発展することはなかった」[37]のであり、いきなり平和運動に包摂するには無理があった。明治生まれの文盲の母には、餓死した息子の日記も価値観の転換を促すものとはならなかったのだろう。都市部中心のメディアであった『婦民』は、どちらかといえば農村の女性たちの現実や気持への理解が浅かった。そのために記者と取材相手の気持が通じ合えず、この記事を後味の悪いものにしてしまった観がある。

都市と農村での意識の差も大きかったが、五〇年代半ばには世代による戦争観の違い、戦争体験をめぐる通じ合わなさも問題にされるようになっていた[38]。『婦民』では、ある女子大学生からの要望に応えて、「終戦記念日に若い人におくる30代の体験記」（五六・八・一二）が特集された。彼女は、自分たちは戦争中まだ幼く、「実際の戦争のおそろしさを、皮膚から感じとった強い印象ではうけとめていない弱さがあ」り、「一般市民、とくに働いていた女性たちがどんな苦しみをうけ、また流されもしていったか」を聞きたいが、「どこかに断層があって、膝つきあって話しあうことができない」と悩んでいた（「虹　断層をつなごう」五六・七・二二）。

同特集では沖館あい子（三九歳、「召集という名の別離」）、安藤瑞子（三六歳、「ある〝人的資源〟の青春記」）、堤貞子（三二歳、「幸福を打砕いた空襲」）の三人が体験記を寄せた。日中全面戦争勃発時にすでに地方の官庁に勤めていた沖館は、同僚の男性たちが次々に召集されていったという。そして「胸一杯に愛情をもちあいながらそれをぶちつけ《ママ》あえぬもどかしさのままに、突然舞いこむ召集令状が二人の間をひきさいていった」と記す。

国民学校の教員として学童疎開に付き添った安藤も仕事の話に触れているが、三人に共通するのは恋愛・結婚の話であり、恋愛・結婚が困難だったというところに重点がある。戦中にいわゆる結婚適齢期を迎えていた世代には、それは深刻な問題であり、当時の若い女性たちの心情が思いやられる。ただ、青春時代を奪われた人の痛手＝恋愛・結婚の問題に収斂したこの特集が、くだんの女子大学生の悩みに応えるものであったかどうかには疑問が残る。

これらの記事や特集は、取材相手の気持や提案者の意図に必ずしも添えておらず、試みの意味が薄れてしまったように思われる。しかし戦争体験の受け止め方を通じ合わせることの難しさを教えてくれているものでもある。

二 読者の戦争体験記と戦争体験を語る思い――一九六〇年代――

一九五〇年代後半からさまざまな戦争体験記が公表・刊行される一方で、戦争体験の「風化」やアジア太平洋戦争を肯定的にとらえる「戦記もの」の流行が問題になり始める。その背景には、戦争を知らない世代の増加や高度経済成長の下での私生活主義の広がりがあった。

一九六〇年の安保闘争の後、五五年体制が安定し、保革の激しい対立は影をひそめるが、アメリカの北爆によりベトナム戦争が激化し、それにともなって反対運動も高揚した。『婦民』でもベトナム戦争への反対が主張されるが、六〇年代における戦争体験のとり上げ方は、政府批判のためという政治的な目的よりも、戦争体験を伝えること自体やその伝え方の問題に比重がかかるようになっていく。

(1) 読者たちの戦争体験記

『婦民』では一九六五年夏に、手記「わたしの戦争体験」を募集した。その案内には、「おそろしく、いまわしい戦争の体験―それを二度となくすために、そのためにこそ、それは書きのこさなければならないのです。あなたの記憶の底から、書きおこして下さい」(「手記募集」六五・八・一)とあり、戦争防止=平和のために、常日頃には語られなくなった「限りなく傷ましい記憶」(「わたしの戦争体験」六五・八・一五)を書き送るよう読者に求めた。それはベトナム反戦運動の一環として企図されたものと思われ、実際ベトナム戦争反対を訴えている手記もあるが、〝死んだ人、体験を語れない人に代わって書く〟という使命感をもって書かれたものや、書かずにはいられない切実な思いで書かれたと思われるものもある。

「わたしの戦争体験」は一九六五年八月一五日から翌六六年二月二〇日まで、一～数編が断続的に掲載され、総計二五編が掲載された(39)。そのうち渡部千鶴「体験をムダにすまい」(六五・一二・二六)は、それまでに掲載されたものの読後感であり、六六年に掲載された三編は聞き書きあるいは他からの転載で、読者が自らの戦争体験を記したものは二一編である。主なテーマとしては、満洲・中国からの引揚が六編、疎開が五編、空襲・艦砲射撃が四編、原爆被害が四編、軍務・勤労動員が三編である。一つの手記が一つのテーマについてだけ書いているわけではないが、「わたしの戦争体験」に寄せられたものは、五〇年代の手記と異なり、戦争末期から戦後初期にかけての被害体験が中心となっている。

『婦民』には男性読者もあり、それまでにも男性からの手紙や投書が掲載されることがあったが、「わたしの戦争体験」にも男性からのものが四編ある。その中の一つ、二宮啓任の手記「生きている学徒兵」(六五・九・一九)は、二一編中唯一の兵士の軍隊・戦場体験記である。彼は平和主義者であった父の影響で反戦・反軍的思想をもっていたため、軍隊でひどい叱咤と暴力を受けたという。そして映画「真空地帯」や「きけ、わだつみの声」に対して、現実は「あれ以上のもの」といい、特攻や銃殺で亡くなった友を悼み、未帰還や行方不明の友へ思いを馳せた。二宮は同手記を二〇年前ソ連軍の包囲の下で死を覚悟した八月一二日に一気に書いたと記しているが、「戦争ほど憎むべきものはない。なにはおいても平和は守らねばならぬ」という強い反戦・平和の意思を伝えたかったことがうかがえる。またこの手記は二宮がはじめて戦争体験を語ったものと思われ、『婦民』は男性にとっての「精神的な「回心」の機会(40)」の場ともなっていた(41)。

中国・満洲からの引揚の体験記の中には、性暴力に関わるものもある。大坪静子「声なき女性のために」（六五・九・二二）は、一般女性を救うためにソ連軍兵士たちに差し出された「水商売」の女たちがあったこと、その裏交渉を知らない女性の中には彼女たちを白眼視するものがあったことを記し、「彼女たちはおそらくただ一声もあげないであろう。代って私は声をあげたい」と結んでいる。(42) また「二千人の女子軍属の中で」（六五・一一・七）を書いた青木和子（敗戦時一九歳）は、中支派遣軍測量隊の女子軍属として南京で敗戦を迎え、約二千人の女子軍属の一人として同年一二月上海から引揚げた。その引揚船の中で、「将校の酒つぎ」を命じられた郷里の先輩に会い、次のように告白される。

「私が一番つらく思うのは事情もしらないあなた方が私たちも見る《ママ》目です。軽蔑しきった冷たいいじ悪い目です。〔中略〕家族にさえも知らせることのできない仕事についた私たちも最初はあなた方と同じようにちゃんとした仕事のできる人間だったということを、一人でもよいから知ってほしいのです」

青木は船の中で胎児の遺棄にも遭遇し、「女性は軽蔑すべきもの」と考えるようになった。「幼い腕には重たすぎるほど沢山の問題を」抱えた青木は、自らが女性であることに苦しみ、その体験から婦民に参加し、婦人解放運動に立ち向かうようになったという。

大坪・青木の手記では、日本人女性に限られるが、戦時下の性暴力の被害者に代わって、その被害・苦しみを明るみにするだけでなく、その女性たちを蔑む女性たちへも批判の目が向けられている。さらに青木の場合、女性間の差別の問題において自身も加害者であると認識し、それに苦しみながら、女性の問題に向き合っていった。

二一編中ただ一人匿名のＳ・Ｍ子（「原爆症を怠惰と思われて」六五・九・五）は被爆者で、「世の人々に被爆者をもっと理解していただきたい」と訴え、国の援助を求めつつも、一方で子供の将来を思うと「母親の私が被爆者であることを、なるべく人に知られたくない気もする」と複雑な胸の内を綴っている。この手記のように、二〇年経って深まる痛みや新たな問題に苦悩する人の姿がうかがえるものもいくつかある。

「中国人とわたし」（六五・一一・二一）を投稿した窪川えい子は、大連で生まれ育ち、軍国主義教育を信じつつも、中国人の抑圧された生活や日本人の態度について疑問をもちながら教員になったという。彼女は、ベトナム戦争におけるアメリカの行動をかつての日本帝国主義と同じだと断罪し、「帝国主義侵略行動に反対し、ベトナムの民族解放斗争を支援すること」が日本人の歴史的仕事だと主張した。日本の加害に言及し、帝国主義の侵略戦争に反対する立場を明らかにしている点で、この手記は他との違いが際立っている。

『婦民』で広く戦争体験記を募集したのは、この「わたしの戦争体験」だけであるが、六〇年代にも被爆者の体験記や関連記事は多く[43]、学徒兵や疎開児童への訪問記（「教諭から仕出し屋へ」六八・一二・一三、「空襲よりこわい空腹」六九・八・八）もあった。

これらの手記はすべて日本人のものだったが、ただ投書欄に一度、東京在住の中国人女性の戦中・戦後の体験が掲載されている（「十四歳で日本人の妻に」六七・九・一〇）[44]。

戦争中に一四歳でむりやり日本人の妻にされた投稿者は、終戦にともない一七歳で夫と長女とともに日本に渡り、一九歳で次女を出産した。「従順な日本の奥さんになろうと努力」するも、「夫の女狂い、義母の偏見、生活苦」に苦しめられたあげく、夫は日本人女性と結婚。一〇年我慢した後、二人の娘を連れて中国に帰国したが、日本籍のため娘たちが学校に入れず、再来日して昼夜働き、高校を卒業させたという。

彼女の出自は不明であるが、戦後妻として来日していることや、父親が戦中に東北石油の株券二万円を購入していたことなどから考えると上層階級であったのではないかと思われる。とはいえ、イエ制度や民族差別をひきずる日本で苦労をしたことは想像に難くない。

日本人女性の被害が中心とはいえ、そこに閉じず、他民族の女性や男性の戦争体験もとり上げていることは、『婦民』が戦争の被害を多面的に考えさせ、加害の認識にも至る糸口を与えるものとしてあったことを示していよう。

（2）戦争体験を語る思いをめぐって

戦記ブームの影響で〝戦争はカッコイイ〟と考える子供や青年が増え、彼らの戦争観に危機感が抱かれる中で、『婦民』では子供や青年の意見も聞きながら[45]、大人たちの戦争体験をどう伝えればよいのか、どうしたら連帯して行動できるのかを考えようとした。小学校教員の阿部進は、大人の戦争体験を思想化することが重要と述べ（「子どもの戦争観をめぐって」六〇・五・一）、同じく小学校教員の村田栄一は、「「語り伝える」以前のところでその体験を自身の生き方の中にどのようにとり入れて戦後社会にかかわって来たのか点検してみる必要がある」（「教育時評1　大人よ、甘えるな」七一・八・一三）と述べた。また婦民の会員からは、子供や青年が戦争を「「カッコイイ」といったからけしからんではすまないこと」であり、戦争を「カッコイイ」と感じとるものがあるとすれば、何がそう言わせるのかをよく考えなければならないという声もあった（山田通子「若者のあきらめのうた」六七・一〇・一）。

子供の戦争観を考える中で、戦争体験を語り伝える大人の側の姿勢が問われることになったわけだが、『婦民』では男性も含めたさまざまな人の戦争体験に向き合う思いを伝えた。

鶴見和子とともに『ひき裂かれて—母の戦争体験』（筑摩書房、一九五九年）を編集した牧瀬菊枝の思いや体験はすでに知られているが[46]、牧瀬は同書について「はじめは戦争を知らない子らに戦争の残酷さを知ってもらうつもりであった」（「戦争体験を書いた母親たちの悩み」六一・八・一三）という。松山貞子も「自分の先祖が戦場や銃後で毎日どんな生活を送ったかを知り、絶対に戦争をしてはならないことを知って貰いたいのです」（「子どものために記録を」五九・八・一六）と書いている[47]。戦争体験記を記した女性たちには、戦争を知らない子供たちに戦争の現実を伝えたいという気持が強く、牧瀬は母親大会でも戦争体験記を書くことを呼びかけていた。そこには子供たちには戦争の悲惨を味わわせたくないという気持があったのだが、当の子供からの批判を受け、牧瀬は自らの態度を反省して次のように書く。

「中学生の批判を受けとめて深く考えてみれば母たちの戦争体験をつづる姿勢も、被害者意識ではないのか。（中略）明治初年いらいの長い教育の流れのなかで、無知にされた、あわれな、共犯者であるとはいえ無知の責任をのがれることはできないのだ。」（前掲「戦争体験を書いた母親たちの悩み」）

『ひき裂かれて』には、津村しのの「無知の責任」が収録されており、鶴見も「も少しだまされぬ自分の判断をきっちり持とうという願いから書き出されている」（「ごめん下さい　評論家鶴見和子さん」五九・一一・二二）と述べている。また『主婦の戦争体験記　この声を子らに』（いずみの会「戦争体験記」編集委員会編、風媒社、一九六五年）でも、「知ろうとすれば知ることができるのに無知から再び戦争に引きずりこまれるようなことがあっては、子どもたちにもすまないことだ」と発言している人がある。(48) 彼女たちには、無知が戦争を許すのであり、戦争を防止するためには無知であってはいけないという思いがあった。戦争責任を自覚してのものではないが、『婦民』においても、刊行当初から自ら考え、判断する力をつけることを再三訴えており、(49) 無知の克服は女性にとって一つの大きな課題であった。そこには被害者の位置にとどまるのではなく、無知の反省に立脚して戦争を防止しようとする積極的な姿勢がある。

一方で被害者の位置にとどまって、反戦を訴え続けることで世代の責任を果たそうとする人もあった。藤川渓子は一九四四年に一家六人で香川県に疎開した後、夫（当時三八歳）が出征して、戦死した。(50) また九人の兄妹が敗戦時には五人になっていたという。草の実会の会員であった藤川は、同会とわだつみ会（日本戦没学生記念会）の若い人たちとの交流会の後、次のように書いている。

「私たち愚かな体験者たちは口を開けば戦争は駄目、戦争は駄目と、生きるべく生きられなかった墓石の下の者たちに代って叫び続けるつもりです。たとえそう叫ぶことで生命を奪われるハメになったとしても、その瞬間まで叫びとおす執念だけが私たち年代の責任といえるのです。」（「墓石にかわって叫ぶ」六四・八・九）

元女子挺身隊員であった山下敏子も、戦争を体験し生き残ったものの責務として、戦争の罪悪を叫び続けようとした人である。婦民長野支部に所属していた山下は、長野県須坂市の公民館で発行された『私の戦争体験』について、同県教育長が「全体がオーバーにはげしい調子で書きすぎている」などの理由で配布停止を命じたことを問題視し、『婦民』に報告と意見を送った（「閉め出された〝平和文集〟」六五・三・二一）。山下は豊川海軍工廠で多くの仲間を失っており、「体験した事実は、戦争へのにくしみは、筆で記しきれるものではありません」と激しい戦争への憎悪を記し、戦争の罪悪を叫ぶことを、「残されたものの義務であり権利であると信じます」と述べた。彼女は後に『胸に穴があいた―女子挺身隊員の記録』（女子挺身隊豊川二十年会編・発行、一九六九年）の出版にも尽力するが、戦争体験を綴ることを義務であるだけでなく、思想・言論の自由に基づく権利ととらえ、戦争の残虐を隠蔽しようとする公権力に抗することを呼びかけたところに山下の特徴があろう。戦時期にすでに家庭をもち、母となっていた牧瀬や藤川らの世代が、家族の体験を軸とし、子供や孫にその体験を伝えることに重点をおいていたのに対し、その下の勤労動員世代の山下の場合は、戦争の犠牲となった仲間たちの存在を忘れない／忘れさせないという思いが強かった。

一方、戦争体験を聞く若い世代も、置かれた環境などにより戦争への考え方は多様であり、戦争を「カッコイイ」と考えるものだけではなかった。父母世代の戦争体験の語りに反感をもつものもあったが、「戦没者の思いを継承し、日本が他に与えた戦争の被害を償うために、私たちは「わたくしたちの憲法」を防衛し、平和のために貢献しなければならない」（三井斌友「憲法はぼくらのもの」六四・四・二六）と『婦民』に書き送った東大生や藤川ら体験者を招いて話を聞く会をもったわだつみ会の会員などもあった。婦民では「戦争体験を語る会」を開催するなどして、体験者と手を結ぼうとする若い人たちとの連帯を図った（「つらくても続けて」六八・一一・一）。

この会では若い世代の参加は少なかったようだが、「「戦争は、たんに人命を失わせるだけでなく、人間を生きているまま破壊していくものである」ということが、全体の話のなかから浮きぼりになった」（同前）と記されている。婦民では生活記録サークルのような密度の濃い批判や学習の時間をもつことはできなかっただろうが、ともに語る中から、戦争の問題を再発見し、認識を深めていったものと思われる。それは戦争体験世代にとっても、若い世代にとっても有益な試みであったのではないだろうか。

おわりに

一九四八～四九年頃、『婦民』には〝イヤなことはイヤと言う〟、〝イエスとノーを自覚する〟などの意見が、識者だけでなく読者からも繰り返し寄せられた[51]。それは、まだまだ女性がイヤなことをイヤだと言えない状況にあったことを示していよう。民主化が表面的にしか進んでいない中で占領政策が変わり、因習や抑圧がなくならない状況の下、女性がイヤなことをイヤだと言うには勇気と覚悟が要った。

左右の女性団体が大同団結した婦人団体協議会は、結成の翌一九五〇年に意見が割れて、「戦争はいやです」の意思表示をして無期休会となった。「戦争はいやです」は「きわめて大雑把な声明[52]」ともいえるが、〝それだけは絶対にイヤだ〟という切実な言葉であり、日米両政府に抗する女性たちの勇気と覚悟の言葉でもあったのではないだろうか。山本真理は、「平和活動家は、朝鮮戦争、単独講和、日米安保、再軍備にすべて反対し、そのすべての反対運動で連戦連敗した[53]」と指摘する。しかし、婦民会員・読者ほか多くの女性たちが、敗け続けながらも〝それはイヤだ〟という意思を示し、国家権力に抵抗したことは、戦後精神の核の一つになったように思われる。

一九五〇年代の婦民においては、平和運動が表の活動であったのに対し、戦争体験を語ることは、それを支えるいわば裏の活動であった。それが六〇年代に入り保革の対立が後景に退くと、ベトナム戦争や被爆者援護法の制定など政治的な問題と関係しつつも、戦争体験を語ることそれ自体がテーマとなり、非政治的な意味合いが強くなった。

婦民の戦争体験記は、サークル活動などで研鑽を積んだものではなく、字数も少ないため、自らの体験の意味を掘り下げて考えたものは少ない。しかし、五〇年代の戦争被害者たちのすくい上げとともに、「戦争はいやです」から一歩踏み込んで戦争について考えさせる役割を果したように思われる。自らを含めた女性の戦争参加・戦争責任を見つめ直すという課題は、七〇年代以降に持ち越されたが、五〇年代から中国を中心にアジア諸国に対する加害の認識をもっていたことは注目してよいだろう。

共産党の影響力が強く感じられる論説・解説や記者が先走りしてしまったような記事もときに見受けられるが、精力的な女性活動家たちが読者の体験や意見も重視しながら作った『婦民』は、女性としてだけでなく人間として進むべき道を考えさせようとしたメディアであったといえるだろう。

注

（1）櫛田、厚木以外の一五名は、「婦人民主クラブ趣意書」（婦人民主クラブ編集・発行『生きた戦後女性史　婦人民主新聞縮刷版』第1巻、一九八二年）によれば以下の通り。井上松子、土井美代子、渡辺多恵子、渡辺道子、鷲沼登美枝、吉田玉の緒、吉見静江、谷野せつ、山室善子、山本安英、藤川栄子、小池初枝、定方亀代、三岸節子、関鑑子（イロハ順）。婦人民主クラブの沿革については、婦人民主クラブ二十年史編纂委員会編『航路二十年―婦人民主クラブの記録』（婦人民主クラブ、一九六七年）を参照した。

（2）『婦人民主新聞』で最初に掲載された戦争体験に関する手記は、クラブ員である佐藤さち子（詩人、「爆音の絶えた日」四七・八・一四）と厚木たか（記録映画脚本家、「解放に泣いた日」同前）の敗戦の日の回想であるが、厚木は玉音放送よりもその後に伝えられたポツダム宣言第一〇項の言論・思想の自由と基本的人権の尊重に涙したと述べている。

（3）永原和子「戦後婦人運動史の一齣―婦人民主クラブを中心として」（『歴史評論』一九五号、一九六六年一一月）七二頁、八〇頁。なお『婦人年鑑昭和二五年版』（日本婦人新聞社、一九四九年、一六四頁）には「会員約七千名、全国に五〇の支部あり」と記載されている。また山本真理『戦後労働組合と女性の平和運動』（青木書店、二〇〇六年、二四三頁）によれば、一九五九年で支部数七〇、会員数三五〇〇名である。

（4）『婦人民主新聞』については前掲婦人民主クラブ編『婦人民主新聞縮刷版』を利用した。縮刷版は創刊から一九八〇年まで（第1巻～第6巻）が八二年に刊行され、八一年から九〇年まで（第7巻～第8巻）が九一年に刊行された。なお、九一年三月一五日付の二二二八号から題号が『ふぇみん婦人民主新聞』に変更となり、現在も発行されている。

（5）創刊当初はタブロイド判四頁一部五〇銭。一九四八年からブランケット判表裏となる。創刊号に先行して、四六年六月に見本（タブロイド判八頁）が発行されている。

（6）前掲婦人民主クラブ二十年史編纂委員会編『航路二十年』一六頁。また『日本新聞年鑑昭和三十年版』（日本電報通信社、一九五四年、三一〇頁）では五万部、『同昭和三十一年版』（電通、一九五五年、三〇六頁）では七万部と記載されている。

（7）婦人民主クラブが編集・発行した沿革史として、前掲『航路二十年』、『しなやかに女たち―婦人民主クラブ50年の歩み』（一九九六年）があり、支部刊行のものとして婦人民主クラブ・京都聞き書きの会『「航路」婦人民主クラブ・京都 一九四六～一九八九年』（婦人民主クラブ・京都洛友支部、二〇〇二年）がある。また会員の聞き書きに、近藤悠子「佐多稲子と婦人民主クラブ（聞き書き）」（小林裕子・長谷川啓編『佐多稲子と戦後日本』、七つ森書館、二〇〇五年）、ふぇみん聞き書きプロジェクト編『めげない女たちの物語―戦後70年、歩み続けて』（ふぇみん婦人民主クラブ、二〇一七年）などがある。ほかに佐多稲子『思うどち』（講談社、一九八九年）、厚木たか『女性ドキュメンタリストの回想』（ドメス出版、一九九一年）、櫛田ふき『二〇世紀をまるごと生きて』（日本評論社、一九九八年）などの中にも婦民に関わる回想がある。婦民創立前後の活動に関しては、「クラブの歴史編集ノートNo.1」（未刊行資料）も参照した。

（8）前掲永原和子「戦後婦人運動史の一齣」七一頁。

（9）亀田春枝「婦人民主クラブと宮本百合子―『婦人民主新聞』にみる」（近代女性文化史研究会『占領下 女性と雑誌』ドメス出版、二〇一〇年）三〇六頁。

(10) 同前、三〇九頁。
(11) 鹿野政直『現代日本女性史―フェミニズムを軸として』(有斐閣、二〇〇四年) 四〇頁。
(12) 伊藤康子「戦後改革と母性」(脇田晴子編『母性を問う―歴史的変遷 (下)』人文書院、一九八五年) 二三六頁。
(13) 「新聞はあなたの身近にある」(四八・三・二五)、「東京、南千住鐘紡工場『本紙読者の会』から」(五二・一一・二三)、「こえ 婦民への意見」(五四・二・一四) など。
(14) 前掲婦人民主クラブ二十年史編纂委員会編『航路二十年』年表二三頁、改正前の第三項は「婦人に与えられたる全能力を発揮し、日本の輝かしき民主化達成のために進む」。
(15) 「砂糖健忘症」(四八・一・二二)、「新卒業生におくる言葉 (上)」(四八・四・八)、「わたしたちには選ぶ権利がある」(四九・八・一三)、「世界は求めている 平和を!」(五一・一・一) など。
(16) 宮本百合子「砂糖健忘症」(四八・一・二二)、湯浅芳子「ペテンはいつも真しやかに」(四八・四・八) など。
(17) 『朝日新聞』(五一・二・一六朝刊)「婦人」。平林はこの記事で、「今度の戦争の経験では、むしろ婦人は男子以上に扇動にのりやすい弱点を示していた」とも述べている。
(18) 前掲「婦人民主クラブ趣意書」。
(19) 難波美知子「平和への願い」(五〇・八・一九)。
(20) 亀田春枝によれば、宮本百合子も他誌で核兵器の禁止と国際管理を主張していた (前掲亀田春枝「婦人民主クラブと宮本百合子」三〇七―三〇八頁)。
(21) 六団体一四個人が署名している (女たちの現在を問う会編『銃後史ノート戦後篇〈日本独立〉と女たち』インパクト出版会、一九八七年、六二―六三頁)。なお、らいてうらは一九五一年二月にも、第一回と同様の声明をダレスに送っている。
(22) 加納実紀代「苦い〈独立〉」(前掲女たちの現在を問う会編『銃後史ノート戦後篇〈日本独立〉と女たち』) 一三頁。
(23) 『主婦之友』(一九五一年三月号) の世論調査「講和会議に婦人は何を望んでいるか」では、一般女性からの回答一〇九二通のうち、「ソ連が加入しなくても早い方がいゝ、九二〇」、「賠償をとられないことを希望する一〇一三」とあり、早期単独講和、無賠償が圧倒的多数を占めた。また「再軍備をする」も四七一と四割程度ある。同調査には一般女性からの回答のほか、山川菊栄、加藤シヅエ、平林たい子、神近市子ら「女流名士」一三人からの回答もあり、「三たび非武装国日本女性の平和声明」に署名している平林・神近を含め、全員が無賠償を希望していた。
(24) 共産党の五〇年問題は婦民にも波及し、半年にわたって混乱が続いた。
(25) 「あえぐ未亡人」(『婦民』四九・四・九)、北河賢三『戦後の出発』(青木書店、二〇〇〇年)一六九—一七五頁、一ノ瀬俊也『銃後の社会史』(吉川弘文館、二〇〇五年)一六六—一六八頁。
(26) 注23参照。また婦民の関西支部協議会が二四三名の女性を対象に行ったアンケート調査「どこの国とも仲よく」(五一・一一・一一)でも、「再軍備(保安隊)は必要と思われますか?」に対する回答が、「思う八九(三六・六%)」、「思わない一三二(五四・二%)」となっており、全体の三分の一が再軍備を必要としている。
(27) 婦人公論編集部編『この果てに君ある如く』(中央公論社、一九五〇年)、植村環・平林たい子・田辺繁子編『いとし子と耐えてゆかむ』(主婦之友社、一九五二年)など。
(28) 日本遺族会編『いしずえ　戦没者遺族の体験記録』(日本遺族会事務局、一九六三年)には八四編の手記が収められているが、そのうち妻のものが五五編と三分の二を占め、母の手記は五編にとどまる。他は父六編、子一七編、弟一編である。
(29) 「空地」(五一・九・二三)、嶋津千利世「母性を支える生体」(五一・一〇・二一)。
(30) 牧瀬菊枝「女の戦後史㉖　母親大会」(『朝日ジャーナル』一九八三年九月二三日)。谷川の批判の内容は、『婦人公論』一九五九年一〇月号(谷川雁「母親運動への直言」)に掲載されている。
(31) 米田佐代子「現実をとらえる戦争体験を—女性の戦争体験記を読む」(『歴史評論』四〇七号、一九八四年三月)一〇—一三頁。
(32) 「原子病は忘れたころに発病する　ヒロシマ原爆禍のギセイ者を訪う」(五四・八・八)、「忘れられるピカッをうけた人原爆被害者訪問記」(五五・七・三)、「原爆乙女と語る　渡辺千恵子さんかこむ座談会」(五八・八・二四)など。
(33) 「春にむかう子ら」(五二・一・二〇)、「〝この子〟たちはどう育つ」(五二・六・一)など。
(34) 婦民には引揚者から支援への感謝とさらなる支援・協力の要請が寄せられている(「日本政府はダメ　クラブの協力に感謝」五三・三・一六)。また『婦民』には引揚者の政府批判の意見も掲載されている(島本隆司「帰る思いも…待つ思いも…」五三・七・五）。

(35) 占領による被害をとり上げたものに、「被災地をたずねて　B29墜落の金子村」（五二・二・一七）、「泣きねいりはもうご免だ！　立ちあがる占領下の被害者たち」（五六・六・一七）などがある。

(36) この日記については、『朝日新聞』（五四・六・一六夕刊）に「一日本兵「餓死の日記」」として報じられた。

(37) 前掲山本真理『戦後労働組合と女性の平和運動』二四八頁。

(38) 例えば日高六郎「戦争体験と戦後体験―世代のなかの断絶と連続」（『世界』一九五六年八月号）が、前年同誌（一九五五年八月号）の「私の八月十五日」に寄せられた体験記などを題材にして、世代の問題を論じている。また本書上田美和「知識人の戦争責任論―当時者意識の視角から」も参照されたい。

(39) 募集案内では四〇〇字三枚であるが、それを大幅に超しているものもいくつかある。

(40) 赤澤史朗「「戦争体験論」の成立」（『歴史評論』八二〇号、二〇一八年八月）六七頁。

(41) 『婦民』には、若い戦犯男性が「日夜反省を続けている戦犯者が現在なにを考え、なにを世人に訴えんとしているか」を綴った婦民委員長宛の手紙が掲載されたこともある（「一戦犯よりの手紙」五二・六・一五）。

(42) 大坪静子は草の実会の会員であり、草の実会第七グループ編集・発行『戦争と私　主婦たちの第二次世界大戦体験記』（一九六三年）にも「三十八度線をこえるまで」を寄せている。こちらの方が詳しいが、『婦民』のものの方が最も書きたいことを短くまとめている分、強い印象を与える。

(43) 一九六四年の原爆被災白書運動の開始に伴い、『婦民』でも一九六五年八月一日号に特集「死とむきあう恐怖の日々」が組まれ、四編の手記が掲載された。この他、「この苦しみに耐えて　被爆者の家族の訴え」（六五・八・二九、地方版）、「ピカドンはまだ消えない　被爆した母が綴る「ひろしまの河」」（六六・八・七）、「「灰になった子供」　語りつぐピカドン」（六七・七・一二）、「深まるピカドンの恐怖」（六八・八・二）、「いたましい沖縄の被爆者」（六九・八・一）などで被爆者の運動や体験記が掲載されている。

(44) 投稿者は山崎朋子「アジア女性交流史　太平洋戦争が生んだ現地妻」（六七・七・一三）に触発されてこの手紙を送っており、山崎はこれを受けて、さらなる投書を呼びかけた（「体験を聞かせて下さい」六七・一〇・一）。紙面には掲載されていないので、この呼びかけに応えるものがあったかどうかは不明である。

(45) 子供・青年の座談会に「戦争をしらない現代っ子」(六三・八・一一)、「戦争観　カッコいいけど本物はいやだ」(六五・八・一五)がある。

(46) 牧瀬菊枝「女の戦後史㉖　母親大会」(前掲)、同「いわゆる美徳をかなぐり捨てるために」(『月刊社会教育』一九五九年一一月号)、同「母として主婦として」(『国民文化』一九六〇年七月三一日号)、黒川伊織「母が「母の歴史」を語るとき―牧瀬菊枝と生活記録運動、女性史への道」(『社会文学』四七号、二〇一八)など。

(47) 松山は「私たちの悲惨な姿そのままを、中国や南方にこしらえて来た責任を、私たちも負っている」と、国民の戦争責任についても言及している。前掲草の実会第七グループ編『戦争と私』に松山貞子名の手記(「クリスチャンだった夫」)があるので、松山は草の実会の会員だったのではないかと思われる。

(48) 「編集を終えて　座談会『平和をまもるために』」の中の発言(一三三頁)。

(49) 「婦人新聞の意義」(四七・六・一九)、佐多稲子「自己の判断を養おう」(四八・四・二二)、同「婦人と新聞」(四八・九・二五)、長田新「婦人よ自力で起て」(五二・七・二〇)など。

(50) 藤川渓子は前掲草の実会第七グループ編『戦争と私』の編集・発行責任者であり、藤川の戦争体験記「わかれ」も同書に収録されている。

(51) 「緑地帯　どんどん言おう」(四八・一・一五)、「緑地帯　貰い子殺し」(四八・一・二二)、松岡洋子「女性の権利」(四八・七・一五)、宮本百合子「今年のことば」(四九・一・一)、小田切秀雄「いやなことはいやだということ」(四九・一二・二)など。

(52) 前掲山本真理『戦後労働組合と女性の平和運動』一九七頁。

(53) 同前、二二九頁。

＊本稿執筆にあたっては、ふぇみん婦人民主クラブに大変お世話になりました。ここに記して感謝申し上げます。また本稿は公益財団法人政治経済研究所二〇一九年度個人研究費「婦人民主クラブの戦争観と平和運動」の研究成果の一部です。

Ⅲ　市民の哲学者・久野収の成り立ち

――戦時下の経験を中心に――

北河賢三

はじめに

久野収（一九一〇～一九九九）は、京都帝大三年生だった一九三三年に滝川事件に遭遇し、三五年以降『世界文化』『土曜日』に拠る反ファシズム文化運動に参加したが、日中戦争開始後の三七年一一月、治安維持法違反容疑で検挙、留置・投獄され、三九年八月の出獄後は、思想犯保護観察法にもとづき敗戦時まで「保護観察」下に置かれ続けた。そのため久野は、『世界文化』などにいくつかの小篇をペンネームで発表した後、戦後の狩野亨吉論「真理の迂廻戦法」（『中央公論』一九四七年四月）まで、ほぼ一〇年間何も書いていない。戦時中は、「保護観察」下で書くことが制約されたという事情とともに、書くことの危険性を見越していたからであろう。

従来、『世界文化』などの反ファシズム文化運動を自由主義的知識人による「戦時下抵抗」ととらえ、抵抗運動の思想的遺産とその継承に着目する継承論ないし系譜論的研究が目立ったが、久野にとっては滝川事件および反ファシズム文化運動の経験とともに、むしろそれ以上に、検挙後の戦時下の孤立と敗北の経験が、戦後の思想と行動を決定づけたといっても過言ではない。久野が一九六〇年代から唱え続けた市民主義の核心は、パッシブ・レジスタンスないし市民的不服従にあるが、その基底にあったのが、戦時下の敗北の経験であり、読書と思索だった。

戦後の久野は、戦前〜戦時下に摂取した諸思想が、泉として湧き出るように語り続けた。久野が受容した哲学・思想は欧米の諸思想を中心として広汎にわたるが、とりわけ、M・ホルクハイマーらフランクフルト学派の伝統的哲学諸理論に対する批判理論およびファシズム批判や、J・デューイの学問に向きあう姿勢（専門的講壇哲学からの哲学の解放）とその広汎な問題関心・探究を受け止め、現代における学問の専門化と専門家主義に対して、素人である市民の視点から考え発言し続けた市民的哲学者だった。[1]それゆえに言及する領域は、哲学・思想のみならず、戦争・平和論、憲法・法律、政治、経済、労働、科学・技術、教育、歴史、文学、演劇、映画、大衆文化・風俗、スポーツ、市民・住民運動など広範囲に及んでおり、晩年まで講演や対話などを通じて若い世代に訴え続けた。また、久野は「前の世代と後の世代をつなぐ、まれな役割を果たした[2]」といわれる歴史の証言者であり、戦中〜戦後思想史を考える上でのキイパーソンの一人であろう。

小論では、とくに以上の点に注目して久野の戦前〜戦後の歩みを検討する。なお、以下の引用文中の……と〔　〕内の語句は北河に拠る。出典は一部を除いて、本文中に記入する。その際、必要に応じて初出を記載する。また、久野が挙げている文献については、原著のタイトル、刊行年などを適宜補足した。

一　久野収の著作の特徴と久野に関する文献・研究

最初に、久野の戦後の歩みを見通すための一助として、久野の著作の特徴と久野に関する文献や研究を概観する。久野の著作をみると、編書、対話・講演記録・インタビューに応えた発言の記録、書評・紹介が多いことがわかる。

久野は戦後、文化運動、平和運動、市民運動にかかわっており、著作には運動のなかでの発言が反映されている。また、後述する対話篇においては、テーマは多岐にわたり対話者の幅はとても広い。

久野は敗戦後数年間は啓蒙的文化活動に力を注いでおり、「ぼくが論壇とか運動の面にでてくるのは、昭和二四年以降です」と述べている（『久野収対話集1』人文書院、一九七二年、二〇一頁）。昭和二四（一九四九）年は、久野が平和問題談話会に参画し、談話会での活動の反映として「平和の論理と戦争の論理」（『世界』一九四九年一一月）を発表した年である。その後の久野の主要な著作は、同論文とそれに続く一連の憲法論・平和論、および「市民主義の成立」（『思想の科学』一九六〇年七月）をはじめとする市民主義・市民運動論である。また他方では、鶴見俊輔との共著『現代日本の思想』（岩波新書、一九五六年）、久野・鶴見俊輔・藤田省三の報告と討論の記録『戦後日本の思想』（中央公論社、一九五九年）がある。二著は、いずれも斬新な現代・同時代思想論としてインパクトがあり、ロングセラーとなった。久野より一回り下の戦中派の鶴見、戦後派の藤田との合作である後者は、「戦後の思考」を体現した作品である。

上記の一連の憲法論・平和論は、『憲法の論理』（みすず書房、一九六九年）および『平和の論理と戦争の論理』（岩波書店、一九七二年）に集約されている。最初の単著である『憲法の論理』には、一九五二〜六九年の評論一五本が収録されている。その「まえがきとして」には、「本書の諸論文は、すべて政治的シロウトの立場から執筆され、それぞれ、その場、その場での政治的問題に対する筆者の回答の記録である」と記されている。収録論文は、憲法問題研究会での憲法に関する報告や講演のほか、破壊活動防止法、教育二法、警職法改定法案、浅沼社会党委員長刺殺事件などが取りあげられている。

『平和の論理と戦争の論理』には、一九四九年から一九七〇年までに書きつがれてきた平和論二一本が収録されている。その「あとがき」には、「発言はすべて、平和の理論的認識ではなく、実践的判断を目ざしている。……運動に加わりながらの覚え書き的発言である。〔中略〕前半は、『平和問題談話会』とともに、後半は、ベ平連とともに歩みながら書かれている」と記されている。ただし、一九四九年から五一年までの「全面講和運動に全力投球していた」時期と、「五六年から六一《ママ》年までの安保闘争の期間」はブランクになっており（ただし、同書ではブランクとされる時期の対談、座談会、短文が省略されている）、「本書の欠陥の一つとなっている」と述べている。

以上の両著についての久野自身の解説は、七〇年頃までの久野の活動と著書の成り立ちとの関係をよく表しているといえるだろう。この頃までの久野の著作は、内外の思想家・知識人の著作の編集や翻訳・紹介、現代思想論、平和運動・市民運動に取り組むなかでの報告・講演および評論が、大半を占めている。

久野は一九七〇年に「大学運営に関する臨時措置法」に抗議して学習院大学を辞任するが、この前後から著書・雑誌論文などが増加し、七〇年代の著作数は、生前の久野の全著作中の三分の一以上に及ぶと推定される（久野の著作目録は作成されておらず、国会図書館蔵書の著者・編者検索その他の著作リストに拠る）。このうち七〇年代に刊行された単著は一〇冊あり、それまでに雑誌・新聞に掲載されてきた主な論文や発言の記録がかなり収録されている。その単著には、上記の『平和の論理と戦争の論理』のほかに、『政治的市民の復権』（潮出版社、一九七五年）、『三〇年代の思想家たち』（岩波書店、一九七五年）、『読書のなかの思想』（三一書房、一九七六年）、『権威主義国家の中で』（筑摩書房、一九七六年）、『神は細部に宿りたまう』（三一書房、一九七七年）、『歴史的理性批判序説』（岩波書店、一九七七年）、『戦後民主主義』（毎日新聞社、一九七九年）などがある。また、共著には、林達夫との対談『思想のドラマトゥルギー』（平凡社、一九七四年）、編著には『戦後日本思想体系 15 現代日本論』（筑摩書房、一九七四年）、『検定不合格 倫理・社会』（三一書房、一九七八年）などがある。なお、上記の単著の主なテーマは、市民主義・市民運動論、管理社会論、一九三〇年代思想論、ファシズム論であり、この時代の社会・思想状況に対する人びとの関心の在りようにも照応した出版とみることができる。

一九六〇年の安保闘争後、それまでの社会・文化運動や平和運動などの大衆運動の分裂が甚だしくなった。また、「戦後民主主義」の否定・虚妄論が唱えられ、「進歩的知識人」の分極化と「現実主義者」の登場が目立ち、六〇年代末の全共闘運動などの学生運動のなかで、大学と「進歩的知識人」の威信は低下していった。そして、六〇〜七〇年代には「企業社会」化と「管理社会」化が進んだ。一方、六〇年代中頃〜七〇年代には、「革新国民運動」とは異なるべ平連運動のような反戦市民運動や、公害に立ち向かう市民・住民運動が多発し、「企業社会」・「管理社会」批判の声が高まりを見せた。こうした状況のなかで、六〇年代から市民主義を唱導し抵抗運動としての市民運動を支援してきた久野は、視野の広い市民的哲学者・批判的知性として、いっそう注目されるに至ったのである。

一九八〇年代以降も久野の発言・著作は多く、晩年まで発言を続けた。最後の発言は、九三年の創刊時から久野が編集委員をつとめた『週刊金曜日』(一九九八年一〇月三〇日)に掲載されている。八〇年代以降の単著は一〇冊、『人間の自己創造』(日本評論社、一九八〇年)、『日本遠近　ふだん着のパリ遊記』(朝日新聞社、一九八三年)、『ファシズムの中の一九三〇年代』(リブロポート、一九八六年)、『発言』(晶文社、一九八七年)、『展望』(晶文社、一九九〇年)、『市民主義の成立』(春秋社、一九九六年)などがある。『ファシズムの中の一九三〇年代』には、久野が『世界文化』時代に研究会で報告し同誌にペンネームで執筆した記録類が再録され、そのほかM・ホルクハイマー、B・ブレヒトらの思想論、およびファシズム論が収録されている。また、『発言』『展望』は、すべて八〇年代〜九〇年の評論と発言の記録である。さらに、一九九八年には佐高信編の『久野収集』Ⅰ〜Ⅴ巻(岩波書店)が刊行された。各巻のタイトルは、「Ⅰ　ジャーナリストとして」、「Ⅱ　市民主義者として」、「Ⅲ　哲学者として」、「Ⅳ　対話者として」、「Ⅴ　時流に抗して」と題され、久野の特徴を浮き彫りにした編集となっている。

前記のように、久野の著作のなかで対話と称される対談・座談会・インタビュー記事が多いのが、大きな特徴である。一九七二〜七三年には、『久野収対話集・戦後の渦の中で』1〜4(人文書院)が刊行された。各巻に、「久野収対話集」編集部による久野の生き方と思想に対する共感を込めた解説的な「あとがき」が付されている。収録された対話の記録（一部インタビュー記事を含む）は、一九四八〜七二年の六一篇、対話者は延べ九五人である。さらに、一九八八年には『久野収対話史』i・ii（マドラ出版）が刊行されている。この『対話史』は、久野がその創刊時から協力した『広告批評』（一九七九〜二〇〇九年）の天野祐吉と島森路子が企画し、編集にあたっている。天野によると、一九四七〜八七年の対談・座談会の記録は約三〇〇篇あり、うち一〇九篇を収録（『対話史i』）、対話者は延べ一九八人に上る。ただし、七二年までの対話の記録には、『対話集』と重なるものがかなり含まれる。一九八八年以降も『久野収　世界を見つめる』（自由国民社、一九九五年）などの著書にも対話の記録が収録されており、これに、鶴見俊輔との対談『思想の折り返し点で』（朝日新聞社、一九九〇年）、佐高信との対談『市民の精神　利を越えて理に生きる』（ダイヤモンド社、一九九五年）、高畠通敏を聞き手とする『久野収　市民として哲学者として』（毎日新聞社、一九九五年）を加えると、雑誌などに掲載された対話篇の総点数は三五〇篇を超えると推定される。

これほどに対話篇が多いのは、久野が哲学者としてギリシャ哲学以来の対話を重視し、論理学を機軸としてきたからでもあろうが、「ぼくが書く方がだめなのは、戦争中は書いたら捕まるから、書かずに読んでばっかりいた」（『久野収集I』二九一頁）からだと述べているように、とくに検挙以後八年近くのブランクがあったことが大きく影響しているようである。冗談事ではないのであろう。戦後は、前述のように評論や編集の仕事は少なくないものの、諸運動への取り組みを第一義とし、その過程で報告・対話を重ねその記録を活字にしてきたという事情があったと考えられる。また、評論や編書の解説なども、対談によって責を塞いでいると思われるケースが見うけられる。いずれにせよ、久野は「編集者泣かせの人」との〝定評〟があった。久野は評論でもしばしば対話体を用いており、一歩一歩考えを進める、その思考過程が何よりも重視されている。久野にとっては、アカデミックな論文を書くこと、また論文としての完結性や完成度の追求は、第一義的なことではなかったと言ってもいいだろう。私たち読者が考えさせられる文章は、著者の思考の過程をふくむ思考の在りようが窺われる文章なのだが、久野の文章はその一つである。その種の文章とともに、人物とその思想の特徴を的確にとらえた小篇や追悼文が光っている。

久野に関する文献には、久野との対話や久野から学んだことの記録として、自ら弟子と称する佐高信の『面々授受　市民・久野収の生き方』（岩波書店、二〇〇三年）や、久野を敬愛した元朝日新聞編集委員村上義雄の『人間　久野収』（前掲）がある。そのほか、久野がさまざまな集団の運動や雑誌の編集に携わってきたという事情から、年下の同志や仲間が多く、その人たちが久野のパーソナリティーにも言及した文章は数多い。また、思想の科学研究会で久しく久野に接してきた鶴見俊輔、高畠通敏との対談や彼らによる聞き書き（前掲書など）は貴重な証言となっており、両人や日高六郎らが久野に言及した文章は、久野の特徴をよくとらえていて示唆されるところが多い。

戦後史・戦後思想史研究のなかで久野に言及した著作は多いが、久野個人についての研究は、政治思想研究者の寺島俊穂の論考など数篇に限られる。(3) 小論では、戦中～戦後思想史の流れのなかに久野の個人史を置いて検討することに力点を置く。

そのためには、基礎的作業として年譜の作成が不可欠だが、久野には詳しい年譜や自伝的著作がなく詳細はわからない。ただし、評論や上記の対話において、またインタビューに応えるなかで、久野は戦前・戦後の経験にしばしば言及している。それでもなお不明な点が少なくないが、久野の証言をつないで年譜を作成する方式で久野の歩みを追い、戦中～戦後思想史をあらためて考えるよすがとしたい。

二　戦前・戦中の久野収の経験

久野は一九一〇年六月一〇日、大阪府堺市に生まれた。父は教員で、兄四人、妹一人。父が転任した奈良県で少年時代を過ごした（村上『人間 久野収』五〇頁）。「家庭が貧困なため、みんな大学へというわけにいかず、〔次兄は〕学費、生活費の要らない海軍の学校へ行った」（『展望』七六頁）。「家父長的家庭の中で、父親の命令の視線を四六時中、身にあびながら、幼年期を過ごした人間、服従で行動様式をかためあげられてきた人間……。私は、自分のこの骨がらみになった体質を少しでも変化させようとつとめてきた」のだという（『神は細部に宿りたまう』一二五頁）。

大正初期、農村の子どもたちは始終腹を減らしていて何でも口に入れるので、よく伝染病に罹った。久野も少年時代に腸チフスに罹り、多くの人が村はずれの隔離小屋に入れられ、死を待つほかなかったが、久野は医者が診断書を曖昧に書いてくれたので自宅療養が許された。それでもうつるから近寄るなと言われ、父親はあまり寄りつかなかったが、母親は伝染を意に介せず始終アルコール消毒をしてくれたという（久野・鶴見『思想の折り返し点で』朝日選書、一九九八年、二一一―二一二頁）。

小学校には、ほとんど裸足に近い状態で往復一二キロ以上歩いて通った（『展望』六五頁）。家に電灯は一〇燭光一つしかなく、「便所はまっ暗で全部返り討ち」。小学校四年のとき、初めて大阪（汽車で二時間半かかる）に行き、「通天閣のイルミネーションをみておったまげた」。「ぼくらみたいに大正期に田舎で育った人間にとっては、今のように「農村がいい」なんていう憧れは、これは絶対になかった」という（『発言』一一四頁）。また、中学時代の記憶として、当時の「日本の状況にかなり絶望した一人で、ブラジルへ脱出したいと思っていた。当時の農村と都会との落差は相当はげしいもので、農村の子供はみんな二本棒の青ばなをたらし、ひたすら都会へ出たいとあせっていた」（『展望』六五頁）と述べている。

なお、「少年時代、神武山陵、橿原神宮へ参拝する天皇を奉迎するために道路の脇に立って最敬礼させられる中で〝竜顔〟を拝そうとちょっと頭を上げて、うしろから何かで頭を殴られた記憶がある。そのあとは教育勅語の奉戴と治安維持法の強行だった。だから天皇制は恐怖の体系だった」と述べている（『現代日本論』三五頁）。

一九一三年、五条中学に進学。当時、父は御所町の（おそらく小学校の）校長をしていた。久野の成績は一五〇人中九〇番ぐらいだったという（五条高校創立一〇〇周年記事での発言、『毎日新聞』奈良地方版、一九九六年一〇月四日）。旧制高校には一、二人しか入らない片田舎の中学のスポーツ少年で、野球部主将をつとめた。修学旅行先の広島のカフェーで飲酒をして三週間の停学処分をうけ、修養団の伊勢のみそぎ集会に行かされたことがある（『久野収集Ⅴ』四一五頁）。また、二三年三月の水国事件（磯城郡川西村（現・川西町）で差別的言動を機に起きた水平社と国粋会の衝突事件）を目の当たりにし、肝をつぶしたという。その後、校内で起こった差別事件を機に、差別問題に理解の深かった校長が西光万吉を講演会に招いた。西光の話は衝撃的で、差別問題に久野の眼を開かせることになったという（佐高『面々授受』七一―七二頁）。

読書については、「全くの田舎の片隅で小・中学校時代をすごしたぼくなんかの読書経験を振り返ると、まわりにはほとんど本なんか見当たらない」。阿部次郎の『地獄の征服』や『レ・ミゼラブル』を読んで衝撃をうけたが、『三太郎の日記』や『愛と認識との出発』などは手にせずに哲学青年になったと述べており（『久野収集Ⅴ』三四〇―三四一頁）、教養主義的青年ではなかったようである。

一九一八年、熊本の第五高等学校に進学。五高時代に「自分の無知、無学をはっきり見せつけられて、野球部への入部の勧誘も辞退して、わりとよく勉強した」。田辺元の『最近の自然科学』や『科学概論』を読み、明晰な文章を書く田辺を慕って京大哲学科をめざした（『久野収集Ⅴ』一一・一五頁）。なお、高校時代の徴兵適齢期（一九三〇年）に、左眼が失明に近く、右眼が三度の弱視であるため、万一の徴兵を覚悟した上で徴兵検査を延期せずに受けたが、丙種国民兵役となり現役徴集は免れた（『発言』一七頁）。

高校時代の読書・映画鑑賞については、独・仏の反ファシズム小説とともに、ショーロホフ、エレンブルグなどソ連の革命文学をむさぼり読み、「全線」「アジアの嵐」「人生案内」などのソ連映画（「人生案内」の日本上映は一九三二年だから、これは大学時代のことであろう）などを見て「精神的に目ざめ始めた」という（『人間の自己創造』二八二―二八五頁）。久野はこの時期に左翼組織にはかかわっていないが、三木清『唯物史観と現代の意識』（「人間学のマルクス的形態」など四篇を収録、一九二八年）の与えた影響は実に深刻だったと記し（『三〇年代の思想家たち』三一頁）、やはり高校時代に、中野重治の『芸術に関する走り書的覚え書』（一九二九年）を読んで心を揺さぶられ、何回も読んだという（「中野重治さんの影響力」、『中野重治全集』第一巻「月報」、筑摩書房、一九七六年）。また、「中野重治の見事な言葉、「手わざが上達するほど堕落するブル絵かき」、あれはぼくは戦前に読んでそう思いましたね。ぼくが左翼に「転向」したもとはそれなんですね」と語っている（『久野収対話史・i』四〇三頁）。

一九三一年、京都帝国大学文学部哲学科に進学した。二年次から田辺の特殊講義を受講した。田辺ゼミでは、翻訳のなかったカントの『判断力批判』などを精密に読んだ。田辺に可愛がられ、叱られ、喧嘩もしたという[4]（『久野収集V』三三四―三三六頁）。

三年次の一九三三年、滝川事件に遭遇した。各学部に、出身高校ごとのグループ会議、その代表者からなる各高校代表者会議（高代会議）があり、高代会議ではイデオロギーの違いを超えて民主主義的討議を重ね、久野は高代会議の代表として文学部教授に法学部支持を求めるなどの運動に取り組んだ。久野は左翼組織には参加していなかったため、六月の共青（日本共産青年同盟）など左翼学生の一斉検挙は免れるが、運動は敗北に終わった[5]。卒論は「ヘーゲル認識論考」。京大とライプチッヒ大学との日独交換学生制度があり、田辺の推薦で第二回交換学生として三四年にドイツに留学することになっていたが、ヒトラーの政権獲得後の事態をみて留学を断念した（同前四七頁）。

一九三四年、大学院に進学し、学外では再刊（第二次）『美・批評』（一九三四年五〜九月）の刊行に携わった。また三四年夏、田辺が岩波茂雄と相談して、田辺が人生の師と仰ぐ狩野亨吉（一八六五〜一九四二）の話をまとめる計画をたて、岩波を介して久野が狩野からの聞きとりや資料整理にあたった（『久野収集V』三〇四―三〇五頁）。久野は、「晩年のほとんどただ一人の弟子として、先生の生涯と思想について公然と語りうる時代にめぐりあいえた」と述べている（『三〇年代の思想家たち』二頁）。なお、この仕事を通じて岩波書店の人びとと知り合い、狩野没後にはいっしょに蔵書・資料の後始末をした[6]（『久野収集Ⅴ』三〇九―三一〇頁）。

一九三五年二月、久野は『世界文化』の創刊（～一九三七年一〇月）に携わり、編集、校正、印刷、広告をほとんど一人で引き受けた。また松浦良太郎・松尾史郎のペンネームで執筆し、一年半ぐらい編集後記を担当した。『土曜日』（一九三六年七月～三七年一一月）の創刊にもかかわり、執筆もしたが編集には携わらなかった（『久野収集Ⅴ』六八―七〇・八七頁）。なお、三五年四月昭和高等商業学校（現・大阪経済大学）専任講師に就任、翌年教授（一九三七年一一月の検挙まで勤務）。論理学、英語、ドイツ語を担当した。

一九三七年一〇月、K・レーヴィットが京大哲学科で「ルソーよりニーチェに至る市民社会の問題」の講義（これをもとに同名の論文が加筆して『思想』一九三八年一一・一二月号に掲載され、のち『ヘーゲルからニーチェまで』に収録）を受けもつことになり、田辺の要請で久野は講義のモニター役をつとめた（『ファシズムの中の一九三〇年代』七〇―七一頁）。二、三回モニターをつとめたあと、一一月末、治安維持法違反容疑で検挙された。警察署（留置場）をたらい回しにされ、その間、一度拷問をうけた[7]。その後、未決囚として「一年半《ママ》ぐらい」京都山科の京都刑務所に収監されたとされ（『久野収集Ⅴ』六六頁）、三九年八月に出獄している[8]。「〔一九三八年六月まで、〕のみとしらみと南京虫の攻撃で身体中かき傷だらけになりながら、風呂もだめ、爪も髭も髪も全然切らしてくれない。面会はもちろん、活字と手紙を読むことも一切禁圧され」た（『発言』一五頁）と語っているので、半年余り留置場をたらい回しにされたと思われる。

久野は、「何度も、「私がまちがっておりました。これからは戦争に協力致します」という転向声明を出せば帰してやると迫られ、ある日突然、何もかもが馬鹿馬鹿しくなって、「転向いたします」と頭を下げ、それでようやく、獄を出ることができた」（佐高『面々授受』一九三頁）と述べたといわれるが[9]、「転向」を表明したのは、上記の三八年六月頃のことであろう。(10) また、いつのことか定かではないが、久野は「二千冊におよぶ書物、雑誌を強制押収された」（『市民主義の成立』九〇頁）。その中には非合法文献は一冊もなく、外国から日本の書店を通じて輸入された書物および国内刊行の書物ばかりだった。この押収によって研究活動はほとんど不可能となり、「私の学問研究は今もなお、不具にされている状態」だと記している（「治安維持法の教訓」『世界』一九五二年七月、「破壊活動防止法案」と改題して『憲法の論理』に収録、同書一二一頁）。ちなみに、久野は丸善大阪支店の好意で多額の借金をしながら外国文献を購入していたという（『読書のなかの思想』一九頁）。

久野は警察の取り調べにおいて、数ヵ月にわたって「一代記」（詳細な自伝）を書かされ、係官は予断にもとづいて聴きとり書を作成し意見書をつけたが、法律上なんの効力ももたない（予審の供述書に至って初めて証拠能力をもつ）警察が作成した書類の内容に対して抗弁する余地が全くなかったのだという。また公判は、検事の要求に従って、治安を害するおそれがあるという理由で傍聴を禁止された。なお、『世界文化』は検閲で一度も処分の対象となっていない（『憲法の論理』九四頁以下）。

久野は、こうした「帝国憲法下」での経験から、「最大の教訓は、「法の正常な手続き」が末端や現場で時々刻々、法の名のもとにふみにじられているのに、検事や判事がマヒした感覚しか持たず、国民が抵抗する方法を持たなかったという事実です」と述べている（『憲法の論理』一〇一頁）。なお、上記の警察の取り調べにおいて、係官は久野を共産主義者だと決めてかかり、共産主義を思想として抱くに至るまでの筋道、およびその思想をますます固めるに至った筋道を細大もらさず書くことを強制し、書くことを承諾しなければ保護検束を続けたと述べている（同前一一七頁）。

上記の「一代記」はふつう手記と呼ばれ、担当警察官が満足する手記ができ上がるまでは、いつまでも劣悪な環境の留置場に留め置かれるから、書くのを回避するのは至難であり、「手記は、警察での刑期を短くするためにすませるべき課業」（伊藤晃『転向と天皇制』勁草書房、一九九五年、二八五頁）だった。ちなみに、『世界文化』グループの一員として一九三八年六月に検挙された和田洋一の場合、特高室の中で転向手記を書かされ、さらに予審終結時に予審判事から転向の手記を書くよう命じられて書いており（和田『私の昭和史　『世界文化』のころ』小学館、一九七六年）、大半の思想犯が手記において、多かれ少なかれ転向を表明しているといわれる。和田は一九三九年一二月、懲役二年執行猶予三年の判決を受けて釈放されている。また、『学生評論』に参加し三八年六月に検挙された藤谷俊雄は、一年近く警察に留置され三九年五月に送検されたが、この時の検事の聴取書は、藤谷が警察署で特高の取調官に書かされた手記をもとに司法警察官の警部が治安維持法違反に該当するよう作成した調書にもとづいて、検事が藤谷と問答しながら裁判所書記に口述筆記させたものであり、警察官と検事と予審判事とに同じことを調べられた。ただし実際には、「特高の聴取書が検事局に送られて、そのまま検事の聴取書となり、これが公訴事実として予審判事に送られ……予審判事の訊《ママ》問調書」となっている[11]。藤谷は、検事の「聴取書」には、「私は現在に於いてもマルクス主義理論の正当性を否定し得ず、……〔しかし〕私自身としては個人的事情の為に将来此の種の運動に従う事は出来ません」と陳述しており、マルクス主義を信奉していることになっているので、「「転向」を誓約しない限り、実刑を課せられ執行猶予も与えられない。そして実刑となれば保釈仮出獄は許されない、たとえ病気になっても危篤状態に陥らない限り出所は不可能というのが、当時の常識であった」と記している。藤谷は予審において、「天皇制を肯定する内容」の「転向上申書」を書き、四〇年六月の公判で懲役二年執行猶予四年の判決を宣告されたのち釈放されている（藤谷『ファシズムと戦争の時代　下巻』白石書店、一九八八年、九二・一一七―一一八・一二一・一三〇―一三一頁）。

久野に話を戻すと、一九三九年五月三一日、京都地方裁判所が予審終結を決定、公判に付され（『思想月報』第六一号、一九三九年七月）、八月八日、京都地裁で懲役二年執行猶予五年の判決を受けたことが報道されている（「久野教授に判決」『朝日新聞』一九三九年八月九日）。短い記事であるが、久野によると、同じグループのなかで久野の判決だけが朝日新聞の全国版に報道された（管見の限りその通りである）。「この記事は、アカのレッテルを公然と貼りつける結果になり、公式就職の道が絶たれる意味をもち、懲罰の役割もする」ものだったと述べている（『久野収集Ｖ』三二四頁）。

なお、京都地裁検事下山巖「人民戦線と文化運動」（司法省刑事局『思想研究資料特輯　第七七号』昭和一五年）には、「文化運動関係被告人久野収の手記抜粋「自由主義、ヒューマニズム、マルクス主義の近代思潮としての共通性と其の批判」」が掲載されており、その末尾には、「自分は此処に近代思想の中を彷徨する態度を一擲し、共同社会を歴史の基礎とする立場に立ち、従来の自己の理論を克服する決意を固めて居るのである」と記されている。この抜粋の文章は、もっぱら抽象的概念を連ねて近代西洋思想の特徴とその今日的課題を論じた〝作文〟となっている。

久野は、検挙時点から出獄後の社会の変化について、次のように語っている。「一九三七年、つかまって、取調べにあっているとき、いちばん論理的にまいったのは、みんな喜んで大陸戦線に行っているではないか、それなのにケチをつけるのはけしからんという取締り側の言い分だった。〔中略〕たしかに、警察の窓から出征兵士を送る国民の姿を見ていても表面はたしかにそうなのだから、それには反駁のしようがなくて、もうこっちの負けだという感じを受けた」。「一九三九年に世間に出されてみると、三七年にはあった自由主義や批判派や左翼の雰囲気というものは、まったく変っていて、大勢は戦争肯定のほうへ大きく動いていた。これは転向と呼ばれているけれども、僕は転向ではないと思う。〔中略〕転向ではなく、先祖がえりである。化粧が洗いおとされたにすぎない。〔中略〕国民のなかにナショナリズムが過激ナショナリズムへ暴走するのを防ぐブレーキは、思想的、感性的についに何一つなかったのではないかと思う」（『権威主義国家の中で』一〇〇―一〇三頁、傍点は久野）。

なお、獄中での差し入れ本は教誨師の規制の下におかれたが、柳田国男の著書はすべて認められた。柳田の著書（創元選書など）を一〇冊ほど読んで、「「これはもうあかんな」と思った。ぼくの転向の始まりで、抵抗の意志は実質的に捨てていないけれど、方法論からいえば、いままで自分のやってきたやり方では、民衆との断絶を全然うずめることができない。そう思った」（同前一三一頁）という。

久野は、出獄後も刑の執行猶予中のため教壇に立つことは禁止された[12]。また、特高課や思想検事局から満州や仏印へ行かないかという誘い話がきて、病気の診断書を出して辞退するのに苦労したという（『久野収集Ⅴ』一〇九頁）。当時、官憲は多くの思想犯を占領地などに送り込んで宣撫工作に当たらせたが、それは転向政策の一環でもあった。

久野は思想犯保護観察法（一九三六年五月公布、三六年一一月施行）により、居住・交友・通信を制限され、また同法には規定されていないが三日以上の旅行の届け出を指示されるなど、保護司の観察下に置かれた。京都の思想検事局からは「「京都の旧同志とは交際するな」と脅迫され」、また「「思想犯保護観察所」に一回も顔を出さないので、特高が月二回くらい、ぼくのところに抜き打ちでやってくる。時にはガサ入れ（家宅捜索）もするんです。外国との連絡を疑っていたらしい。それは敗戦の日まで続きました」と述べている（『久野収集Ⅴ』七二―七四頁）。

思想犯保護観察法第八条には、「保護観察所ハ必要アルトキハ保護司ヲシテ本人ヲ同行セシムルコトヲ得」とあるが、久野は「最後の一線として守る」（おそらく積極的転向表明をしない）ために、保護観察所へは一度も出頭しなかったのだと述べている（『権威主義国家の中で』一六六頁）。「保護観察」を解除されるためには、出頭しなければならなかったが、出頭を拒否したために保護観察期間（二年、更新可）が更新され続けた。敗戦時まで「保護観察」を継続されたのは、同じグループのなかでは久野とねずまさしだけだったというが（久野・佐高『市民の精神』一五頁）、三九年八月中旬に釈放された新村猛も、敗戦までの六年間、保護観察下に置かれた（『新村猛著作集』第二巻、三〇頁）。そのほか、久野と同じグループではないが、住谷悦治は、旅費を貸した青年が三三年に共産党シンパの容疑で検挙されたために同志社大学を追われ、三七年以降保護観察下におかれ続け、毎週一度保護観察所に出向き、通信・読んでいる本・交友、バケツリレー・退避訓練への参加などを報告させられている（「思想犯保護観察下の貧乏生活」『シリーズ現代史の証言②』汐文社、一九七五年)。

司法省保護局長森山武市郎は、林房雄著『転向に就いて』(湘風会、一九四一年三月)に付された序文のなかで次のように述べている。

転向といふことに就ての反省は、思想犯保護に関与する者にとつては、常に最も基本的な問題である。思想犯保護観察制度創始以来五年の間関係者の努力は、常に、転向の醇化を図り、転向者を真に忠良なる日本国民たらしむる為の、闘ひであつたと、いふことが出来る。転向といふことを若し古い左翼の思想又は運動から方向転換することだといふ意味にとるならば、昭和十一年に思想犯保護観察法が制定された時には、当時の思想運動関係者の大部分は既に其のやうな転向を為してゐたか又は為さうとしてゐる状態であつた。だから、若し斯様な意味に於ての「転向」を促進することが目的であるならば、思想犯保護観察の制度は、其の設けらるゝこと余りに遅く、或は殆ど無用の事に近いとも謂ひ得たであらう。然し同制度の目的は、此のやうな程度の所謂転向者を作り出すことにあつたのではなく、実は此のやうな転向者を心底から忠良なる日本国民と化することにあつたのである。換言すると、所謂転向者を幾らか増加することが目的ではなくて、転向を醇化し、転向を完成せしめ、所謂転向者を心からの日本臣民たらしむることが、其の中心目的だつたのである。

森山のいう「所謂転向者」とは、「左翼の思想又は運動から方向転換」を表明した者に過ぎず、真の転向者とは見ていない。それゆえに久野たちは、出獄後も監視され続けたのである。

久野の出獄後、昭和高商校長の黒正巌は、月給は出せないが高商附属の経済研究所(休止中)の無給所員兼留守番として寝泊まりすることを勧め、教職員たちは久野を庇護してくれた。久野は研究所で寝起きし、欧米映画の字幕の下請け翻訳や家庭教師などをして暮らした[13]（『久野収集Ⅴ』七一―七二頁）。その時期、田辺の推薦でＪ・デューイの *Logic: The Theory of Inquiry*（1938）を翻訳することになっていて、アメリカ哲学に取り組み、デューイの『自由と文化』（一九三九年）、『ドイツ哲学と政治』（改訂版、一九四二年）、『哲学と文明』（一九三一年）、『新旧個人主義』（一九三〇年）、Ｗ・ホッキング『個人主義の永続的要素』（一九三七年）、ペリカン版のＨ・ラスキ『近代国家における自由』（改訂版、一九三七年）などの「反時流的文章」に教えられた。久野が「アジア解放」などを軸に時局を合理化することなく、「思想的に抵抗できたのは、やはりアメリカ哲学のお陰だった」。「昭和高商の研究所のがらんとした建物の片隅で、夜明けまでこれらの書物を読み耽った日々が、つい昨日のように鮮やかに思い出されます」と回想している（同前一一四―一一五頁）。

久野は「個人主義の本当の姿は、他人の身になって考え、他人を理解し、他人と共同の行動を考え出す態度によって自分の個性を深め、広めるスタイル」だと述べているが（『久野収集Ⅴ』一一五頁）、久野のこの時期の読書の成果は、戦後、概論や翻訳・解説として具体化されるとともに、講義・講演・評論・対話などにおいて駆使されている。

そのほか、久野は出獄後に「重要な二つの書物」として、モーガン・ヤング『日本が中国にしかけた戦争』（*Japan's war on China*, 1937. 12）と、リリー・アベック『生まれかわる中国――武器としての空間』（*Chinas Erneuerung, der Raum als Waffe*, 1940）を入手して読むことができた。とくに後者は、日本軍占領地域における中国側の抵抗の内容を生き生きと明らかにしていたと述べている（『平和の論理と戦争の論理』三四四―三四五頁、久野・鶴見『思想の折り返し点で』一一二頁）。そのほかに、エドガー・スノー『中国の赤い星』（一九三七年）、アグネス・スメドレーの著書などを読み、「中国側の抵抗を予想でき」たと述べている（『久野収集Ⅴ』一一七頁）。

また、戦時中にそれまでの久野の肯定的ソ連観を覆したのは、Ｗ・クリヴィツキーの『私はスターリンの手先だった』[14]と、一九三九年八月の独ソ不可侵条約の締結だったという（『人間の自己創造』二八六―二八七頁）。三八年に粛清（銃殺）されたブハーリンを愛好していたとも述べている（『思想の折り返し点で』一三五頁）。久野は戦時中にクリヴィツキーの著などを読んで、「スターリン主義が大変な問題をかかえこんでいるということは、他の左翼の人々よりも実感していたから、それが戦後のスターリン万歳の日共に、たいへん危惧をもった理由です」と述べている(15)（鶴見俊輔『語りつぐ戦後史（上）』講談社文庫、一九七五年、一九頁）。

久野は一九三九年八月の出獄後、「ときどき老母のいる鎌倉へ帰って、羽仁五郎氏や岩波書店の編集の諸氏と、戦争と戦後の見通しを話し合ったりするのが唯一の慰め」だったと述べている。生活面では、四二年頃から昭和高商の就職関係の世話係を頼まれ、月五〇円の薄給だったが、四二年以降（前記の狩野亨吉に関する仕事を続けていた関係からであろうか）、岩波茂雄から月五〇円の勉強費をもらい、食べ、本を買い、勉強するのにはあまり困らなかったと述べている。なお、久野の郷里の村役場の係（兵事係であろうか）によると、久野は丙種国民兵役で思想犯の前歴があったため、兵役を免れたのだという（『久野収集V』九二―九四頁）。

一九四四年、昭和高商は学徒動員により学生が減少したために学生の募集を停止し、大阪女子経済専門学校を設立した。四五年一月、久野は学生たちを日本国際航空神崎川工場に引率し、その世話にあたった。動員先の工場では（大阪・尼崎空襲によってであろう）、何回か生死をともにすることがあったという。戦争末期には、会社の幹部と相談して、工場への空襲による被災を避けるために学生とともに「能勢山の妙見神社」（妙見山本瀧寺か）付近の山あいに疎開して作業を続け、そこで敗戦を迎えた（『久野収集V』九六・一〇〇―一〇二頁）。

鶴見俊輔は、「久野さんは一九三三年から九九年までの六六年間、負けることの意味を考え続けた。〔中略〕久野さんはなにか深い人格的理由からか、敗北を手放さなかった。特に滝川事件の三三年から敗戦の四五年まではつらかったと思う。〔中略〕しかし、その一二年間の負けを噛みしめたことで、久野さんには、負けをものともしないしなやかな姿勢ができた」と述べている（鶴見『悼詞』編集グループＳＵＲＥ、二〇〇八年、二九二頁）。

いわゆる「戦時下抵抗」の知識人においても、それぞれに悔恨はあったであろうが、「敗北を手放さなかった」という点で久野はきわだった存在であり、それが戦後の久野の思想と行動の核となりバネとなった。

三　戦後の久野収の思想と行動

敗戦時、「もう戦争は終わったんだという解放感は、たまらなかった。ただその後、戦争遂行に、どうしてもっと賢く抵抗し続けなかったか、という悔恨があとからあとから吹き出してきて……。抵抗の足りなかった自分の中の「日本人的同調性」への悔恨が深くあとを引いていました」と述べている（『久野収集Ⅴ』一三二頁）。また、「両先輩（三木清と戸坂潤）に期待するところ甚だ大きかった」久野にとって、二人の獄死は衝撃だった。一九四六年一〇月、京大で三木、戸坂の追悼講演会を開催、羽仁五郎、中井正一、梯明秀、久野が講演したとされる[16]（同前一二〇頁）。なお、敗戦直後、至るところで文書を焼いているのを見て、「焼いて〝史実〟を消してしまおう」という思い込みに、心底から驚いたと述べている（同前一三二頁）。

敗戦後、大阪女子経済専門学校で授業が再開され、講師の久野は「哲学概論」の講義を四七年四月まで担当した（『久野収集Ⅴ』一二三頁、村上『人間 久野収』三九頁）。文化活動については、鈴木茂三郎らから大阪で労働講座を開催したいとの話があり、新村猛、青山秀夫とともに講師をつとめた。同講座は好評だったという[17]。京都ではＧＨＱ労働課の京都方面主任に交渉して、労働者は有給のまま週三回、午後講義が聴ける「労働学校」開設を実現させた。また、新村猛、青山秀夫、住谷悦治、久野が相談して、四六年二月京都人文学園（校長新村猛）を開設し、学園の教育に力を注いだ（『久野収集Ⅴ』一二二・一二五頁）。久野は常任講師として、論理学、哲学を講じた（山嵜雅子『京都人文学園成立をめぐる戦中・戦後の文化運動』風間書房、二〇〇二年、一二五頁以下）。ただし、「ほとんど無給」だったので、人文学園時代は、稼ぐために全逓や国労などの労働組合によく講演に行った。三一書房の創立（一九四五年一〇月、京都で創業）にも携わり、同社の編集相談役をつとめ、その相談役料が入った（『久野収集Ⅴ』一二二―一二五頁）。そのほか、清水幾太郎が中心になって組織した二十世紀研究所（一九四六年二月設立）にも参加している(18)。

一九四八年、大阪女子経済専門学校の卒業生梶原芳子と結婚したが、カネもなく式を挙げなかった（村上『人間 久野収』五九頁）。また久野は、四九年四月から新制大学として発足する学習院大学に勤めたいとの希望を清水幾太郎に伝えた。清水が院長安倍能成に取り次いだところ、清水が学習院教授を引き受けることを条件に久野の講師就任が決まったと記している（『清水幾太郎著作集14』三二六―三二七頁）。

ところで、「戦争が終わったとき、どういう状況が展開すると思われていましたか」という鶴見俊輔の質問に対して、久野は、その予想ははっきりとはなかった。けれどもそのとき三つの柱があった。第一は、私権を守る運動をしようということ、第二は、自主的組織をいろいろなところで作らなければならないこと、第三は、平和の問題、と答えている。このうち第一の私権について、「戦争中に一番不愉快だったのは、私権がなくなるという状況だった」と述べている。前記のように、法的手続きにおいて不法がまかり通る現実を経験した久野にとって、団結権などの集団の権利の必要よりも、まず私権（人権とも言っている）の確保が切実だった。出獄後の「保護観察」下に、「自分の内側」へ「泥靴であんまり入られんように警戒を重ね」た（『久野収対話史ⅰ』五五七―五五九頁）。「私は戦争中、いわゆる〝国家悪〟の恐ろしい諸側面に引きずりまわされつづけた。その結果、国家を外的制度としては認めても、自分の内面までは決して干渉させないでおこうという態度に身をかためないわけにはいかなかった」と記しており、権力の無制限な侵入に対して自己を守るためにこそ「個人主義」は切実であり、哲学史のとらえ直しがおこなわれたというのである。たとえば、プラトンの国家論よりも、プラトンによって批判されているキニーク派のアンティステネスの方に、はるかに深い共感をもつようになったのだという（久野『現代国家批判』講談社学術文庫、一九七六年、四―五頁）。

戦時中の久野の経験と読書は、Ｉ・バーリンのいう消極的自由（negative liberty）の擁護と結びつくものであった。

なお久野は、『憲法の論理』の「まえがきとして」では、「戦前、政治学ではなく、哲学研究を専門にえらんだ筆者が、非政治的関心しかもたなかったことはいうまでもない。ヨーロッパの伝統を別として、日本では戦前の知的気流の中で、哲学を専攻することは、それ自身、もっとも非政治的存在であることの証明であった。その筆者が政治的関心を痛切に目ざめさせられたのが、あの十五年戦争の中でもまれつづけた結果である」と記している。前記のように、久野は高校時代に「左翼に「転向」した」と述べているが、久野にとって左翼への「転向」は、「政治的関心」への「目ざめ」とは異なるものだったのであろう。

一九四八年七月のユネスコの社会科学者声明に応えた、同年一二月の「戦争と平和に関する日本の科学者の声明」への署名者五五名が母胎になり平和問題討議会総会が開催され、四九年三月には平和問題談話会が結成された[19]。久野は京都平和問題談話会（正式には近畿地方文化部会）に所属し、東京と関西の調整役をになうとともに、談話会の幹事・書記役として活動した。談話会では、革命と平和の問題を切りはなして議論と運動を進めるべきことを主張し、「平和の論理と戦争の論理」（『世界』一九四九年一一月）を発表した。久野のこうした発想は、前世代の左翼が革命の立場に立って、革命を通じて戦争を止めようとして敗北し転向していった現実を、「遅れてきた青年」（年長の左翼青年に遅れ、戦争とファシズム化の波に直面した時代の青年）として目の当たりにしてきた経験にもとづく（『権威主義国家の中で』九〇頁）。久野は「平和の論理と戦争の論理」において、「戦争に対する不服従、非協力による受動的抵抗の運動」を重視し、その歴史などについて論じている。このとらえ方は、当時の共産党や産別会議が信奉する、社会主義革命によって平和を確保するのでなければ永続的平和はこないという、〝革命による平和〟理論とは異質だったと記している（『久野収集Ⅴ』一三五頁）。また、「ぼくらはフェロー・トラベラー（同調者）の位置じゃなしに、いままでなかった知識人の独立性をここで打ちたてたいと思っていた。……政党勢力や自他の国家権力からの独立性を保ちながら、どのように政治運動にアンガージェしていくか」を考えていたと述べている（『久野収対話集２』二六六頁）。「知識人の独立性」を重視する志向は、談話会のなかでは丸山眞男らと共通しており、その後の運動において知識人の威信を高める契機となったと考えられる。

平和問題談話会が結成されて間もないころから、会員の宮原誠一を仲介役として、清水幾太郎、田畑茂二郎、久野らが各地で日教組の活動家と協力して平和教育講座を開催した。[20] 以後、久野は全面講和運動、平和運動に力を注いだ。また、『岩波講座教育』（一九五二年刊）の編集を通じて親しくなった教育学者たちとともに日教組教育研究全国大会（一九五一年開催、のち全国集会と改称）のお膳立てをした（『久野収集Ⅴ』一七二―一七三頁）。なお、五一年には思想の科学研究会員名簿に久野の名が登載されているが（『思想の科学』一九五一年四月号）、久野が会の運営に携わるのは五五年からであり、五六年に評議員、五九年八月に会長となり、六一年末の天皇制特集号廃棄をめぐる『思想の科学』事件の処理にあたった。六二年三月創立の思想の科学社の代表取締役（社長）をつとめている。

久野は、一九五八年六月創立の憲法問題研究会に招請され参加した。そこでの久野の活動の一端は、『憲法の論理』所収の評論に反映されている。また、同年一〇月には、中野好夫、中島健蔵、久野が代表世話人となって「警職法に反対する文化人懇談会」を結成し、「市民」の参加を呼びかけ、誰でも参加できる「市民」デモを実現させた。久野は、警職法（改定）反対を訴えた「国民の権利体系としての国法」（『朝日新聞』一九五八年一〇月二一日）において、「戦前、戦中の警察国家」の実情を伝えるとともに、憲法は第二章の戦争放棄規定を別にすれば、国民の人権保証を規定した第三章が大眼目であり、警職法案は第三章の条項と衝突することは明らかだと論じている[21]（『憲法の論理』一九六頁以下）。

六〇年安保闘争においては、久野は学生たちの街頭デモに連日参加するとともに、地域では武蔵野沿線市民会議を結成して運動を推進した。また、安保闘争のなかで生まれた、小林トミ、高畠通敏らの「声なき声の会」（一九六〇年七月一五日『声なき声のたより』を創刊）に参加している。

久野は一九六〇年七月、「街頭をうずめた市民の大群」の「思想的意味」を考察した「市民主義の成立[22]」を発表した。この論考は、市民主義・市民運動論の嚆矢となった。同論考で久野は、「〝市民〟とは、〝職業〟を通じて生活をたてている人間」と定義しているが、のちに、安保闘争の時点では、大衆を「ネガの消極的大衆とポジの積極的大衆の二つの顔としてとらえ、抵抗で両方を結びつけようとした。前衛の指導や階級概念の実体化、万能化をさけて、問題を扱おうとすると、職業人と地域住民という二つの局面が出てくることになった。労働組合よりももっと広い人々を職業人の利害でとらえ、……知的実務層の横断的――企業や官庁の境界をこえた――組織化をつくり出し、国家〝秘密〟や企業〝機密〟を内側からできるだけ透明にする組織を考えた[23]」と述べている（『現代日本論』二二二頁）。ただし、「〝六〇年安保〟のまきおこした大きな渦巻きの片すみで、「政治的市民の成立」が書かれたとき、政治的、生活的権利主体の自己主張としての市民の立場や市民運動は、〔中略〕国民運動や階級運動の大組織、大運動優先の立場にくらべて、ある頼りなさ、曖昧さをまぬがれなかった」とも述べている（『政治的市民の復権』一頁）。

久野は、「戦争にコミットしようとする政策を完全に無力化する、無力化できなくても、それを相当程度に曲げてしまうという運動こそが、平和運動の焦点ではないかと思う。パッシブ・レジスタンスというものこそが平和の論理である。〔中略〕六〇年以後ずっと市民運動をやり続けて、そこから市民運動と平和運動が初めて、レジスタンスとして結びついてくる点が自覚されてきた。〔中略〕平和運動の原点には市民の権力に対する抵抗という問題があることが、六〇年安保以後はっきりしてきたと思う」と述べている（『久野収対話集2』二八一―二八五頁）。久野は平和運動に力を注ぎ、安保闘争以降の市民運動にかかわった経験から、平和運動はパッシブ・レジスタンスとしての市民運動なのだと確信するに至ったのである。

おわりに

久野は滝川事件に遭遇して、滝川幸辰の休職処分に抗議した法学部教授団を支持する学生運動に力を注いだが、運動を通じて京大文学部の多くの教員たちの態度に失望した。また、京大闘争に関して次のように述べている。「自由主義は、市民の生活者的側面と専門職業者的側面の両足によって立っているイデオロギーなのだが、もともと生活者的側面のひよわい日本では、この闘いの敗北は自由主義の闘いを全く散発的、防衛的な抵抗に追いやってしまった」。「日本の職能的自由主義者の大部分」は、「国家的自由主義者」であっても、「ほんもののリベラル」ではなかった（『ファシズムの中の一九三〇年代』七頁）。つまり、社会から乖離した職能的特権的な自由主義者だったととらえている。

滝川事件とその後の大学と大学人の在り方に不信感を強めた若い知識人たちは、アカデミズムの外に理論の探究と討議の場を求めて、『美・批評』、次いで『世界文化』の創刊に踏み切った。その一人だった久野は、昭和高商に職を得たものの、日中戦争開始後に検挙され公職から追放された。その後の孤立と敗北と抵抗のさまは、すでに見たとおりであり、その経験と読書が久野の抵抗思想を培ったのである。

その久野にとって先輩世代の知識人の思想と行動は導きの糸であり、彼らの思想を熟知しその言動を見守っていた久野が、彼らの戦時下の転向・国策協力的言説と抵抗について、安直に裁断することはあり得なかった。久野は三木清の獄死に言及するなかで、「外国ではアカデミーよりも民間に生きる方が、ずっと自由でノビノビとした生き方を意味するのであるが、わが国ではアカデミーにとどまる方が、はるかに自由であり、知識人として民間に生きることは、かえってあらゆる点の不自由を意味し、或る場合には甚だしい危険すらをも含まねばならない」と記している（『三〇年代の思想家たち』二六頁）。久野自身の経験と重なる面もあろうが、大学を追われ、論壇を中心に発言してきた三木のような著名な知識人にとって沈黙することは至難であり、しかし戦時下で発言し続けることの危険性は大きいと見たのであろう。「転向しながらまた守り、守りながら転向している、その振れ幅の一番大きい存在が三木清だった」と述べている（『権威主義国家の中で』一五五頁）。

兄事した羽仁五郎について久野は、一九三三年に投獄され、公職を奪われ、仲間との交際をほとんど絶ち切って、「昼も夜も書斎の中に身をうずめながら、この言葉（〝われわれを汚辱の中にしばりつける鉄鎖、この鉄鎖からわれわれはかがやく剣をきたえ出すのだ〟――ドイツ農民戦争を闘った農民が旗に記した言葉（『クロォチェ』で引用））を唯一の友として、『ミケルアンヂェロ』や『明治維新』や『クロォチェ』を書きつづける羽仁さんの気持が私の胸をゆり動かした」と記している（『三〇年代の思想家たち』二四四頁）。普遍的かつ根源的な「意志の自由」を核とする羽仁の抵抗の自由主義は、久野のみならず、松田道雄や起訴中の河合栄治郎、そして少なからぬ青年学徒たちの心をゆり動かしたのである。

久野は自らの抵抗の不足や弱さを省みて、先輩世代における精神のポリティックスとレトリックの自覚的実践の重要性を指摘している。その点で、ロジシャンの久野が注目したのが林達夫だった。林は一九四〇年前後に鋭い同時代批評を集中的に発表したが、新体制期の知識人たちの行動決定のさまを見て、「万事休すと見透しをつけてしまった」（「反語的精神」、『新潮』一九四六年六月）のち、「反語的精神」まで「拉芬陀」（『図書』一九四二年九月）以外に何も書いていない。レトリックを駆使した林の批評は、ラディカル（根底的）な政治・社会批判となっており（だが、検閲で処分を受けていない）、その射程は長い。「万事休す」、抵抗は不可能と見限った林は、以後沈黙を守った。他方、四一年に陸軍参謀本部傘下の国策会社東方社の社外理事となり、四三年から理事長をつとめた[24]。林の東方社入りについて久野は、「何をするかわからない」軍部や特高の動きに敏感な林が採った予防策だったと見ている（『回想の林達夫』二一〇頁）。

戦時下の知識人の経験を伝えることに力を注いだ久野は、その難しさを感じてもいる。[25] たとえば、久保栄の日記について、次のように述べている。「〔久保と似た立場で生きてきた同時代人につづく〕われわれのような世代も、その共感の一部をともにすることができる。しかし、共感の場が切れてしまっている人々に、どうして日記のもつ思想的意味を伝えることができるであろうか。日記が書かれた時代を文脈とすれば、書かれた日記はこの文脈のなかに位置づけられて、はじめて意味をもつ語句である。文脈の体験者は、まっすぐに日記の意味にはいってゆくことができ、わたしのように生理的苦痛さえ感じるほど身につまされることができる。しかし、文脈的時代から切れている人々には、まず時代という文脈を明らかにしてみせる必要があるのだが、この文脈が単純な一つの文法によって割りきることをゆるすには、あまりに内容がこみいっているだけに、困りはててしまうのである」（『三〇年代の思想家たち』二〇九―二一〇頁）。戦時下という時代の「文脈」をとらえ難くなってから久しい今日、久野の言葉を受け止めることはいっそう難しいが、留意すべき重要な指摘であろう。

なお不分明な点が少なくないが、以上に述べてきたことは、久野を論じる上での前提的作業である。

注

（1）久野は、「私自身は、著者や書物にどの方面かの専門家として、勉強のために接しただけではなく、世界観と方向感覚をもった素人（しろうと）として、著者や書物をアプリシェート（味読）した記録のつもりである。だから、著者の姿勢や書物は、読後の私に深い影響をあたえ、私のその後の方向を決定する一つの力となっている」と記している（久野『読書のなかの思想』「あとがき」三一書房、一九七六年）。久野は自ら俗流哲学者と称したが、俗流すなわち市井の人びとの視点に立って考える市民的哲学者だった。市民的哲学者という呼称は、羽仁五郎が『クロォチェ』（河出書房、一九三九年）のなかでクローチェについて用いている。また、村上義雄は『人間 久野収 市民哲学者、きたるべき時代への「遺言」』（平凡社新書、二〇〇二年）で「市民哲学者」を冠しており、鶴見俊輔は「市民の哲学者」と記している（『週刊金曜日』一九九九年二月二六日)。

(2)　鶴見俊輔は、「四〇年をこえる久野さんとのつきあいのなかで、つきることのないその雑談にめぐまれ、私は、自分自身出会うことのなかった大正末から昭和はじめそして戦争中の日本の知識人が舞台の上に立って動くのを見た。久野さんのはなしは演劇的である。この雑談の宝庫に会うことなしに、私たち、より若いものによる『共同研究　転向』は、書けなかった。世代別にとぎれがちな日本の学問の歴史の中で、久野さんは、前の世代と後の世代をつなぐ、まれな役割を果たした」と記している(「雑談の徳」、『久野収集Ⅰ』「月報1」岩波書店、一九九八年)。久野が接した「前の世代」には、先生世代(文化・教養主義世代)である田辺元、和辻哲郎、安倍能成、天野貞祐、岩波茂雄、出隆らから、教養主義の影響下に青年時代を送り、さらにマルクス主義の受容を介して独自の哲学・思想を形成した先輩世代である三木清、戸坂潤、中井正一、林達夫、羽仁五郎、久保栄らがいる。久野はとくに、兄事した中井、林、羽仁ら先輩世代の思想を受け止め、三木、中井、林、久保の著作集・全集の編纂にあたるなど、その思想を後続世代に伝えることにつとめた。彼らをふくむ先行世代の知識人についての論考を収録した『三〇年代の思想家たち』(岩波書店、一九七五年)の「あとがき」のなかで、久野は、「〔本書で〕描かれた思想家たちは、私自身の肉体の中に深く喰いこみ、私自身の思想的姿勢、思想的生き方を深く規定している」と記している。

(3)　寺島俊穂「戦後日本の民主主義思想　市民政治理論の形成」(『関西大学法学論集』第五四巻五号、二〇〇五年一月)、同「市民的抵抗の哲学　久野収の思想から」(『関西大学法学論集』第六五巻三号、二〇一四年一月)、猿谷弘江「久野収の平和の理論と運動　戦後のパブリック・インテレクチュアルの一事例」(『上智大学社会学論集』40、二〇一六年三月)。

(4)　久野は田辺について、「歴史家としての感覚がないという感じがします。それが先生をあれだけ偉大にしたのかも知れませんが、晩年、歴史の問題に足を踏み入れてからかなりおかしくなった」と評している(林・久野『思想のドラマトゥルギー』一六七頁)。

(5)　久野は、京大闘争は「学問の自由」のための闘いだったが、研究と教授の自由だけが曲がりなりに保証されていても、就学の自由(学ぶ側の自由)や諸々の市民的自由の確立によって支えられなければ、権力への抵抗は難しいと述べている(『久野収集Ⅴ』二六―二九頁)。また、文学部で学生の要求を支持したのは田辺元と小島祐馬だけであり、「ぼくは運動の最中で善意の専門馬鹿、専門馬鹿をよそおう悪質学者にずいぶん出会って、学問はとにかく、学者諸博士に絶望したのを覚えています」と語っている（京都大学新聞社編『口笛と軍靴　天皇制ファシズムの相貌』社会評論社、一九八五年、三八頁）。

（6）久野の狩野亨吉論はその成果であり、前記のように戦後最初に発表された文章である（『三〇年代の思想家たち』所収）。狩野の思想とともに、その仕事における書誌学的訓練の重要性を認識したという（『思想のドラマトゥルギー』一九七頁）。

（7）久野によると、特高は中井正一と久野が消費組合運動を通じて共産党「多数派」の山本秋、国谷要蔵と連絡があることを疑っていたが、中井も久野もシラを切り通したと述べている（『久野収集Ｖ』六五―六六頁）。また、ねずまさしは、久野が国谷と交際し、その依頼で行動したこともあったが、『世界文化』をまきこむことはなく、「多数派」が解散したあとも久野は関係することはなかったと記している（ねず「プチブルの同人雑誌『世界文化』」『思想』一九七六年一一月）。なお、共産党「多数派」とは、一九三三年の共産党のスパイ・リンチ事件を機に、翌三四年三月、党中央委員会の袴田里見らを批判し組織の再建をめざした宮内勇、山本秋らの分派を指す。三五年九月解散。

（8）久野は出獄した時期を一九三九年の秋あるいは暮れと述べているが、久野の「林達夫さんとその仕事」（久野編『回想の林達夫』日本エディタースクール出版部、一九九二年、一六一―一六二頁）によると、久野は平沼内閣総辞職当日（一九三九年八月二八日）、岩波書店で林とその話をしているから、八月八日の判決後に出獄したと思われる（後述）。

（9）この記述は、風間完「わが街わが友」（『東京新聞』二〇〇二年一二月四日）にもとづく佐高の文章に拠る。風間によると、一〇年ぐらい前、テレビに出演した久野が上記のように語り、「最後まで自分の不甲斐なさをざんげしているようで私は胸が痛く」なり、久野に「ファンレターを送ったところ、折返し丁寧な礼状を頂いた」と記している。

（10）一九三七年一一月に検挙され約一年留置場で起居したという新村猛は、特高係長から、真下信一、久野収、大岩誠がすでに手記を書き了り、検事の取り調べを受けて山科の拘置所に収容されていると告げられ、「私もまたなるべく早く帰宅しようと打算することに決断した」と記しているから（『新村猛著作集』第二巻、三一書房、一九九四年、八〇―八三頁）、久野の「転向」表明は新村が「決断」したという三八年一一月頃より前であろう。

（11）手記の実施の経緯、司法警察官調書・検事調書（原則として証拠能力をもたない）と、予審尋問調書の関係については、『思想研究資料特輯　第十二号』（一四五頁以下）および伊藤晃『転向と天皇制』（二八四・三一〇頁）参照。

（12）久野は昭和高商の嘱託だったと記している場合もあるが、執行猶予中は正式には嘱託にもなれなかったのだという（『久野収集Ⅴ』九八頁）。

（13）久野は、「私は日本のインテリの中では、一方的に書斎と書物の世界に閉じこもらなかった一人である。戦争中の追放の境涯は、私をして書斎と読書の生活に閉じこもることを経済上不可能にしてしまった」と記している（久野『私の読書、私の書評』「あとがき」、三一書房、一九七六年）。

（14）一九三九年、クリヴィツキーの亡命先のニューヨークとロンドンで英語で出版。邦訳は『スターリン時代』（みすず書房、一九六二年）、同第二版（一九八七年）には訳者の根岸隆夫による長大な解説論文が付されている。久野が読んだのは、大阪府立中央図書館編『久野収氏旧蔵書寄贈図書目録』（二〇〇五年）によると、ロンドンのハミルトンから出版された *I was Stalin's agent*（1939）である。

（15）久野は鶴見との対話のなかで、「清水幾太郎氏らの分析に従えば、「人民戦線」というのはコミンテルンがやった謀略である。ソ連のスターリンは、……粛清をやりながら、片方で外向きに人民戦線で「みんな仲良くやりましょう」とだましたので、「人民戦線」はスターリニズムの戦術にすぎなかったという意見がありますね。しかしそれだけではくくれない多面的運動があって、スターリンとコミンテルン（国際共産党）はあとから、この運動を利用したというのが真相ではないか」と述べている（『思想の折り返し点で』一一三―一一四頁）。久野がいう「清水幾太郎氏らの分析」は、「人民戦線」の否定に力点を置いた清水著『現代思想　上』（岩波書店、一九六六年）などを指していると考えられる。なお、久野はコミンテルンの人民戦線戦術への転換を、新しいタクティックスであって、原則を転換したわけではないととらえている（『久野収集Ⅴ』一四九頁）。

（16）『夕刊京都』（一九四六年一〇月六・八〜一〇日）には、一〇月五日に開催された民主主義科学者協会京都支部主催の「三木・戸坂両氏追憶《ママ》講演会」での、中井正一、松井了穏、久野収、羽仁五郎、末川博の講演要旨が掲載されている。なお、久野が痛恨の想いを込めて書いた三木論・戸坂論は、久野編『回想の三木清』・『回想の戸坂潤』（いずれも三一書房、一九四八年）に収録されている（『三〇年代の思想家たち』所収）。

（17）この大阪の「労働講座」について時期などが確認できないが、一九四六年二月に設立された大阪労働協会が、同年中に

「労働問題研究会」を七回、「労働講座」を五〇回開催しており（『財団法人大阪労働協会設立35〔年〕のあゆみ』大阪労働協会、一九八二年）、その「労働講座」の可能性もある。また、松本員枝によると、東京の自由懇話会に触発されて四七年一一月大阪に関西自由懇話会が設立され、市民向けの講座が開設されている。ワンクール六回の講座の講師として、住谷悦治、新村猛、久野収らの名が挙げられており、「手弁当で講師にきてくださった。受講者は毎回一二〇人を数えた」と述べられている（松本員枝聞き書きの会編『自由と解放へのあゆみ』ドメス出版、一九八〇年）。以上は、大阪労働協会の照山秀人氏と大阪産業労働資料館（エル・ライブラリー）の谷合佳代子氏のご教示による。

(18) 清水は、四五年一〇月末に関西旅行に出かけた折に昭和高等商業学校を訪れており、「これが彼に会った最初であるように思う。……文通は以前からあった」と記している（『清水幾太郎著作集14』講談社、一九九三年、三〇三頁）。

(19) 久野が談話会に参加した動機は、ユネスコ声明を出した八人の科学者のなかに、戦前文通していたホルクハイマーが入っていたからだという（『久野収集V』一四一頁）。

(20) 五十嵐武士『戦後日米関係の形成』（講談社学術文庫、一九九五年、二一二頁）、山嵜雅子「敗戦後の「平和のための教育」提唱をめぐる平和と教育の問題」（『立教大学教育学科研究年報』55、二〇一二年、七六頁）。

(21) 久野とともに警職法反対運動に力を注いだ高見順は、一九三六年、新宿の喫茶店で文学の研究会を開いていたところを警官に検束され捕縄で縛って淀橋署に連行されたことなど、幾度かの経験を紹介して、「ああした暗い経験を若い人たちにさせたくない」（「不穏な集会といわれて」『朝日新聞』一九五八年一〇月一七日）と訴え、「警察庁関係者にこれが一番いたかったと嘆かせたといわれるほどに、強い説得力を持っていた」といわれる（日高六郎「警職法「改正」反対に立上る国民」『世界』一九五八年一二月）。右の一九三六年の検束とは、三六年一〇月二五日の『人民文庫』同人など一六名の検束（『朝日新聞』一九三六年一〇月二六日）を指すと思われる。そのほか、高見は衆議院の公聴会で公述人として証言している（『地方行政委員会公聴会議録 第一号 昭和三十三年十一月三日』国会会議録検索システム）。

(22) 久野は『思想の科学』一九六〇年七月号に掲載されたこの論文を、しばしば「政治的市民の成立」と呼んでおり、まぎらわしいが、「政治的市民」の成立に注目したからなのであろう。

(23) 久野は一九七三年に、企業公害をなくすにはホイッスルブロワー（whistle-blower, 情報を外に流す人物）が出なければならないが、それが全然出てこないのが日本の特色だと田尻宗昭と語り合ったと述べている（佐高信編『久野収セレクション』（岩波現代文庫、二〇一〇年、二七―二八頁）。ちなみに、アメリカで内部告発者保護法（Whistleblower Protection Act）が制定されたのは一九八九年、日本で公益通報者保護法が公布されたのは二〇〇四年（施行は二〇〇六年四月）である。

（24）林の東方社入りについて、参謀本部に所属していた林の弟の林三郎に久野が聞きただしたところ、自分は全く関与しなかったと答えたという（『回想の林達夫』二一〇頁）。なお、東方社については、多川精一『戦争のグラフィズム　回想の「FRONT」』（平凡社、一九八八年）、井上祐子編著『秘蔵写真200枚でたどるアジア・太平洋戦争　東方社が写した日本と大東亜共栄圏』（みずき書林、二〇一八年）参照。

（25）加藤周一は「戦争と知識人」（『近代日本思想史講座』第四巻、筑摩書房、一九五九年）について、久野から批判されたという。「批判の内容は、戦争中の知識人の心理が、「戦争と知識人」のなかで加藤のいうほど、簡単で明瞭なものではなかった、という点に集中していたと思う。〔中略〕私はなるほどと思った。今日ではなおさらそう思う。たしかに私がここで書いたほど、簡単ではなかったにちがいない。しかし簡単にいえば、こうもいえるという、そのこうもいえるということの核心を、もっと複雑で、微妙で、陰影に富んでいた現実が、否定するのではない」と述べている（『加藤周一著作集』第七巻、平凡社、一九七九年、三三六頁）。久野と加藤の認識の相違は、戦時下の経験と知見と立ち位置の違いにもとづくが、〈戦争と知識人〉を考える上での手がかりを提供している。

Ⅳ　松田道雄における市民主義の成立

和田　悠

はじめに

松田道雄（一九〇八〜九八年）は戦後日本を代表する小児科医で、『私は赤ちゃん』（岩波新書、一九六〇年）、『私は二歳』（岩波新書、一九六一年）、『育児の百科』（岩波書店、一九六七年）といった育児書の著者として有名である。他方で、松田には『ロシアの革命』（河出書房新社、一九七〇年）や『革命と市民的自由』（筑摩書房、一九七〇年）、『在野の思想家たち』（岩波書店、一九七七年）などの著書があり、独自の革命思想史研究者でもあった。さらに、論壇やマスコミで精力的に発言し、数多くの社会評論や家庭評論を通じて「市民」としての生き方を平易な言葉で説いた評論家として多くの読者を獲得してきた。

一九六〇年代から七〇年代にかけて「市民運動」を実際的に担い、「市民」や「市民運動」の意義や価値を論じて「市民主義」の思想的潮流を作り出した知識人と言えば、久野収や鶴見俊輔、小田実が有名である。また、高度成長期に「市民自治」の理論を展開した松下圭一についても最近は注目が集まっている。そうしたなかで、松田道雄もまた「市民主義」の思想的潮流を牽引した戦後知識人として逸することはできない。松田は久野と年齢も近く、当該期に「市民」の思想を展開した知識人としては年長の部類に属する。

松田が「基本的人権」や「市民的自由」をキーワードに「市民」の思想的立場を鮮明にするのは一九六〇年代後半である。本稿が明らかにするように、松田がその立場を獲得するのには、同時代の実体としての「市民」の台頭や「市民運動」の展開に注目し、その現実に学んだことがある。と同時に、高度成長による社会変容を肌で感じながら、自らが体験したマルクス主義や共産主義運動を捉え返す自己省察の経験が松田における「市民主義」の成立には大きく関わっていた。

松田の「市民」の思想については、いくつかの研究や評論がある。しかしながらそれらは松田の自叙伝である『私の読んだ本』(岩波新書、一九七一年)に依拠し、松田の自己意識を追認するような仕方で叙述がされている。そのために松田の思想的一貫性が強調される一方で、戦後知識人としての民衆との向き合い方や時代との葛藤の軌跡が見えにくいものになっており、歴史的相対化という面で課題を残している(1)。

そこで本稿では戦後知識人としての松田の歴史的個性に着目し、松田の「市民主義」の射程と性格を明らかにしたい。具体的には、松田の知識人としての自己意識(知識人像)と他者意識(民衆観)に照準を合わせて、一九五〇年代後半から六〇年代にかけての松田の思想的、学問的実践の航跡を検討し、その意味と意義を明らかにする(2)。このような作業を通じて初めて、平易な言葉で語られるだけにともすれば見落とされがちな松田の「市民」の思想の時局性と普遍性は浮かび上がってくるはずである。

一　戦後知識人としての出発――一九五〇年代前半まで――

本稿の議論の前提として、戦後から一九五〇年代前半までの松田の履歴を追いかけ、知識人としての立ち位置について触れておきたい。

松本礼二は近代日本の知識人を「大正教養主義ないしオールド・リベラリスト世代」、「一九〇〇年―マルクス主義の世代」、「戦後啓蒙の世代」の三つの世代に区分して論じている。「戦後啓蒙の世代」の知識人については、「戦前からジャーナリズムで活躍していた清水幾太郎を最年長とし、多くは戦前戦中には自己の学問や文学の世界に沈潜し、戦後一斉に言論活動を開始していわゆる戦後啓蒙を担った知識人」で、「専門的学問世界では「大正教養主義」世代の学者たちの弟子に当り、その自由主義をも継承しているが、同時にアカデミズムの外で展開されたマルクス主義者の学問的業績、講座派や労農派の日本資本主義分析に深く影響され、これを自分の学問に生かしている」[3]との規定を与えている。

清水は一九〇七年生まれで、松田よりも一歳年上である。松田は「戦後啓蒙の世代」の年長の部類に属しており、周縁ではあったが共産主義運動に実際的に関与した。その読書経験を見ても、「マルクス主義者の学問的業績、講座派や労農派の日本資本主義分析に深く影響され」たことは間違いない。結核を専門とする衛生官僚としての松田の総力戦体制の経験の詳細については別稿に譲りたい[4]。ここでは松田にとって総力戦体制の経験は戦後になっても同時代の時代状況のなかで反芻、更新されたことを指摘しておく。

松田の戦後の出発についてまず指摘すべきは、戦時期に精神的な「抑圧」を体験していたからこそ、戦後に軍国主義からの解放の契機を認め、「自由」の意味を体感することができた点である。松田は京都帝国大学医学部に在学時から特高警察の監視の対象となっていた。警察権力にいつ検挙されるかを絶えず意識する不安な生活を終えて、自由な身を獲得したことは決定的であった。松田にとって戦時と戦後は基本的人権の有無という点で明確に断絶していた。松田が戦時期を「暗い谷間」として経験したことは、同時代の同世代の知識人との精神的紐帯でもあり、個人の「市民的自由」を何よりも重視するリベラリズムの気風ともなっていた。

松田は召集解除になると和歌山県内政部衛生課長に戻ることなく、辞表を提出する。一時、親戚の経営する大阪の私立病院の小児科に勤務するが、一九四七年に京都市上京区今出川室町に自由診療の小児科医院を開業する。なぜ自由診療だったのか。晩年に松田は、「戦後すぐの時の保険では、いい薬を使えなかったし、往診料も安く決められていた。左翼に対する公安当局の監視がきびしくて、共産党員のある医者が、麻薬の調査と称して家宅捜査をうけた。私はすぐ麻薬取扱者の免許を返上した。保険医になって立ち入り調査をうけるのはいやで、とうとう保険医にならなかった」[5]と述懐している。開業したものの、自由診療の方針は「容易に理解してもらえなかった」。そこで松田は副業として結核の療養相談や評論活動を行う必要に迫られた[6]。

戦後、松田は日本共産党への入党こそ断り続けたが、民主主義科学者協会（民科）の経済部会・歴史部会にも積極的に参加するなど、「左翼」の文化運動にも積極的に関わった。敗戦直後に復刊ないし創刊されたマルクス主義や共産党に関する雑誌や文献も精力的に渉猟している[7]。

ただし松田はかつて自身が体験した一九三〇年代の日本共産主義運動の発想と論理にそのまま回帰したわけではなかった。松田は一九四六年に刊行されたスターリンによる『全聯邦共産党小史』をすぐに手にして、「いまでこそ目の敵みたいなこの本が、はじめてよんだときは実におもしろかった」と感じた一方で、林達夫『歴史の暮方』（筑摩書房、一九四六年）を「感心して」読むことができた。林は権力を握ったマルクス主義の警察国家的な心性を戦後早い段階に洞察し得た知性であった。また、遠山茂樹・服部之総・丸山眞男『尊攘思想と絶対主義』（白日書院、一九四八年）所収の論文「日本ファシズムの思想と運動」に「マルクス主義の公式にとらわれないで体制を批判することができることをおしえられた」と述懐し、「丸山真男という署名のある文章は何でも読むことになった」と言う(8)。戦後の松田の思想的営為にとって丸山のそれは重要な補助線となっている。

久野収とは戦時中からすでにつきあいがあったが、戦後になるとその関係はより密になる。久野は一九四九年に学習院大学専任講師に着任するが、それ以前は京都人文学園をはじめとして敗戦直後の京都の文化運動を牽引していた。松田の著作『人間と医学』（中央公論社、一九四七年）は「民科」での講演「日本の医学の低さについて」を活字にしたもので、書籍化を進めたのは久野であった。一九四九年に松田は京都平和問題談話会に参加するが、それも久野の推薦であった。一九七二年には、久野と松田と五木寛之の共著『現代への視角』（三一新書）が刊行されている。松田の知識人としての軌跡を考えるのに久野のそれを視野に入れておくことは有益であろう。丸山と同様に久野も正統派マルクス主義とは一線を画し、フランクフルト学派の批判理論を摂取した哲学者であった。松田によれば丸山、久野の両名に加えて清水幾太郎の著作は戦後の思考の基盤となるものであった(9)。

このように戦後の松田は、「近代主義」と称される知識人の思想に多くを学んでいた。戦後の出発時の松田について、「近代主義」の知識人の一人と数えてもいいようにも思われる。なるほど久野や丸山はマルクス主義者としてのアイデンティティを有していたかと言えばそうではない。だが、松田の場合はマルクス主義者としての自己を強く意識していた。松田にとってマルクス主義とはアイデンティティに関わるものであり、禁欲的で倫理的な生き方を可能にする思想としてであった(10)。そして松田の世代においてマルクス主義者であることは「前衛党」の革命理論と不可分であった。松田のマルクス主義から「市民主義」への思想的転回を考察する上では共産党との距離感が重要であることをここでは指摘しておきたい。

一九五〇年に朝鮮戦争が始まる。同年に日本共産党ではのちに「五〇年問題」と称される党内闘争が共産党系の大衆団体を巻き込み始まった。「民科」の内部にも亀裂が生じ、苛烈で非人間的な闘争が繰り広げられることになった[11]。松田の周囲にいた学生や若い医者のなかには武装闘争方針に従い、松田の眼前から消えていった者もいた。松田は当時の心境について、「朝鮮戦争が拡大して、米ソ戦になるのではないかと心配だった。そういう危機感のなかで共産党が分裂して、どっちが本物かわからないような状態にあることは、いらだたしかった[12]」と述懐している。

それでは一九五〇年代初頭の時点でソ連の共産党や社会主義の実情に対して松田はどのように対応していたのか。「講和条約」を締結した一九五二年以降は、日本でもソ連の医学雑誌を入手しやすくなっていた。一九五二年七月に新日本医師協会京都支部のなかに「ソビエット医学研究会」が組織されると、ロシア語に堪能な松田はこの研究会に参加した[13]。研究会が発足してから二年後の一九五四年に松田は「サウェート医学の動向」という研究会報告を『思想』に発表している。この論稿は当時の松田が抱いていたソビエト医学観の証言として興味深い。

そこで松田は、「これは私の予想だが、恐らくここ三、四年のうちにサウェートの医学雑誌は、日本の医学研究者にとっては、ないと不自由であるというようなものになりそうだ」と述べるも、「病理学へのパブロフ説の性急な適用において、中枢神経の防禦的規制をあまり強調するのは一種の目的論に陥るのではないか」との「私の危惧」を付け加えることを忘れていない[14]。

こうした慎重な書きぶりには、ソ連医学に一定の期待をかけつつも、自分の眼で実際にその成果を確かめた時に全面的な評価をしきれずにいる松田の揺れが読み取れる。のちにアメリカの医学雑誌に比べてソ連のそれは「しろうとくさい」ものであったと告白しているが[15]、一九五〇年代前半の時点ではソ連医学の否定的な側面を宣伝することはなかった。むしろ認識の立場を前面に押し出し、冷戦のイデオロギー対立が学問世界に持ち込まれることを警戒した。

とはいえ、ソ連の学術論文にみられる権威主義的な引用やその水準の実際に触れることは、ソ連の共産党や社会主義に対する違和感を松田のなかに沈殿せしめた。スターリン批判以前の一九五〇代前半の時点で、ソ連の共産党やスターリン主義を冷静に認識し、それを美化することがない点は強調しておきたい。

二　共産党の戦争責任論の展開と知識人の自主性の追求——一九五〇年代後半——

（1）『昭和史』論争への参加

一九七九年から八〇年にかけて筑摩書房から全一六巻の著作集「松田道雄の本」が刊行された。松田にとってその刊行は、戦後における知的営為の総決算であった。第五巻の『私の戦後史』は知識人としての発言を収録したものであり、その解題で、「一九五六年という年は、私の戦後にとって転機であった」[16]と述べている。一九五〇年代後半は松田に限らず戦後日本の知識人にとって大きな転換期であった。

一九五六年七月に発行された『経済白書』は、復興の時代は終わり、もはや「戦後」ではないと新しい時代に入りつつあることを宣言した。日本社会の大衆社会化は急速に進展し、知識人や文化人の社会的、文化的基盤が変容し始めた。「文壇の喪失」が当事者によって実感され始めたのもこの時期である[17]。

論壇ではマルクス主義への批判的検討が顕著になった。その直接の契機となったのは、一九五六年のスターリン批判とハンガリー事件である。これらの事件は、ソ連共産党の指導者であるスターリンとソ連社会主義の国際的権威を失墜させるものであり、こうした権威に依拠し、スターリン主義的性格を持つ日本の正統派マルクス主義のあり方は大きく問い直されることになった。その一方で丸山眞男や鶴見俊輔、竹内好といった「近代主義」と総称された知識人やその諸理論の影響力が大きくなっていったのもこの時期であった。大衆社会論争の端緒となった松下圭一「大衆国家の成立とその問題性」が『思想』に発表されたのは一九五六年である。松下の大衆社会論には一九世紀の「近代」マルクス主義を、「現代」において捉え返し、社会変革理論として刷新しようとする課題意識があった[18]。

こうした論壇状況のなかで、マルクス主義歴史学者の遠山茂樹らが著した『昭和史』（岩波新書、一九五五年）の歴史叙述をめぐり歴史論争が交わされた。『昭和史』論争である。『昭和史』批判の論者としては亀井勝一郎の名前が現在ではよく知られているが、亀井とともにいち早く『昭和史』を批判したのが松田であり、同時代において松田の発言は注目を集めていた[19]。松田と亀井は同世代であり、両者ともに「私」の時代体験と照らし合わせて『昭和史』の歴史叙述とそれを遂行した歴史家のあり方を問題にした。

松田の『昭和史』批判の嚆矢は、『日本読書新聞』での書評「昭和をつらぬく疼痛を――『昭和史』をめぐって歴史家への注文」（『日本読書新聞』八四一号、一九五六年三月二六日）である。その後に『思想』に「戦争とインテリゲンチァ」（『思想』三八九号、一九五六年一一月）が掲載された。この論稿は立命館大学で一九五六年の夏に開催された日本史講座での講演録であり、「人のまえで自分と共産党との距離をはっきりさせた最初であった[20]」という点で松田の個人史において画期的な論稿である。また、『昭和史』論争の渦中で執筆された「知識人の役割」（『法政』五四号、一九五六年九月）は短文ながらも松田の問題意識や自己意識を鮮明に映し出している。以下では三つの論稿を検討することで、松田にとって『昭和史』批判がいかなる思想的経験であったのかを明らかにしたい。

松田は「戦争とインテリゲンチァ」論において、「何故、日本共産党が反ファシズム、反戦争の大衆的闘争を組織し得なかったか[21]」との問いを投じている。それよりも少し前に丸山眞男は『思想』で「共産党の戦争責任論」を問題にしている[22]。松田の議論は丸山に触発された面が少なくないように思われ、丸山の議論をより歴史実証的に展開し、共産主義運動に実際的に関わっていた自らの体験を通して共産党の実相に批判的に迫ろうとした。

松田は、『昭和史』の歴史叙述が「三二年テーゼ」の分析の上に成立している点は問題視していない。「人民の最大不幸」は「天皇制」に求めることができると言う。だが、「人民」には「天皇制」支配を受け容れるだけの「体験」

があり、「人民」の意識の上にその成立根拠を持っていた。なるほど「天皇制の廃止」は革命的インテリゲンチァにとっては魅力的なスローガンであった。しかし、「勤労人民」はそれを支持することはできなかった。結局のところ共産党は、「勤労人民」を反ファシズムの運動に組織化することに失敗したのではないか。松田は、共産党は「道義的責任」を果たしたと言えるかもしれないが、「政治的責任」は別に問われるとした。[23]こうした議論の運び方は丸山と相似している。

そして、松田はマルクス主義者が頻繁に口にする「人民から学ぶ」というフレーズを取り上げて、実際に「人民から学ぶ」ことができているのか、それはどういうことなのかと問う。松田は、「人民の言葉をそのまま受け取ることではなく、人民の意識するものを拠り所としながらも、人民の生態を研究して、彼の意識のなかに昇華してきたものの原型をさぐることとです。その原型としての体験のなかから人民の生活の必要を、どんな仕方で満足させるべきかをさぐりあてること、それが人民から学ぶことであります」と述べる。そして、史的唯物論では「体験」の持っている多義性や重層性を十分にすくい上げることができず、「マスコミュニケーションの理論」「社会心理学」「民俗学的方法」などの方法が有益であるとする。[24]こうした指摘には同時代の思想の科学研究会の大衆文化研究の思想と方法が意識されていよう。

ただし、松田はこの時点で「人民」を歴史の主体として考えているわけではない。この点に留意しておきたい。松田が「体験」に着目した文脈は、あくまでも日本の社会を改造（啓蒙）していく知識人の立場から「歴史を推進するエネルギー源」である「人民」をどう把握するのかというところにあった。松田が『昭和史』批判のなかで、「人間のエネルギーの発散を盛にするときには副腎のホルモンが出てこなければならないように、国民が国民としてのエネルギーを発揮しようというときには、民族的誇りというものが、国民に自覚されなければならない」と述べて、「民族的誇りは歴史以外のところに求め得ない。そういう意味で歴史教育は必要である」[25]と主張するのはこうした脈絡においてである。[26]

いま一度松田が提起した「何故、日本共産党が反ファシズム、反戦争の大衆的闘争を組織し得なかったか」との問いに戻ろう。

松田は革命的インテリゲンチァとして共産党の動きに注目をしてきた自身の立場から、三・一五事件と四・一六事件の間の一九二八年から一九二九年までの時期であれば「広い反軍運動」を組織し得る可能性があったのではないかと回想する。この時期は「共産党の大衆化という線でいくか、一歩退いて社会民主主義の線で合法的運動をすすめるか」の分岐点であり、共産党は「大衆化」路線を選択し、河上肇による新党運動を解党主義、合法主義として認めなかった。松田はそこに問題があったと言う。[27] 丸山は前掲「思想の言葉——戦争責任論の盲点」で、「共産党が独自の立場から戦争責任を認めることは、社会民主主義者や自由主義者の共産党に対するコンプレックスを解き、統一戦線の基礎を固める上にも少からず貢献するであろう[28]」と述べているが、松田の問題意識もまたそれに近かった。

ここで指摘すべきは、一方的に共産党の戦争責任をあげつらったわけではないという点である。松田が何よりも強調したのは革命的インテリゲンチァの主体性の問題であり、知識人としての自らの戦争責任であった。松田は、「昭和の初めの戦争反対の運動が成功しなかった理由」として、「プロレタリアのヘゲモニーの思想に執着して、日本共産党が、人民の自主的な運動の指導を独占しようとしたこと」とともに、「日本のインテリゲンチァが、プロレタリアにたいして不必要な劣等感を抱いて、自主的な反戦運動を、適当な時期に組織しなかったこと[29]」に言及する。

知識人による自主的な反戦運動を阻んだものは何か。松田が批判的に対象化したのは、かつて自身もそれに囚われていた「インテリ無力論」であった。それは、階級闘争のなかで「中間」層である知識人は没落していく存在であり、知識人が「社会の進歩に貢献」するには、「知識人が知識人たる資格を捨てて共産党や共産党の支配する組織に馳せ参ずる」以外にないとの議論である。[30] 松田が体験したマルクス主義は、コミンテルンの権威によって「福本イズム」が批判されて後に確立したもので、知識人を党のための道具と位置づけ、大衆団体を党の意志の「伝道ベルト」と位置づけるスターリン主義的体質を内包したものであった[31]。それだけに『昭和史』批判という仕方で松田がなした戦前の共産主義運動の歴史的総括は、松田流スターリン批判の実践という側面を濃厚に持つことになる。

松田の「インテリ無力論」からの解放は、戦前に医学部の読書会で出会い、卒業後は無産者医療運動に従事し、早逝した飯田三美や加藤虎之助といった党員学生活動家の死の意味を更新するものであった点にも注目したい[32]。『昭和史』論争以前の松田は、飯田や加藤のような清純な「殉教者」を前にして、マルクス主義の理論的正当性を認めながらも、党の指導に従わないで殉教を忌避し、生き延びた自身について勇気を持たぬ卑怯者であるとどこかで否定的に総括していたのではないか。現在からすれば、マルクス主義者としての主体形成の過程で自己への配慮を身につけていた松田の個性を評価しやすいが、戦後のある時期までは「劣等感」という感情に松田は支配されていたように思われる。

しかしながら、『昭和史』論争の過程で松田のなかに飯田や加藤の「殉教」は避け得たのではないかとする歴史過程において死の意味を検証する姿勢が明確に生まれ、ひいては共産主義運動の一環として展開した無産者医療運動において両名が命を落とさざるを得なかったことへの指導部の政治的責任を追求する論を展開するようになる。かくして、「人間の価値のとり扱い方の正しさにおいて天皇と共産党は、それぞれどうであったかを反省することが、これからの問題のように思う。昭和の歴史は昭和に生きた人間を主人公にしてほしい[33]」との発言がなされた。

急いで付け加えておきたいのは、松田にとって『昭和史』批判は歴史への問いであると同時に、現在への問いであった点である。高度成長による大衆社会化とそのなかで台頭してくる「中間層」をどう評価し、いかに組織化し、社会変革を実現するのかという同時代の課題と『昭和史』批判は松田のなかで二重写しになっていた。

以上の議論をまとめよう。松田にとって『昭和史』を批評する行為は、自らが身につけてきたマルクス主義を捉え返し、知識人としての自己のアイデンティティを歴史のなかで回復するものであると同時に、社会を変革する主体としての自己＝知識人を同時代の社会に再定位するものであった。その意味で松田にとって『昭和史』批判は過去と現在との対話であった。『昭和史』論争は知識人の主体論争という性格を強く帯びてもいたのである。

（2）「実学」型インテリゲンチア論の展開

次に「六〇年安保」前夜の松田の自己意識を見定める観点から、加藤周一・久野収編『近代日本思想史講座4　知識人の生成と役割』（筑摩書房、一九五九年）に寄せた松田の「日本の知識人」論文を検討しておきたい。松田の論稿は総論にあたり、近代日本の知識人を「類型化」し、その系譜を引くことで「知識人の生成と役割」を描き出そうとするものである。論稿には『昭和史』論争で焦点となった「インテリ無力論」を反駁する問題意識が濃厚にあり、近代日本の知識人「類型」のなかで松田が力を入れて論じたのが「「実学」型インテリゲンチア」[34]であった。

松田は日本の近代化を進めた原動力として維新の「志士」を評価する。「志士」とはロシア語の「インテリゲンチア」に対応しており、彼らがその精神性において日本の近代化である明治維新に果たした役割を正当に評価すべきであるが、これまでの日本の近代史研究では「志士」たちの運動を十分に評価することができなかったと言う。松田は、「明治の変革に参加した「志士」たちの運動を、精神が物質から制約される面においてとらえるのでなく、精神が与えられた状況において自由な選択をして成功した条件をさがして行くというやり方が、状況をつくりかえていく精神にとって必要なのではないか」と述べる[35]。土台―上部構造決定論的な歴史の見方を留保し、社会を変革する精神（エートス）に着目すべきだとの立場が鮮明にされる。

松田は「志士」を「インテリゲンチア」の層として捉え、彼らに共通する特徴として、一つは職業軍人としての主体形成、二つは攘夷論に端を発する欧米諸国への対抗意識、三つは人民に対する侮蔑意識とその裏腹にあるエリート意識、四つは「法にたいする相対観」を指摘する。松田によれば、「「志士」型インテリゲンチア」の代表は大久保利通である。「維新官僚」の理性をステイツマンの思想として松田が高く評価していることがわかる。

この論文全体を牽引する「「実学」型インテリゲンチア」は、時間軸で言えば「「志士」型インテリゲンチア」の後に出てくる。「「志士」型インテリゲンチア」が「資本主義の発展のレールをしいた」のに、「その上に列車をのせ、これを動かした」のが「「実学」型インテリゲンチア」である。(36)

松田によれば、「「実学」型インテリゲンチア」の「鮮明な表現者」は志賀重昂である。志賀は明治二〇年代のナショナリズムの思想を代表する知識人であり、その思想的特質として挙げるのは以下の四点である。一つは、「民族国家としての独立」を追求したナショナリストで、「西欧民主主義の退廃」も理解していた点。二つは、「支配権力に対するリアリスティックな態度」を取った点。三つは、志賀の言う「勢力温存旨義」。社会の改造を試みるのに、現実政治の力関係を見定めた上で実利を得ようとするプラグマティックな態度を有していた点。松田はこの態度があることから志賀が「非合理的な復古主義」に進まなかったと言う。四つは、「その社会的基盤をミドルクラスにおいている点」である。(37)

松田は、志賀のような、「中間層」に依拠しながら、「改良主義」的に社会変革を現実的に推し進めようとする健全なナショナリストの知識人を日本近代史のなかで高く評価したのである。

その上で、松田は「「実学」型インテリゲンチア」を社会層としても捉え、「職業的自然科学者や医師や技術者だけにかぎる」のではなく、「民族国家の意識、支配権力にたいする柔軟な態度、実力主義、ミドルクラス中心、改良主義を生活の指針としてもったもの」として定義し、そこに「狭義の自然科学者だけでなく、藩閥政府と密着した政商に反感を持っていた実業家」をも含めて考えたいとも述べている。(38)

松田は「帝国主義」とナショナリズム（国民主義）の歴史的段階性を意識し、ナショナル・デモクラシーの発想と論理を普遍的なものとして歴史のなかから抽出しようとしていた。同じ「日本主義」であっても明治二〇年代の志賀重昂と、明治三〇年代の高山樗牛では性格が異なり、高山については、「日清戦争の勝利の快感にひたった官学出身の観念論的文筆業者の帝国主義礼賛」だと厳しい。また、社会層としての「「実学」型インテリゲンチア」についても、「日清戦争の勝利があたえた国民的な広さにおける解放感が、彼らの藩閥政府への違和感をふきとばしてしまった」と述べて、経済的侵略主義に帰着してしまったと結論づけている。(39) こうした松田のナショナリズム理解は丸山眞男から多くの示唆を得ているようにも思われる。(40)

さらに松田は、「日本マルクス主義者という型のインテリゲンチア」を問題にする。松田は、日本マルクス主義者は「日本のミドルクラスのなかでは、非常に大きな機能的比重をもっている」ところの「「実学」型インテリゲンチア」を「自分の味方にすることができなかった」がために、「支配権力の弾圧によってかんたんに押しつぶされた」と述べる。(41) ここでも『昭和史』論争の論点が反復されていることがわかる。

その上で、本稿で注目すべきは、マルクス主義の理論的立場を承認しながら「実質的には戦争に協力したが、精神において戦争を拒否したインテチゲンチア」について、あるいはまた「牢獄のなかで正統を護持していた日本マルクス主義者」との対比で「転向者」「脱落者」「書斎派」と称されるようなマルクス主義者について、「巨視的マルクス主義」という表現を与えて彼らの知的活動を高く評価したことである。松田は「娑婆に居残ったこと」は、「日本のインテリゲンチアの思想の容量をいろいろの意味で大きくした。彼らのある者は軍隊にはいることによって、日本の人民と起居をともにして、その実体に触れることができた。ある者は農村に帰って農民と接触した。ある者は捕虜として中国やソ連に残されることによって、社会主義をいちばん下の層から見ることができた。それらは、かつての日本のマルクス主義者に欠けていた体験であった」(42) と述べている。

「巨視的マルクス主義者」は、「「実学」型インテリゲンチア」の精神性や発想と論理を受け継ぐ類型として松田によって捉えられている。マルクス主義者としての矜持と全体主義への抵抗を意識しながら、あくまでも結核を専門とする衛生官僚として総力戦体制を実務的に支えた松田もこの類型に含まれる。言うなれば、「日本の知識人」論文は近代日本の知識人史のパノラマのなかに自らを位置づけ、そのあり方を歴史的に肯定するものであり、松田の主体的契機が賭けられた思想作品という面を持っている。

この論稿に限らず松田の思想史研究は知識人の思想研究であり、松田自身の思想作品としての性格が強く出ている。それだけに松田論としてはその歴史叙述に伏在する主体的契機を読み解くことが重要な作業となることも併せて指摘しておきたい。

三　主体形成の方法としてのナショナリズムへの期待と断念――一九六〇年代前半――

「六〇年安保」を契機として「市民主義」の思想的潮流は台頭する。マルクス主義の思想的影響の強かった戦後日本の知識人にとって「市民社会」はブルジョア社会のことを意味し、それは克服すべき対象であった。また、「市民」という言葉にはネガティブな意味合いが込められていた。ところが「六〇年安保」では、労働者・農民、学生というカテゴリーに収まらない人びとが登場し、社会を変革する主体としての「市民」が主題化されるようになる。

松田は「六〇年安保」をどのように受けとめたのだろうか。論稿「知識人におけるネーション――今日に課せられた問題」（『思想の科学』二五号、一九六一年一月）を見ておきたい。

松田は久野収の著名な「市民主義の成立」に言及し、「市民運動とは、職業人としての自覚にたったこのような運動のことだといってよい。こうした動きは労働者としての動きとは別に考えられてよいし、協力する場合もあるし、並行する場合もあるだろう。〝民主主義をまもる学者、研究者の会〟が短時日のうちにあれほど大きな組織力と影響力を持つことができたのは、たぶん学問にたずさわる職業人の共通の立場を自覚したからだ」との文章を引用する。松田はそれに続けて、「この言葉はあたりまえのことのように聞こえるかもしれないが、知識人は労働者階級に吸収されて階級闘争に参加する場合にだけ存在価値があるという呪文から、三十年の歳月をかけてやっと脱出した日本の知識人の思いがこめられている[43]」と述べる。

松田が「六〇年安保」に関わって積極的に論じたのは「市民」ではなく、あくまでも自己＝「知識人」であった。その議論は『昭和史』論争の過程で表明した「インテリ無力論」に対する批判意識によって裏打ちされていた。

その上で松田の議論の面白さは、「理科系知識人」の組織化が課題として残ったという総括にある。「六〇年安保」は「人文系知識人」が主力であり、「知識人の運動は、共同戦線の必要上、労働者の運動と並行してしまった」。その何が問題なのかといえば、それでは「大学職員組合運動と区別できない」という。松田の念頭には大学「教職員」というカテゴライズはなかった。松田にとって「大学教員」は「大学職員」と区別される「知識人」として把握されていた。そして、「理科系知識人」にも働きかけ、「知識人をその職業的自覚の元に結集し、進歩（この言葉の意味がまた重大であるが）の側に一歩進める別の道をさがさねばならない」と指摘した[44]。

「理科系知識人」の組織化はいかにして可能か。松田は、「理科系の知識人は知識人として自己を形成する過程で、人文系の知識人以上にナショナルなものにかかわる」と述べる。そして、「人文系の知識人が理科系知識人に共通の目的として示す未来像のなかにネーションとしての日本の姿をもっとはっきり浮かび上がらせること、それが今日、人文系知識人に要求されている役割」なのであり、「革命前のロシアの知識人の未来像にはロシアの経済発展に関する明確な概念が欠けていたという指摘があるが、体制から疎外された知識人の国策からの自由感のあらわれとしてすますべきものでなく、やはりロシアの知識人の人文的かたよりと考えるべきであろう」と結論づける[45]。

以上の議論は、松田の「「実学」型インテリゲンチア」論と照合することでその射程が見えてくる。

松田は社会層としての知識人に固有の社会変革機能を見出している。松田のなかで知識人とは「体制から疎外」された孤立した批判者であることを単純には意味しない。松田は、明治二〇年代のナショナル・デモクラットを知識人のあるべき一つの姿であると理念化していたのであり、柔軟性と野党性を持った知識人の政治参加に価値を見出す発想と論理を有していた。松田は「六〇年安保」に臨んで、「市民」ではなく、「知識人」を論じたのであり、「市民的抵抗」や「市民的自由」という次元で議論を展開したわけではない。

前節で言及した松田の論文「日本の知識人」は、「日本のナショナリズムは植民地を持たない時にもっとも健全であった。その健全性が日本のミドルクラスをとらえた。日本のミドルクラスはもう一度健全なナショナリズムによってとらえられるべき時が来たように思う。戦後の世代がこの健全なナショナリズムを復活させてくれることを期待する」(46)との文章で締められている。先述したように、『昭和史』論争では松田は「民族的な誇り」を満たす歴史教育の必要性を強調した。民主主義を担う国民という主体を形成するためには健全なナショナル・ヒストリーが必要だと考えていたからである。

このように一九五〇年代後半から六〇年代初頭にかけて、松田は社会変革の主体形成の方法としてナショナリズムに着目していた。しかしながら、こうした松田の主体形成論は高度成長による急速な大衆社会化が進展するなかで揺らぎ、その有効性についての確信を持てなくなる。

一九六三年の論稿「ナショナリズムの反省と展望」では、「階級対立をそれとしてみとめながら、なお国民全体に共通する利害が存在しないか」という観点から一九六二年の一年間、「かなりたん念に毎月の雑誌をよんで、新しいナショナリズムの目標となるような課題をさがしたが、ついに求めえなかった」。そして、「ナショナリズムを機能的概念としてとらえ、日本を国際政治社会の落伍者たらしめないために利用しようというような合理主義的な発想では、ナショナリズムはとらええないのではないかという疑問に私は、いまふかくとらわれている」との反省を述べて

いる。(47)

ここで注目すべきは、「あたらしい居住の様式としての団地に私は期待せぬではないが、それはまた道理の教えとしての「世教」しか信じないのではないか。あたらしいナショナリズムの前途は容易ではない」(48)との言葉でこの連載を締めていることである。松田は「ふるいナショナリズム」＝保守と、「あたらしいナショナリズム」＝革新という対立図式のなかで、「ふるいナショナリズム」がシンボルとしての「郷土」に依拠しうるのに対して、革新派はいかなるシンボルに依拠できるのかを模索したが、探し得なかった。松田は一九六〇年代前半の大阪府枚方市香里団地の保育所づくり運動に関わっていたが、社会全体の変革に接続しきらない個別の生活要求の実現という局面において捉えていたようにも見える。「市民運動」による社会変革、公共性の実現という発想と論理はこの時点の松田には明確ではなかった。

社会変革におけるモラルやエートスを重視する松田は、同時代の社会主義の構造改革論に対しても冷淡であった。論稿「「理想」の衰弱——「安保」から三年」(『思想の科学』一五号、一九六三年六月)のなかで松田は、「構造改革の理論というのは、平和共存体制のもとで、「歴史的必然」がオートメーション的に作用し、ある日、無邪気なブルジョアが気がついたら権力をなくしていたというようなことのようですが、トカチョフの持っていたような「必勝の信念」の喪失の産物だと思うのです」と述べた上で、「私には「理想の魔力」が、もはや社会主義とはむすびつかないものかどうか、そこのところをもっとはっきりしなければならぬ」と自問し、「二十世紀末の人類は、十九世紀末の人類が革命にたいしていだいたような理想を、果たして何にかけるべきかということだ」(49)と読者に投げかける。

こうした一九六〇年代前半の主体形成の思想や方法をめぐる松田の逡巡は、松本礼二の表現を借用すれば、「革命とデモクラシーのあいだ」と名づけることができるだろう。(50)

ここでいうデモクラシーとは「社会的平準化」の意味である。松田には、大衆社会化が進行していくなかで現在との質的断絶を伴う超越的なユートピアの思想や革命的精神といったものが衰退していくことへの危機意識が強くあった。高度成長の社会は民衆の日常生活の構造や生活意識を変容させ、現実とその豊かさを肯定する物質主義的な社会潮流を作り出した。思想からは規範性が失われ、禁欲的な主体形成の発想と論理の有効性や現実性は見えにくいものになっていった。しかしながら、現実を無批判に受け入れてそこに安住する生き方ほど松田が嫌悪したものはない。社会変革のモラルへの固執と探求こそが松田の歴史的個性を形づくってきたのである。(51)

こうした松田の歴史的個性と同時代への違和感は革命思想史研究の志向性や手つきに影を落とすことになる。

松田の思想史研究の領域の一つにアナーキズム論がある。松田は『現代日本思想大系16　アナーキズム』（筑摩書房、一九六三年）の編集・解説を担当している。そこでは大杉栄のアナーキズムが中心に取り上げられている。松田は大杉について、「最下層の人々」とつきあい、知識人でありながらも、反知識人主義の立場に身を置いた点を評価する。「民衆的知識人」としての大杉を松田は捉えたと言い換えられる。そして同書の解説において、「理想的状況に到達するには、私たちは「個人」を支える一次集団のモラルを外延的に推し進める方法によって可能であるのか、それとも一次集団を支えるモラルとは別個の階級という二次集団を支えるモラルを設定することによって、一次集団のモラルを無視し、「個人」を階級のために犠牲としていいか(52)」との問いを投げかけている。松田はアナーキズムの思想に学び、国民国家に回収されない下からの「共同性」（社会）を模索していることがこの記述からはうかがえる。

一九六〇年四月から桑原武夫から招聘されて京都大学人文科学研究所に関わるようになる。松田は、「ブルジョワ革命の比較研究」と「文学理論の研究」の二つの共同研究に参加した。その成果は、「日本およびロシアの初期社会主義――ゲルツェンと北一輝」桑原武夫編『ブルジョワ革命の比較研究』（岩波書店、一九六四年）と「社会主義小説の濫觴――木下尚江について」桑原武夫編『文学理論の研究』（岩波書店、一九六七年）の二本の論文に結実している。両者ともに初期社会主義を問題にしており、そこに松田の当時の問題意識がよく現れている。

前者の論文ではゲルツェンと北一輝の社会主義思想が「土着」的であることを評価する。それは松田自身が体験した「昭和マルクス主義」の輸入学問的性格に対する批判と背中合わせの位置にある。松田はマルクス主義の歴史の必然性論を捉え返し、具体的な社会の現実に根ざした経験主義的な社会変革の理論を評価した。

その延長線上で労農派の社会主義者である「山川均」の再評価も手掛けた。松田は、山川の「みずからをよわい人間と意識し、あくまで自分の能力に密着し、大言壮語することを快しとしなかった」人間性を紹介し、こうしたパーソナリティの持ち主は「革命家」たりうるかと問いかける。山川は自身の生涯を通じて、「「十人並の人間」が参加できる革命という思想」を打ち出したのであり、「ロシアで十九世紀の後半をかけてつくりだされた職業革命家による中央集権的な秘密組織による革命の思想とはあいいれるものではない」と結論する。(53)

松田はかつて福本イズムに遭遇し、マルクス主義者となった。福本イズムは山川イズムの折衷主義的性格を否定して登場してくる。松田の山川論は福本イズムによって否定された山川イズムを歴史のなかに発見するものであり、こうした知的作業は自らが内面化したマルクス主義の歴史的性格を問い直す自己省察という性格を持っている。松田の山川の人間としての弱さに着目し、普通の人びとにとっての「革命」を問おうとする発想と論理は次節で取り上げる「支配の論理と抵抗の論理」論にも通じている。

四　「市民」と「市民運動」の発見――一九六〇年代後半――

(1)「市民運動」の発見

一九六〇年代中葉になると松田の知識人としての自己意識に変化がみられる。自己意識は他者意識と対になるものであり、その変化は松田の他者意識の変化を伴うものであった。結論をやや先取りして言えば、松田は知識人にとっての「他者」である「市民」を発見することで、知識人としての自己を問い直すことになった。その契機として大きかったのは一九六〇年代の保育運動への参加であった。松田は一九六〇年から関西保育問題研究会の会長に就き、同時代の保育運動の理論的支柱として活躍した(54)。

松田は河野健二との対談「マルクス主義と日本人のであい」（『思想の科学』四四号、一九六五年一一月）のなかで次のように発言している。

私がいまいちばん力を入れてやっている仕事というのは、保育所における保育者たちの組織の問題ですけれどもね。そこでやっている組織の運動から得た経験なんですけれども、そういう中で、自分というものの利益を考えないで、保育の仕事そのものを愛してやっている人たちがいちばん誠実に仕事をやり、いろいろな組織運動をやっているということをみていると、そういう人たちを信用するしかないということになるわけですね。

そういう人たちがどこまでも少数でとどまれば成功しないわけだけれども、だんだんそういう人たちがそこで子供を預けているお母さんを仲間に引き入れ、その旦那さんを引き入れるというふうにして、力が強く大きく伸びていく。その中になにかネーションというか、そういうものが出てくる。頭からこれは国益であるというふうに押しつけて、全体の人民を統一していくというのは困難だと、だんだん思うようになりました。どこまでも私というものからいっぺん築き直そうという、そういう考えなんですけどね(55)。

松田はこの時点で健全なナショナリズムによる上からの国民形成の課題を断念している。「どこまでも私というものからいっぺん築き直そう」との松田の発言からは、知識人が改革の理念を掲げて大衆を組織化することで社会を改造するプロジェクトはもはや困難であるとの認識が生まれていることがわかる。そして、同時代の保育運動については、「私」と「私」とがつながり、社会を変える力としての運動を形成していき、社会を実際に変革していく道筋を見出している。「その中になにかネーションというか、そういうものが出てくる」という表現をつかまえれば、松田の言説のなかに市民的公共性論の萌芽を見出すことができる。(56)

他方で、松田はベトナム反戦の「市民運動」が始まり盛り上がりを見せていた一九六六年の時点で「市民運動」に対する物足りなさを、「京都べ平連」代表の飯沼二郎との対談で次のように率直に語っている。

わたしの場合はみなさんが支援してくださるということもあって、個人の経験が一般につながるという恵まれた場所におりますが、いまの日本の状況は個人の自覚さえあれば、身のまわりの問題を社会全体の問題になしうるかというとそうではない。マス化された社会を動かしているものは官僚機構で、それに対してひとりひとりの力は絶望的に小さくなっている。それをどうやって動かすか。市民運動をやっていけば必然的に社会を動かせるか、というとむずかしいですね。(57)

ここで松田は「市民運動」に対して全体状況を見失った個別主義に陥る危険性を嗅ぎ取っている。この時点で「市民運動」を手放しで評価しているわけではないことに留意しておきたい。

一九六〇年代後半の松田は、保育運動と「べ平連」運動とを時には比較対照させながら「市民運動」に関する思考を深化させていく。松田が関わった保育運動は一九六〇年代後半になると共産党系の大衆団体としての側面が押し出され、運動が当初持っていた自主性・自発性、下からの運動という性格が後退していく。それにともない松田は保育運動を「市民運動」の対立物として論じることが多くなる。他方で松田にとって「べ平連」はこれまで経験したことのない運動であり、その新しさを評価した。松田が「市民運動」に一定の確信を持つようになるのは、「べ平連」運動の展開によるところが大きい。これまで松田と「べ平連」の関連についてはあまり論じられてこなかったが、松田における「市民主義」を考える上で逸することのできない課題である。

（2）「べ平連」論の展開

「べ平連」の代表だった小田実は、松田の訃報を受けての談話で「すでに高齢だったこともあり、街頭に出るよりも思想家としての活躍が大きかった。反権力意識が強く、当時その存在は非常に重かった」（『京都新聞』一九九八年六月三日）と述べている。

小田が編集した同時代の「べ平連」論のアンソロジー『べ平連とは何か――人間の原理に立って反戦の行動を』（徳間書店、一九六九年）には、松田の二本の論稿が収められている。「支配の論理と抵抗の論理」（『展望』一一八号、一九六八年一〇月）と「デモは悪いことか」（『朝日新聞』一九六九年七月二日）である。

「デモは悪いことか」は、「京都べ平連」の機関誌『ベトナム通信』誌上で飯沼二郎と学生活動家との間で「デモ」の理念と方法をめぐる論争があり、そのやりとりを念頭に執筆されたものである。松田は飯沼寄りのスタンスに立ち、デモは市民の表現の自由であり、学生運動が「べ平連」に寄生する仕方でラディカルなデモを行なうことを戒め、「べ平連」らしい「市民の平和な形の、自由に参加できるデモ」の大切さを訴えた[58]。

「支配の論理と抵抗の論理」は、「べ平連」主催の一九六八年八月の京都での「反戦と変革に関する国際会議」についての論評であり、同時期に展開した松田の社会変革の発想と論理がよく現れている[59]。その根底には軍隊と官僚制を持たない「革命」というものはありうるのかとの根源的な問いが伏在していた。

松田は同時代の日本社会について、「議会制民主主義という形で、独裁制とたいしてかわらないことがおこなわれる。少数者が多数者を支配することは、資本主義社会だろうが、社会主義社会だろうが変わりはない。支配の論理は完成した[60]」と極めて悲観的な時代認識を示している。ここでの「管理の完成した社会」とは、「労働者大衆」が「変質」し、「一部を本当の被害者にして、あとの人たちを体制の擬似的享受者にしてしまった」社会を意味している。いまや「労働者大衆」は体制内化し、支配体制によって操作対象として客体化されている。しかしながら、「労働者大衆」はそのことを意識化することができない。二〇世紀後半の現代にあっては、「革命の運動が、労働者大衆の運動であるという一九世紀の理論があてはまらなくなっている[61]」と言う。

言うなれば、松田のなかで「革命」の時代は終わったのである。国家権力を奪取することで体制転換を目指す「革命」は不可能であり、現在においては管理社会化になんとか抗いながら個人の自由の領域をどれほど確保しうるのかとの陣地戦を松田は意識していたのではないだろうか。だが、「べ平連」に加わってくる「新左翼」の学生たちは、既成のマルクスの革命理論に依拠して、「革命」による社会変革を標榜していたのであり、松田はその時代錯誤を痛烈に批判した。先述した「反戦と変革に関する国際会議」の場では、「新左翼」の学生を前に次のような発言を行なっている。

今の学生は、反スターリン！　反スターリン！　反スターリン！　要するに、反代々木ということを反スターリンって言っているだけだ（笑い）。いったいスターリンとレーニンとどこが違うかということを勉強したことがあるのか、ないのか。それはロシア語を読まないと絶対にわからない。ロシア語の文献にあたって、いかにロシアの中でレーニン主義とスターリン主義とが密着しているかということを読まないとわからない。ロシア語で読まないとだめだよ。きみたち学生だ。他の労働者たちが働いている間、そりゃ、棒もって戦ったっていいけれども、勉強もせにゃあいかんよ、勉強も（笑い、拍手）[62]。

松田は、「闘わない既成左翼、闘う新左翼」というような二分法に与することはなかった。「新左翼」については、「反スターリン」を掲げるものの、その内実は「反代々木」という表層的な党派の主導権争いの次元にとどまるものであるとした。トロツキーに依拠するといっても、彼もまた職業革命家であり、社会変革のための組織論を持っていないとの認識に立っていた。

翻って「既成左翼」に対しては、フルシチョフによるスターリン批判の不徹底を引き合いに出しながら、「今日、人をさして「トロツキスト」という人間は、一九二四年にトロツキズムという名が鋳造されるにいたった事情をどれだけ知っているのか」と、ロシア革命史研究の知見からその軽薄な物言いを戒め、「「トロツキスト」という用語で相手を非難することは、自分をスターリンの立場におくことである。スターリン批判をいいながら「トロツキスト」ということばをつかうほど矛盾したことはない(63)」と指摘する。

レーニンについて松田は、「革命家だったにちがいないが、彼が政治家としての可能性を開花させたのは権力を掌握してからだ。だから彼の偉大さは、大戦、内乱、干渉、経済的破滅をくぐりぬけて権力を維持したことにある」と評価し、レーニンが指揮したボリシェヴィキについては「権力を奪取するための極度の中央集権による、献身的革命家の党」であり、「この軍隊式な党が、権力奪取にも、奪取した権力を維持するためにも極めて有効だった(64)」と述べて、その革命理論が統治者の側からする政治技術論的な性格を特徴としていることを指摘する。さらには、マルクスの革命理論は、管理社会化のなかで求められる体制によって蹂躙、麻痺させられている「人間性」を回復する課題に答えることのできる社会変革の理論たりうるのか、その現在における有効性に踏み込んだ。その背景には、中央集権的な組織化・機構化のなかの決定権を剥奪される無力な個人という点で、マルクス主義の革命理論と管理社会の発想と論理はことのほか通じているとの松田の見方があった。

管理社会を変革する社会変革の運動と思想は、「支配の論理」を問い直すものでなくてはならない。こうした点で

「べ平連」は従来のマルクス主義の革命理論とは異なる、新しい社会変革の思想と運動であると松田の目には映った。松田は「市民運動」の特徴を「指導を排して自発性の原理に立つ」点に見ており、その点が明確なのが「べ平連」であると述べる。「べ平連」は、「規約もなければ、役員もない、参加してもいい、しなくてもいい、自分の能力でやれるだけのことをするという者の集りであるとはっきりいったことは、従来の組織でないと何もできないという思想への大きな挑戦」であり、実際にそれに成功したと松田は見ていた[65]。

松田の「べ平連」論は、『昭和史』論争に端を発する革命思想史研究の成果に立脚し、マルクス主義が体現している「支配の論理」との対比で、「市民運動」に固有の社会変革の思想と方法を「抵抗の論理」ないし「被害者の論理」として抽出するものであった。

松田は管理社会を外側から対象化して変革するのではなく、管理社会を批判するポジションを管理社会のなかに置こうとした。そうであるからこそ、「みずからを支配者にまで上昇させることのない、被害者の立場の固執」という方法的態度が採用された。松田は、「抵抗の論理の最後のよりどころは、個々の人間のもつ基本的人権」であり、「つねに最初の契約にたちかえって、支配者にたいして、基本的人権の擁護をまもらせる、それしか、私は人間疎外にたいして抵抗する方法を知らない」と述べる[66]。

市民が解決に向けて取り組む社会問題は体制選択の問題にかならず行き着くという発想と論理は、革新政党が大衆運動に対する優位性や指導性を発揮することの根拠と言えるだろう。しかし、一九六〇年代後半の松田は歴史の必然性を否定し、資本主義社会のなかで提出された問題を個別具体的に解決する過程で、「市民的自由」や「基本的人権」の水準を社会のなかで高めていこうと考えるようになった。もはやマルクス主義の革命理論が有している全体認識に優位性を認めるのではなく、「市民運動」の部分性こそが「市民運動」に固有の社会変革の特徴であると認めるようになった[67]。

こうした「私」からの社会変革、つまりは「市民運動」の時代にふさわしい知識人として松田は小田実を認めていた。最後に松田の小田論に触れたい。

松田は小田の存在について「新しい事件」だという。それは自らとは異なる知識人性をそこに見出しているからである。松田によれば、小田が「革命的」な存在であるのは、「理論がなければ革命的実践の場にはいってはならぬという入場制限を撤廃したこと」であり「指導するのは、地域人であるという身分制を撤廃したこと」であると指摘し、「小田実は、「人民のなかへ」行ったのではない。小田実は「人民とともに」いるのではない。小田実にとって、「人民、それは私だ」である」という。「人民、それは私だ」というのは、小田が「自分を人民と区別しない知識人」であることを意味している[68]。

さらに松田は小田の「饒舌」や「喋る」スタイルを高く評価する。小田の「喋り」には、権威主義的な引用がなく、そうかといって反知性主義に与することなく、豊富な知識とそれを裏打ちする「論理」が貫いているという。松田はそこに小田の判断力の確かさと「さわやかさ」を見ている[69]。

松田も小田も、社会を変革する機能として知識人の思想と実践を把握し、知識人として立とうとする自己意識を管理社会化のなかで保ち続けることに積極的意味を見出していた[70]。知識人としての自己意識を持つとは、周囲の民衆との切れ目の意識を伴うものでもある。

高度成長による社会の大衆化・平準化のなかで社会を変革しようとする「知識人」に求められるのは、「人民」を指導し、マルクス主義の革命理論によって民衆を組織化することではない。そうしたことはもはや不可能である。そうではなく、「人民」と目線を合わせつつ、目を凝らせば浮かび上がってくる「知識人」と「人民」のあいだにある社会的・文化的断層を無視せずに、しかしあくまでも社会を変革していくための「連帯」＝「市民運動」を構築していくことにある。

以上は小田が一九六〇年代前半にすでに展開していた知識人論を、松田が一九六〇年代後半に読み、その解説を執筆するなかで得た結論であった。

おわりに

「松田道雄の本」の第四巻『私の市民感覚』の解題「市民とインテリゲンチア」では、「この巻には市民ということばがよくでてくる。市民とは何かを、いろいろの角度から定義しようとしている。社会学とか政治学とかをやっている人からみると、ここにでてくる市民の定義は、学界でみとめられているものとちがうだろう。それは当然のことと思う。市民ということばに私がたどりついたのは、まったく私個人の事情によるものだからである(71)」と述べている。

ここでは松田の「たどりついた」との感懐を重く受けとめたい。松田といえば、平易な言葉で「市民」の思想を語った点が思想家、知識人としての特徴として挙げられるが、本稿ではそこに至るまでの精神的軌跡を思想的経験とでもいうべき位相に着目することで描き出そうと試みた。

松田は高度成長期の「市民運動」に関わるなかで、知識人とは相対的に区別される他者である「市民」の側にもその視線を向けるようになると同時に、自らが内面化していたマルクス主義の立場を「支配の論理」として問い直し、「べ平連」運動に代表される「市民運動」の思想と方法に「抵抗の論理」ないし「被害者の論理」を発見する。

松田の「市民主義」には管理社会批判の性格が濃厚にある。「まき込まれる」側の「市民」の立場から国家や社会の権力支配的なあり方を批判するものと言い換えられる。被統治者である多数派の人びとが「支配の論理」を受容してしまえば、自らが権力に支配されているということ自体を意識できない。それだけに松田は社会全体の「基本的人権」や「自己決定権」の意識を高める必要を痛感し、人間の「自発性」を何よりも重視したのである。

こうした松田の思想的営為には高度成長の社会を内側から問い直す批判精神の輝きがある。その光芒を私たちの社会が見失うところに「「安楽」への全体主義」（藤田省三）は始まると言えるのではあるまいか。

注

（1）桜井哲夫「子どもに自由を――松田道雄の仕事」同『可能性としての「戦後」』講談社、一九九四年、新藤謙『「明治的支配」と市民思想――暗い夜を前に松田道雄を読みかえす』田畑書店、二〇〇二年。最近の松田論としては高草木光一『松田道雄と「いのち」の社会主義』岩波書店、二〇一八年があるが、松田の歴史的個性への関心は乏しい。この点は、拙稿「松田道雄研究の課題について」『立教大学教育学科研究年報』六二号、二〇一八年を参照。

（2）松田の知識人像と民衆観の変容に着目するという問題関心は、赤澤史朗・北河賢三・黒川みどり編『戦後知識人と民衆観』影書房、二〇一四年による。

（3）松本礼二「知識人の時代と日本」『思想』八七二号、一九九七年二月、一七頁。

（4）拙稿「松田道雄における転向と戦争経験」渡辺秀樹・有末賢編『多文化多世代交差世界における市民意識の形成』慶應義塾大学出版会、二〇〇八年。

（5）松田道雄『幸運な医者』岩波書店、一九九八年、四頁。

（6）松田道雄『私の読んだ本』岩波新書、一九七一年、一八〇頁。

（7）同前一五七―七八頁。

（8）同前。

（9）同前。

（10）安田常雄は戦前の共産主義運動を支えた人間類型について、「健康で真面目、教育水準も高く学校の成績のよい青年層（独身者）」であったと指摘する（安田常雄「マルクス主義と知識人」『岩波講座日本通史18　近代3』岩波書店、一九九四年、二一〇頁）。松田はまさしくこの人間類型にあてはまる。

(11)「五〇年問題」については小山弘健『戦後日本共産党史』(こぶし書房、二〇〇八年)ほかを参照。
(12)前掲松田『私の読んだ本』一八七—八頁。
(13)同前一九一頁。
(14)松田道雄「サウェート医学の動向」『思想』三六四号、一九五四年一〇月、一〇七、一一五頁。
(15)前掲松田『私の読んだ本』一九一頁。
(16)松田道雄「強いものと弱いもの」『私の戦後史』筑摩書房、一九八〇年、二八一頁。
(17)山岸郁子「「文壇」の喪失と再生——「週刊誌」がもたらしたもの」『文学』五巻六号、二〇〇四年一一月。
(18)小島亮『ハンガリー事件と日本』現代思潮新社、二〇〇三年、拙稿「松下圭一——高度成長期の変革思想」大井赤亥ほか編『戦後思想の再審判』法律文化社、二〇一五年を参照。
(19)拙稿「昭和史論争のなかの知識人」大門正克編著『昭和史論争を問う』日本経済評論社、二〇〇六年も参照。
(20)前掲松田『私の読んだ本』一九六頁。
(21)松田道雄「戦争とインテリゲンチァ」『思想』三八九号、一九五六年一一月、一一九頁。
(22)丸山眞男「思想の言葉」『思想』三八一号、一九五六年三月。
(23)前掲松田「戦争とインテリゲンチァ」一二〇—一頁。
(24)同前一一四頁。
(25)松田道雄「『昭和史』批判」『現代史の診断』拓文館、一九五七年、一〇—一頁。
(26)松田は一九六二年に中学生向けに『君たちの天分を生かそう』を書き下ろす。そこで松田は、「ぼくは日本はいい国だと思う。太平洋戦争にまけたけれども、それくらいで日本のいいところはきえない」、「日本のいいところは、日本の国民が能力があるということだ。世界にたくさんの国民がいるが、そのなかで日本の国民は優等生の部にはいると、ぼくは思っている」、「日本の国民はながいあいだ海の中のはなれた島にすんでいたから、能力をしめす機会がなかった。しかし、一〇〇年ちょっと前に、世界の仲間入りをするようになると、日本はその実力をあらわしはじめた。……こんな早く野蛮国から文明国の仲間入りをした国は世界の歴史にかつてない」(松田道雄『君たちの天分を生かそう』筑摩書房、一九六二年、一九四

—五頁）と述べている。これは松田流の「民族的誇り」のある歴史叙述であり、『昭和史』論争における応答の一つといえようが、松田が「近代化論」のイデオロギーに束縛されていたことを明るみにする。

(27) 前掲松田「戦争とインテリゲンチァ」一一八—九頁、一二一—二頁。
(28) 前掲丸山「思想の言葉」一〇五頁。
(29) 前掲松田「戦争とインテリゲンチァ」一二二頁。
(30) 松田道雄「知識人の役割」前掲松田『現代史の診断』四三—五頁。
(31) 石井伸男「スターリン主義の受容と克服」同ほか『モダニズムとポストモダニズム』青木書店、一九九八年を参照。
(32) 前掲松田「『昭和史』批判」。
(33) 同前七頁。
(34) ここでいう「実学」とは「実地の学問」のことを意味しており、福澤諭吉の『福翁百話』から松田が切り出したものである。
(35) 松田道雄「日本の知識人」加藤周一・久野収編『近代日本思想史講座4　知識人の生成と役割』筑摩書房、一九五九年、一二頁。
(36) 同前二四頁。
(37) 同前二七—三六頁。
(38) 同前三六頁。
(39) 同前三五—九頁。
(40) 宮村治雄「ナショナリズムにおける「戦中と戦後の間」」『戦後精神の政治学』岩波書店、二〇〇九年を参照。
(41) 前掲松田「日本の知識人」四九—五〇頁。
(42) 同前四七—五五頁。
(43) 松田道雄「「知識人におけるネーション——今日に課せられた問題」『思想の科学』二五号、一九六一年一月、三頁。
(44) 同前四頁。

(45) 同前七頁。
(46) 前掲松田「日本の知識人」五五頁。
(47) 松田道雄「ナショナリズムの反省と展望」『日本知識人の思想』筑摩書房、一九六五年、九二―五頁。
(48) 同前九五頁。「世教」という言葉は、松田が理想とする明治二〇年のナショナリズムの理論家である西村茂樹『日本道徳論』から借用したものである。
(49) 松田道雄「理想の衰弱――「安保」から三年」『思想の科学』一五号、一九六三年六月、五頁。
(50) 松本礼二『トクヴィルで考える』みすず書房、二〇一一年を参照。
(51) 松田は臨床医であり、「「実学」型インテリゲンチア」でもあった。知識人に特有の観念的なラディカリズムに対する批判も併せ持っていた。松田が「全共闘」運動に一定の共感を持ちつつも批判的であったのはこのことと関わっているように思われる。
(52) 松田道雄「解説　日本のアナーキズム」『現代日本思想大系16　アナーキズム』筑摩書房、一九六三年、六一―二頁。
(53) 松田道雄「山川均」『思想の科学』三八号、一九六五年五月、三〇頁、三二頁。
(54) 拙稿「松田道雄の保育問題研究運動論――一九六〇年代の『季刊保育問題研究』にみる」『立教大学教育学科年報』六〇号、二〇一六年を参照。
(55) 松田道雄・河野健二「マルクス主義と日本人のであい」『思想の科学』四四号、一九六五年一一月、六頁。
(56) 篠原一『市民の政治学』岩波新書、二〇〇四年を参照。
(57) 飯沼二郎『信仰・個性・人生』未来社、一九六八年、一五七頁（初出は松田道雄・飯沼二郎「立ち上がる市民の思想」『月刊キリスト』一八巻三号、一九九六年三月）。
(58) 松田道雄「デモは悪いことか」小田実編『ベ平連とは何か』徳間書店、一九六九年、二〇七頁。
(59) 松田は一九六八年から六九年にかけて雑誌『展望』に「孤独な蟄居者の夢想」と題する歴史評論を展開している。それらは革命思想史に題材をとった同時代批評であり、「支配の論理と抵抗の論理」はその初回であった。後にこの時期の仕事は『革命と市民的自由』（筑摩書房、一九七〇年）にまとめられる。このタイトルは松田の主題を的確に表現している。

(60)　松田道雄「支配の論理と抵抗の論理」『展望』一一八号、一九六八年一〇月、七六頁。

(61)　作田啓一・鶴見良行・樋口謹一・松田道雄・武藤一羊「「反戦」から「変革」へ　市民運動の変質」『朝日ジャーナル』一〇巻三六号、一九六八年九月一日、一〇頁。

(62)　小田実・鶴見俊輔編『反戦と変革』学芸書房、一九六八年、一七五頁。

(63)　松田道雄「ロシア・マルクス主義の有効性」『展望』一三〇号、一九六九年一〇月、七五―六頁。

(64)　同前七三頁。

(65)　松田道雄「市民運動の新しさと広さ」『朝日ジャーナル』一〇巻五一号、一九六八年一二月一五日、一二八頁。なお松田は「市民運動」の「もうひとつの特徴」として、「余暇の運動としておこっていること」を挙げ、「団地のお母さん」による保育所づくり運動をその好例として扱っている（一三〇頁）。

(66)　前掲松田「支配の論理と抵抗の論理」七七頁。こうした松田の抵抗の方法は、小田実の世直し論の発想と論理に通じている。小田は「ベ平連」運動の思想をある種の体系として提示した代表作『世直しの倫理と論理』のなかで次のように述べている。「「まき込まれる」側の眼でものを見ないかぎり、そこに徹して見ないかぎり、問題の本質はあきらかになって来ないし（人間がかたちづくり、そこでくらしているこの世の中では、問題の本質は人間のことで、人間はまき込まれて生きているのです）、そもそも、自分になぜ「まき込む」根拠があるのかという根本的な疑問が起こって来るべくもない。そして、その根本的な疑問に正面から答えようとしない政治は、おそかれ早かれ、おそるべき非人間的な政治になる。……私はもっと「まき込まれる」側に徹したいと思うのです。無力のゆえにいやおうなしにそこに立たされてしまっているのなら、逆にそこに徹するほかはない。そこに活路を見出すほかはない。私がそう考えるのは、ひとつには、そこにはっきり徹しておかないかぎり、自分は「まき込まれる」側にいやおうなしにおかれたままで、いつのまにか「まき込む」側の眼でものを見たり、彼らといっしょに動き出して、他の人びとを「まき込む」ことを得々としてやり出したりするからです」（小田実『世直しの倫理と論理（上）』岩波新書、一九七二年、一七―八頁）。

(67)　こうした姿勢が端的に現れている論稿として、松田道雄「変革の必要性と可能性」『展望』一一九号、一九六八年一一月を参照。

(68) 松田道雄「解説　小田実の存在」『小田実全仕事8　評論2　歩き、話し、考え、書き……』河出書房新社、一九七〇年、四〇九頁、四一八頁。

(69) 同前。

(70) 小田自身は高度成長による社会の大衆化・平準化のなかで、知識人の「自己卑下」を問題にしている（小田実『日本の知識人』筑摩書房、一九六四年を参照）。

(71) 松田道雄「市民とインテリゲンチア」『私の市民感覚』筑摩書房、一九八〇年、二七九頁。

V 日高六郎の学校教育をめぐる思想と運動

宮下祥子

はじめに

学校教育は戦後史を考える上で重要な位置を占める。日本社会の民主化という重い課題を背負った戦後「新教育」は一九五〇年代の保守政権による「戦後改革の行き過ぎ是正」の対象となり、日教組をはじめとする革新勢力はこれに激しく反発して、保革対立は教育をめぐって焦点化した。一九六〇年代に入ると教育政策は経済政策へと従属させられていき、能力主義による競争的支配秩序が新たな民衆支配の原理となっていく(1)。高度経済成長期には「学校による人間形成の方式が人びとに本格的に受け入れられた社会」が到来するが、そこには「過渡的でさまざまな葛藤を含んだ動向が存在したと考えられる(2)」。

この巨大な社会変動と熾烈な政治的対立のなかで知識人が学校教育をめぐって何を考え何を実践したかは、教育学に限定されない戦後史・戦後思想史上のひとつの問題である。とくに一九五〇年代には多くの知識人が教育について発言し、また日教組の運動に参加したが、そのことは教育史研究のなかで十分に論じられておらず、多くの知識人研究においても部分的に言及されるにとどまっている[3]。

本稿では、日高六郎（一九一七〜二〇一八）の教育運動へのコミットとその思想を論じたい[4]。日高は日教組に継続的に関与した教育学プロパーでない知識人の代表的人物であり、のみならず、膨大な教育実践や教育運動に関する文献に目を通してその思想的・歴史的意義を論じる役割をも果たしてきた[5]。教育学者の持田栄一は一九七〇年に刊行された『日高六郎教育論集』を評して、「日高教育論」は「戦後の民主・国民教育論の有力な考え方の一つであり、幅ひろい支持のあるものであることは知る者ぞ知るところである」と述べている[6]。また教育社会学者の山内亮史は「戦後思想」と「戦後教育」の結節点を日高の実践に見出し、その到達点を高く評価している[7]。

日高が「行動する知識人」となっていくのは一九五〇年代初頭のことであり、その脱皮の契機として、教育はきわめて重要だった。日高の教育への関わりは、主に社会科教育に携わったことと教育運動に伴走したことのふたつに大別される。前者について、占領下の一九四八年に新設「社会科」教科書の執筆を担ったことを皮切りに日高は教育の領域に足を踏み入れ、一九五〇年代後半には保守政権による教科書パージの標的とされて執筆辞退声明を公表し、問題の理解を広げる活動を行うとともに講座本の編集執筆等によって社会科教育や道徳教育に関する理論を提供した[8]。後者については一九五五年から一九七〇年まで日教組教育研究全国集会の講師を務め、また雑誌『思想』『教育評論』（日教組の機関誌）等への寄稿や座談・講演で教育や教育運動についてひろく発言した。もとより両者は有機的に連関しており不可分だが、本稿では主に後者に焦点をあて、彼が最も尽力した一九五〇年代を中心に六〇年代までを見通し、併せて他の知識人が日高の議論をどう捉えたかについても言及したい。

戦後教育改革とその後の政治的反動のなかで、教師たちは戸惑いつつもさまざまな試行錯誤を行っていた。教師とは当時とくに農村部では知識階級に属し、なおかつ戦時下の教育勅語体制のもとでは上意下達のエージェントとして草の根で総力戦を担った社会集団でもあった。したがって民主主義の血肉化が希求されたポスト占領期から高度経済成長へと向かう変動期、教師が日高の啓蒙の対象となったことには、それなりの必然性があったように思われる。教科書執筆についても教研集会への参加についても、その直接の契機は外部からもたらされたものであり、一九七三年には日高はそれまでの歩みについて「教育の問題だけに集中できずに、いろんなことにかかわって、それだけに非常に浅いところでごちゃごちゃやってきた感じがする」と振り返っているが[9]、しかし戦後知識人としては例外的といってよいほど並々ならぬエネルギーを教育に注いだ日高を突き動かしたものは何であったか、以下に描いていきたい[10]。

一　教育への関心と生活綴方の衝撃——一九五〇年代初頭——

（1）教育をめぐる発言の開始

敗戦後の社会的混乱で青少年の「道義の頽廃」が問題視され、占領末期には「修身」復活や「道徳」新設が議論されはじめるなかで[11]、日高は問う。「戦後の子どもたちの、あるいは無軌道と思われるような行動のなかにさえ、新しい未来へつながる豊かな芽はふくまれていないのか。〔…〕戦後未熟なわれわれが獲得したこの自由は、それがどんなにチャチで、どんなに無軌道で、どんなに滑稽なおしきせであったとしても、恐らくわれわれを再び破滅させるような「ふみなれた道」〔修身〕よりもずっと貴重であるように思われる[12]」。新たな価値の萌芽を現実のなかに模索する日高のスタンスは、当初から一貫している。

朝鮮戦争勃発の翌一九五一年、日教組はスローガン「教え子を再び戦場に送るな」を採択し、一九五二年には「教師の倫理綱領」を作成する。この時期の日高は検定制に移行した社会科教科書執筆を手がけ学習指導要領改訂にも携わるが、未だ日教組には関わっていない。ただし一九五二年に出版された『岩波講座　教育』に、論考「新しい人間像――その現実的地盤」を寄せている。執筆依頼を受けた際は「正直のところ、とまどった」と後に振り返っているが、(13)この論考で日高は生活綴方や勤労青年の手記を多数引用しながら次のように述べている。戦後の「なめらかな外国語でつづりあわされた新教育が、日本の、このみじめな、どろくさい社会と、十分にかみあっていない」。経済的貧困、「精神的圧迫の雰囲気と道徳的な混乱」、戦争の危機の三つがすべての教師と子どもたちの上に重くのしかかっているが、それらに対して憲法や教育基本法で語られる理想は「あまりに明るすぎ、あまりに見事であり、あまりに安楽椅子的でありすぎる」。わが国は「異質的な、矛盾した道徳の原理がおそろしく複雑に錯綜している社会」であり、われわれの大部分がそれらに背かないよう懸命の努力をはらっているなかで、社会科教育は「社会生活に十分適応できるような能力」を強調する。「落後するものは馬鹿で、適応する者は正しい、ということは、適応を要求する社会が正しいということが前提されてのはなしであろうか」。こう問いながら日高は、子ども・青年の社会認識や批判精神を彼らの手記から抽出し、「もし「新しい人間像」を求めようとするならば、それは現在すでに育ちつつあるもののなかに求めるほかはない」と述べる。戦後の民主主義教育には、「「美辞麗句」と「暗い現実」とを結びつけることを、だれが、どのように実践するかということ」が欠けており、「この暗い現実からの解放――教師の、子どもたちの、日本人全体の――という努力の過程のなかで、はじめて人格は完成し、個人の価値は守られ、自主的精神は養われる」と主張する。(14)

「「美辞麗句」と「暗い現実」とを結びつけることを、だれが、どのように実践するか」を、この後の日高は自らの課題として引き受けていく。適応主義批判はアメリカ行動主義への批判を伴っており、「心理学主義」の問題性を見据えながらイデオロギーをパーソナリティの視角から捉えようとする一九五〇年代の日高による社会意識研究は、「精神的圧迫の雰囲気」を可視化することで変革の手がかりを掴むことを志していた。

また日高はこの時期「新教育」のアメリカからの直輸入的性格を批判して、アメリカの問題単元学習は現状維持のための問題解決であるのに対し日本では「現状変革のための問題単元になって行かなくてはならない」と述べ、子どもが生活のなかで社会認識を育むこととそれを社会変革に結びつける教師の主導性とをともに重視する見解を示している。(15)

同じ時期、竹内好は教育を社会変革の重要な課題と捉え、知識人がそれに対峙し得ていないことを次のように自問している。同じ姿勢を、ある程度日高も共有していたように思われる。「私たちは幸か不幸か、のっぴきならない解決を迫られていない。いや、迫られていないわけではないが、教員ほど実践の場に密着していないために、実感にこたえる割合が少い。〔…〕一切の願望と矛盾の結節点であり、解決の実験場であるのが、教育の現場ではないでしょうか。〔…〕すべての学問と芸術とが、この場所から問題を引き出し再びその場所で自分をためさねばならない」(16)。

（2）生活綴方の衝撃

一九五一年に国分一太郎の『新しい綴方教室』が刊行されると、日高は書評で次のように書いている。これは「『生活から』『生活による』『生活のため』の綴方」であり、「私は深く深く感動した」。「この本ができるだけたくさんの人々に、なかでも小中学校の先生方にはひとり残らず、熟読していたゞきたいと心から願わずにはおれない」(17)。同時期に出された無着成恭の『山びこ学校』はベストセラーとなり生活綴方運動がひろく展開されるが、一九五四年の日高は「私たちの驚きは、〔綴方に〕自分らの仕事の足場をとられた、というような驚き」であると率直な感慨を述べ、さらに知識人は庶民の「封建的意識」の中にある「転化の契機を理解すべき」であり、「その点を生活綴方は教えてくれる」としている(18)。

日高は綴方を、「コトバと事実とのつながりをしっかりとつけようとする一つの運動」と捉えた。知識人が用いる「借りもののコトバと日本の現実とのあいだに、どの程度に血の通った生きた対応関係」があったのかという反省もまた、綴方に刺激されて生じてきたとする[19]。そして国分と無着の「二つの仕事は、生まれなければならない必然的なときに生まれたものだった。個人のすぐれた才能と、歴史が求めていた必然性とが、このようにしっくりと結びついた例として、戦後の教育史のなかで、これ以上のものはない」と高く評価し、両者は戦後「新教育」の「根本的な矛盾」――「内容的には民主主義、形式的には絶対主義」が拭い去れなかったこと、民主主義教育がアメリカ的教育と等置されたこと――に「もっとも有効適切な衝撃をあたえた」とする。綴方の「「概念くだき」という卓抜な発想」は、「従来の、本質的に官僚的、おしつけ的、解説的、演繹的、一方交通的な教育方法を打ちくだいた[20]」。

こうした日高の評価の背景には、「民主主義」「基本的人権」等の概念がタテマエとなり形骸化していく一九五〇年代の政治的・社会的状況があった。日高は生活綴方が、社会構造にはたらきかける主体と共同性を形成していく潜在可能性に強く惹きつけられた。同時に日高自身が膨大な綴方作品群に目を通すことで、庶民の「封建的意識」の「転化の契機」に関する幾多の示唆を得た。ただし日高は、農村教師にとって農村的な生活環境が「やりきれない重苦しい環境」になっていることにも注意を促し、『山びこ学校』のあの生々しい具体性」は「二十四時間、いつでも教師として身がまえざるをえないような環境におかれて」いる「農村の教師の支払った重荷の代償」であると言及して、無着らの実践を生んだ苛酷な現実を直視している[21]。

二　教研活動への参加開始――一九五〇年代半ば――

(1) 教研集会の衝撃

『日高六郎教育論集』のあとがきには、次のように書かれている。「思いがけないほどに早く戦後の反動ははじまり、戦中派の私は、それをそのままに見すごすことはできないと真剣に考えた。私の教育研究活動への参加のいちばん決定的な動機は、単純ではあるけれども、その点にあったと思う」。「私としては、教育研究活動への参加は、ほとんど日本の思想史の幾コマかに参加するのと同じ意味をもった[22]」。

一九五四年の春、日教組委員長小林武が日高に教研集会の講師就任を依頼し、日高は一九五五年一月開催の第四次教研集会より講師を務めはじめる[23]。その年の秋以降、日高が手がけたものを含む多数の社会科教科書が文部省を巻き込んだ与党による教科書パージの標的となり、日教組はこれに鋭く反発して保革対立の構図が鮮明化していく。一連の「偏向」排撃キャンペーンのなかで日高は問題提起と議論の拡大に努め、母親運動とも結びついて教育の国家統制に抵抗した。

第四次教研集会（長野）の四日間に日高は強い衝撃を受け、後日次のように書いている。「現場の先生たちは、学校のなか、家庭のなか、村のなかで起こるあらゆる困った問題の責任を、単純に日本資本主義やMSAや文部省や封建性や貧困になすりつけて、自分だけは潔白であるような顔をすることが、どんなにまちがったことであるかを、はっきりと議論してくれた〔…〕現場と、それをつつむ、より広い環境や歴史的な流れとの、いわば弁証法的な関係を、ほとんど直感的に見ぬいているように感じとれた[24]」。こうした感激を多くの教研集会初参加者が抱くことは、当時随所で指摘されることであった[25]。ただし日高の場合はそれだけでなく、たとえば教師たちの不適切なフロイト理解にもとづく議論に関する責任の一端を感じる点に特色があった。「大学で行われている「研究」が、ばあいによっては有害なことさえあるということを知って、私はじっさいガク然としてしまった〔…〕グループ・ダイナミックスやフロイド《ママ》理論を小中学校の先生たちに売りこんだのはだれだったのであろうか[26]」。この責任意識が、後の日高による社会科教育・道徳教育に関する理論の提供という仕事につながっていく。

日高の感動には、国分一太郎の存在も大きく作用していたと思われる。後年の述懐によれば、「講師団のあつまりで、私は、だれの発言よりも国分さんの発言に耳を傾けた。具体的な問題をあげ、具体的な解決の方法を提供する国分さんの話は、私には圧倒的な迫力があった[27]」。また第四次教研は「強烈な刺激だった。私は、こちらから提供できるものはほとんどなく、ただ学ぶことだけが多いような気がした。夜の宿舎では、勝田〔守一〕氏や国分氏のまわりをかこみ、コタツの周辺に十数人がすしづめになって、甲論乙駁していた。自前ではらう酒も持ちこまれて、酒豪たちの気炎はますます高かった[28]」。全国の地域固有の問題が生のまま持ち込まれる教研集会の熱気と、国分や勝田など優れた教育プロパーから受けた衝撃が、この頃保守政権の露骨なパージの標的とされた衝撃と相まって、日高をさらに能動的に教育の問題に向かわせた。

翌一九五六年一月の第五次教研集会（松山）の後には、次のように書いている。「いわゆる「社会学」の勉強などがあまり役に立たないということが、ますます歴然としてきたようで、ひどくしょげている〔…〕〔教研には〕一般化し、理論化していく力が弱いといわれるけれども、その弱さはじつは日本の学問全体にみられる弱さではないか[29]」。当時教研では「理論化」の必要性が講師によって繰り返し主張されたが、日高はそれを自身が引き受けるべき課題として、かつ「日本の学問全体」の問題として捉えた。

この第五次教研には加藤周一がルポライターとして参加し、帰りの船上で日高と加藤は「長いあいだ話しあった」という。加藤は、「教育の問題、あるいは文化の問題は、政治的カテゴリーとしての〈民主主義〉の概念と結びつく面と、それを越えている面とがあることを主張した。たとえば、民主主義的算数とか、進歩的絵画といった発想を、かれは問題にした[30]」。後に加藤は参加記「松山の印象――民主教育の問題」を執筆し、次のように論じた。第五次教研は「自主的な人間の養成と教育の機会均等」が教育のすべての問題を蔽う原理であるかのように考える傾きがあったが、民主主義は人間活動の全部を規定する原理ではなく、民主主義の規定しない部分の人間活動は「常識、習慣、倫理、美学、その他の総じて歴史的な文化といわれるものからひき出される他はない」。戦前の「修身科をほんとうに置き換えることができるものは、民主主義的な枠のなかにあって内側からそれに応じるもの、今の日本の社会には全くの混乱としてしかないもの」であり、「民主主義の概念をやたらに拡張して万能薬とみなす」ことは「危険である」[31]。日高は加藤が民主主義を「形式的な」枠として論じるのに対し、「普通先生たちが考えている民主主義というのは、もう少し中味がある」[32]と留保しつつもその問題提起を引き受け、新たな道徳や「親孝行の問題」を革新派が正面から取り上げることの必要性を繰り返し主張した。

（2）教研活動への問題提起

一九五〇年代後半にかけて、日高はしだいに教研活動や教師のあり方に対して踏み込んだ問題提起をはじめる。

一九五七年二月の第六次教研集会（金沢）の後、日高は日教組の教研活動と組合運動の関係性を考えるべきことを主張し、それは「官僚主義や動脈硬化をふせぐためにも必要」だと警鐘を鳴らす[33]。「平和と民主主義を守る」という「原則的な点では、組合員は全部一致して結びつき得る」としながらも、教研と組合の関係については「いわゆる進歩的な側の学者にしても教育学者にしても、全部が国民に対して十分説得力のある論議を展開できていないのではないか」と問題提起している[34]。

日高の危機意識の背景には、階級闘争の論理に教研活動を従属させようとする組合員の政治主義が存在した。当時保守政権が盛んに喧伝した日教組＝共産党支配というレッテルは実態とは大きく異なるものだったが、日教組は当時労働組合と職能団体のふたつの機能を実質的に併存させる任意団体であり、そのことがさまざまな矛盾を生んだ[35]。教研と組合の関係性についての日高の問題提起は問題提起にとどまらざるを得ないジレンマを孕んでおり、そこに加えられた保守政権の場当たり的な攻撃は、その粗雑さにもかかわらず功を奏していく。

第六次教研には竹内好が講師として初参加し、参加記「信仰の告白」を執筆した。竹内は感動を隠さず、次のように述べる。「教研大会とは何と疲れるものであるか、ということと、それにもかかわらず、あるいは、それゆえにこそ、また行きたくなるほどの何と魅力あるものかということと――多くの人が感じるであろうこの二つの印象を、私もまた感じました」。「最後の全体会議の席上で、私は自分が変ったことを感じさせられた〔…〕発言する人拍手する人のひとりひとりが、きのうまでのように他人に見えなくなりました。私はうまれてはじめて、自分が大きな組織の一員であるという実感をもちました[36]」。

一方で安田武も第六次教研に初参加し、「教研集会傍聴記」を記している。安田自身は「非人情な傍聴者」として参加したと前置きし、教研の問題点を次のように指摘する。「前言者の提起した問題が、次の発言者に受けつがれ、受けとめられて、その問題に関して、新しい発言者の体験と智恵がつけ加えられる、というふうに討論のつみ上げが行われている場合が、きわめて少ない〔…〕子どもを大切にする、子どもたちの幸福を守る、という崇高な使命感が、おのれひとりのひとり合点になりかねない。概念的で、形式的なコトバが、その思考の内容を空疎なものにするに従って、末梢的な教育技術の問題と、大きな教育の理想とが、教師自身の意識の不思議なカラクリのなかで、無造作に結びつけられてしまう[37]」。教師の発言が討論に発展しづらいことは、当時各所で問題視されていた[38]。

前年に愛媛県で生じた教員の勤務評定問題がこの時期には全国化し、一九五七年一二月に日教組は勤評反対「非常事態宣言」を出して戦闘態勢に入る。一九五八～五九年にかけて勤評闘争は各地で激化し、保守政権の切り崩しにあっていくが、勤評をめぐる教師間の対立は日教組幹部人事をめぐる社共対立を含む派閥抗争とも連動し、ジャーナリズムに盛んに取り沙汰された。日高は幹部レベルの対立そのものには一切言及せず、あくまで現場教師に向けた問題提起を継続する。

一九五八年一月の第七次教研集会（別府）の後には、日高は次のように述べている。「ここ数年来の文部省の露骨な教育干渉に抗して、戦後の民主主義的・平和主義的教育を守るものは現場教師以外にはありえないという自覚」が

「大半の教師にひろがりつつあり」、彼らの「自発性を全国的な大衆運動の形で組織しえたのが、日教組の教育研究集会」であった。しかし半面、「感激と義務感だけでささえられる「道徳的」集会になり、内容そのものの弱点は目をつぶって見のがされやすくなる危険」もある。「平和や国際理解の問題なども、子どもに「情緒的」に理解させる工夫は出ても、子どもなりに論理的・理性的に問題を理解させようとする努力や工夫については、あまり語られなかった。〔…〕「感動」を求める教育は、じつにしばしば、うす手なセンチメンタリズム、演技過剰、マンネリズムなどにおちいる」。「情緒主義が理論化に対する拒否的態度と結びつくとき、危険はさらに大きくなる。それは理論における自信喪失のカクレミノとして利用されやすいからである」。このように日高は「情緒主義」を問題視しつつ、しかし自身の立場は次のものだと言明する。「私は「実感派」、あるいは「実感崇拝派」の役割を人一倍尊重したい」。それは「経験や実感の理論化・一般化を声高く叫び、要求した理論家や学者が、はたして現場の実感派を〔…〕説得するにたるだけの、「理論化」や「一般化」の仕事を十分に引きうけることができたのであろうか」という認識と不可分の立場性だった(39)。

三　保革対立の激化——一九五〇年代末——

(1) 勤評闘争と教研

日高は勤評反対闘争が世論の支持を得られない理由を考えるよう教師に要請して批判を投げかける。「日本の教師が、もし真剣に勤務評定について「全労働者とともに」団結して闘争をすすめていくほどの覚悟があるのならば、いま日本の「全労働者」がどのような労務管理、どのような「勤務評定」の実態のなかにおかれているか、まじめに考え研究する必要があるのではないか」。世間では「日教組は年がら年じゅう反対反対と言いくらしているように見られているよう」だが、その中で危険なのは「『何とか反対全国大会』をひらくことで、ともかく反対の意思表示や決議だけはしたのだということで自分をなぐさめるような、一種のカンパニア闘争のくりかえしに陥る」ことであり、「統一行動の広さだけではなく、深さをつねに問題とすること、組織の動員力だけではなく、個々人の自発性の強度をつねに考えることが必要」であるとする。[40]

勤評と一九五八年学習指導要領改訂はともに保守政権による地域支配構造の再編に関わる問題であったが、日教組は勤評をもっぱら組合の分裂策動とのみ把握し、また反対闘争に賛同しない父母・地域住民を「遅れた民衆」とみなした。[41] 勤評実施・学習指導要領改訂に続いて、全国一斉学力テスト（一九六一年実施）等によって学校は、「国家が正統とみなした教育内容および道徳の『伝達』機関」としての側面を強めていく。[42] 勤評闘争が実力行使を伴って各地で激化するなかで、神奈川県では県教委と県教組が交渉を重ねて保守政権の企図する勤務評定を事実上骨抜きにする内容の勤評「神奈川方式」を一九五八年一二月に成立させ、交渉内容を公表した。[43] これに対する賛否は、日教組内部で割れた。そうした情勢下で一九五九年一月に開催された第八次教研集会（大阪）は、対立を浮き彫りにする集会となった。竹内好の講師辞任（後述）はその結果のひとつである。

集会初日の記念講演をこのとき担ったのは桑原武夫であり、その内容が多くの参加者の批判の的となった。桑原講演「日本の教育者」は、石川達三による朝日新聞連載小説「人間の壁」――勤評闘争をたたかう教師たちの日常を肯定的に描いた作品――の登場人物を引き合いに出し、彼らを論じることで桑原自身の教育論・教育運動論を語ったものである。[44] 論点は多岐にわたるが、勤評闘争にあまり熱心でない都会的でスマートなタイプの教師（登場人物）を「組合の中にちゃんとかかえこめるかどうか」が鍵であるとする桑原流の統一戦線論であり、そこには教師の技術主義や科学主義を重視するプラグマティズムがあった。

集会最終日の全体会議では、この年講師団代表を務めた日高が「講師団代表の意見」を述べた。日高は一万八千人の聴衆に向けて、「四日間正身《ママ》二十時間近く子どもたちの小さな椅子に腰かけてはげしく精神を集中し続けるということの疲労は大変なものだろうと思います。私は個人として云えば日教組にどうか労働基準法を守って頂きたいということを云いたいのであります」とユーモアを交えて語りつつ、教師が教育の国家統制に対峙する過程で「意見の対立は組織の分裂を招かないだろうか、という疑問が当然生れる。私はむしろ逆に考えます。意見の対立が出なくなるとき、意見の対立を一方的になくそうとするとき、組織の分裂が起るのであります」と述べ(45)、会場には「圧倒的(46)」な拍手が起こった。

ところが全体会議でその後、山形県の青年教師が桑原講演を次のように批判した。「農民の意識は不当にゆがめられています。このゆがみは、わが国の独占資本の構造を解明しなければ、その本質をつかむことができないし、それを正すこともできません。開会の日に、桑原武夫教授が「日本の教育者」と題して講演されたなかで、富国強兵をとり去って富国には努めねばならぬとか、忠君愛国の忠君はとり去って、愛国はとりあげるべきだとかの発言がありましたが、このような甘さは克服しなければならないと思います。勤評闘争の中で、教師はからだをはって闘っています。教師は労働者としての自覚にたって生きなければなりません。桑原氏の甘さは近代主義の弊害の中から生れているものだと思います(47)」。この発言の後、「部分的拍手(48)」が起こった。

後日、青年教師の発言とそれを含む日教組の内部対立をめぐって、日高は論考「「第八次教育研究集会」をめぐる問題点」を『思想』誌上に執筆した。日高は次のように述べる。「教育研究活動には本質的な意味で思想運動としての側面がある」。それは教研が「日本の教師の思想を内面から変革し、確立していく要求をふくんでいる」という意味で、またその運動が日本に背負わされている「思想史的課題の解決と切りはなすことができない」という意味で、さらにその変遷のなかに「民主主義的な大衆運動とそれを嚮導する思想的・理論的方向との関係を、じつにあざやかに、また、微妙に読みとることができる」という意味においてである。そして続ける。

私は、現場の教師がこの一年間の勤評反対闘争で感じたことがらが、かならずしも現在明確に表現されているとは考えない。〔…〕その実感が内包している巨大なエネルギーにくらべるとき、「勤評は戦争への一里塚」などというスローガンは、なんとやせほそった説得力のうすい言葉だろう。現場の教師は、そのことを感じながら、しかし、自分自身の実感を整理する余裕もなく、できあいの論理で父母を説得しようとした。そのとき身内のなかにたぎりあがる勤評反対の実感と、自分自身の口からでる説得の論理の貧しさとのギャップを感じない教師は、おそらくいなかったのではないか。〔…〕ところが、こうして現場の教師の内側にかけがえのない体験と実感とが蓄積されようとしているまさにそのときに、その逆の傾向、すなわち一種の画一的な「理論」で問題を簡単に処理しようという動きが、ごく一部に、しかもおそらくは善意の動機からであろうが、あらわれはじめた。

先述の青年教師による桑原批判は、「からだをはって闘」わない勤評「神奈川方式」への批判を暗に含み込むものであった。それを日高は次のように批判する。

多様な意見がその教師の所属する県教組のなかにも、また、全国教師のなかにも存在し、そのことを討議することが、現在最も必要と感じられ、そのことによってのみ日教組内部の派閥うんぬんといわれるごときものも克服されていかなければならないと期待されているそのときに、ある一方の意見を全組合員の意見であるかのように述べること、しかもそれが質問も批判も討議も不可能な最終日の全体集会のなかで行われたところに、無意識的ではあれ、政治的・戦術的配慮が優先したのではないかという疑問を感じないわけにはいかない。

そして日高は勤評や学習指導要領改訂や「道徳の時間」特設（一九五八年）などあらゆる文教政策を統一的な問題として理解すべきことを主張し、勤評闘争を「独占資本に対する階級闘争」と考える見解は「単純すぎる」とする。さらに現在、教研の「一つの欠陥」は教師のなかの「最も意識的かつ最も自発的なエネルギー」が民間教育研究団体やサークル活動に吸収されて日教組の教研活動に「十分な魅力を感じていない」点にあるとしながら、それでもやはり日教組の教研は必要だと述べる。それは教研が、「かならずしもまだ十分に自主的な教育思想と教育実践の能力とを身につけていない、民間教育団体にもサークルにも所属していない多数の現場教員をそのなかにふくむ大衆運動」であり、「いまはまだ十分に組織されてはいないが、やがて教育運動の原点となるよりほかはない学校を土台とする職場教研という設計図をもっている」からであった。そして最後に述べる。

〔教研集会で〕四日間くたくたにつかれながら、正会員としてほとんど欠席するものもいない。これも道徳主義、働き主義、まじめ主義の一つの表現である。かなわないという気もする。しかし、考えてみれば、戦後の民主主義教育をともかくも今日の線でささえてきた力として、それらの人々の働き主義、まじめ主義のほかに何が期待できたのか。桑原氏の講演に対する参加者の態度から、私は日本の教師のなかに、漠然としたいい方ではあるが、アンチ近代主義のムードがいかに強いかということを痛感した。それは一部農本主義的伝統に属する。〔…〕しかし、注目すべきことは、日本の進歩主義勢力が、明治維新以来いまはじめて、農本主義的働き主義、まじめ主義を、その最も有力な支持者として獲得することができたという事実だ。〔…〕ここで実現されたことは、思想史的にみてやはり画期的なことである。私は、農本主義的働き主義、まじめ主義が中心勢力あるいは同盟者となった統一戦線の強さを想像して、やはり感動しないわけにはいかなかった。(49)

教師たちの桑原批判を日高はアンチ近代主義の「ムード」に焦点化して理解し、大局的な見地からは「明治維新以来いまはじめて」進歩主義勢力が教師の「農本主義的伝統」を味方につけたと把握してその「思想史的」な意味に「感動」する。後に安田武は、日高のこうした理解を批判する（後述）。

竹内好は青年教師の発言をめぐる講師団の対応を批判し、論考「危機の教研と日教組」を公表して講師を辞任した。その論考で竹内は先述の日高の議論について、「委曲をつくした日高の説明に私はほとんど全面的に賛成なのである。〔…〕まことに情理かねそなえた名判決であって、感嘆のほかない。ここに述べられていることに私は全面的に賛成である。問題はこの意見が日教組、あるいは教研講師団の間でかならずしも多数ではないこと、また、組織にとって決定的に重要なこの原則問題が組織上で十分に処理されていないことにある」という見解を示す。「日高は、意見の多様性の尊重をくり返し説いている。「青年教師」の発言を、その内容よりもむしろ形式を問題にして、それが意見の多様性の否定、一方的な意見の押しつけである点を批判しているのだが、これに私はまったく同感である」。そして竹内も教研と組合運動の混同を問題視し、「これは教研ばかりでなく、一般の文化運動、大衆運動の組織問題としても、重要なケースではないか」と問題提起している[50]。

（2）教師の政治主義をめぐって

教師の「近代主義」批判は大まかに二種類あると日高はみる。ひとつは「民族主義的立場」からの批判、すなわち後進国や植民地で近代を確立しようとする場合にヨーロッパ的近代を輸入する方式——ここで日高は竹内の「近代主義」定義に依拠している——への批判である。もうひとつは「社会主義的立場」からの批判である。ただし両者は「非常にこんがらがっていて」、日本では「ブルジョア民主主義の確立」ということと西欧化とが「くっついて、西欧化ということに対して、農村的なタイプの人間というのは相当みんな反発を持っている」。こう分析しつつ、日高自身は桑原武夫の第二芸術論以降の近代主義について「西欧化が日本の現在進むべき道かというと、必ずしもそうでもないのじゃないか」とやや否定的な見解を示し、なおかつブルジョア民主主義をすっ飛ばす「中共的な方式」が「今の日本でうまく実現できるか」についても懐疑を表明する。日高の立場は、「社会主義にいたる道は多様だということをもっと考えたい」というものであった。また桑原講演について、桑原はマルキシズムや生活綴方教師だけでは解決できないと説いたが、「私はこれを聞いて、桑原さんよりは、ほんとうのマルクス主義者のほうが幅が広いなと感じた。ほんとうの統一戦線論者なら、マルキシズムでも解決できないかもしれないが、自分の支持するプラグマティズムだけでも解決できないということも、はっきりおっしゃるべきだったと思う」と述べる。そして桑原講演を批判する教師の「農本主義的ムード」を進歩的陣営が味方につけたことは「大きな転換」であるが、ただしそこから「政治的ラジカリズムというものが生まれてくるとすれば、それは警戒しなければならない。つまり農本主義が一途になった場合に、現状分析で、たとえば勤評闘争はすなわち階級闘争だというようなおきかたが出てくる。これはある意味では、向うのねらう分裂政策にはまりやすい発想だと思う」とする[51]。

現実に胚胎している可能性に着眼しそれを伸ばすことを知識人の役割とする啓蒙のスタンス——日高は知識人のあるべき姿を「民衆の貴重な実感の支持と組織者[52]」としている——が、「農本主義的ムード」それ自体は否定しないこのような認識の基盤にある。ただし「政治的ラジカリズム」が保守政権の分裂政策にはまりやすい点には、警鐘を鳴らし続けた。「五十万の教師が不十分ながらでも、実際に国民教育をやって来ているんだ、という発想」に立たないと、「だんだん道徳主義的過激主義になっちゃって、もっとも過激なものだけがもっとも純粋なものだ、ということになってしまう〔…〕孤立的少数者だけしか正しいものはいなくて、他は全部権力に屈服した連中だという発想になりかねない[53]」。その「過激主義」と分裂に歯止めをかけようと、日高は戦後教育が果たしてきた基礎的な成果をパフォーマティブに発信する。「いくら文部省がじたばたさわいでも、現場の教師で、戦争をセンドウするような教育、民主主義の悪口をいうような教育、迷信を信じさせようとするような教育をやっているものは、ほとんどいないでしょう。私はそういう点で九〇パーセントの教師は、勤評闘争から脱落しそうになっている教師もふくめて、やはり、日本の民主主義教育の前進に、いくらかの役に立っているはずだと考える」(54)。

こうした日高の統一戦線論を、一九四三年からの「友人」である谷川雁は次のように批判している。「あなたが多元的なものを抱擁しようとするとき、その寛容さは彼の微視的な厳密さをややもやと溶かし、戦闘性を失わせてしまうのではないか」(55)。これは当時、日高の思想への理解に根ざした数少ない批判であったように思われる(56)。

統一戦線を提唱する日高は、教師によるサークルの役割をきわめて重視した。「闘争の質よりも、いちおう闘争の形がととのえば面目がたつという官僚意識」をもつ「「組合」型教師」や、「集団的思考の場」をもたない「「教壇」王国主義的な教師」に対し、「つねに、たたかいのなかみ、それに参加していく自分の動機のあり方、自分の言葉と行動の一つ一つをたしかめていく慎重さ、スローガン的組合行動に対する不満を感じながら、しかもそれに参加せざるをえない〔…〕ことからおこる自己分裂を掘りさげて考える」姿勢をもつ「「サークル」型教師」に日高は期待をかけ、現在「萌芽のようにそだとうとしている」教師の「サークル的姿勢」は、教育運動のみならず「日本の民主的運動のなかでも、決定的に重要」なものであるとする(57)。日高は教師を理想主義的なニュアンスで「知識人」と論じながらも、現実の教研活動は、全国あらゆる学校の「教師大衆」を巻き込んでサークル的姿勢を広げていく「大衆運動」であると捉えていた。

四　教研の形骸化、日高の教育論

（1）安保闘争後の分裂――一九六〇年代――

六〇年安保闘争後にはさまざまな社会運動が分裂状態に陥ったが、すでに一九五〇年代末に勤評闘争を切り崩された日教組もその例外ではなかった。そのなかで日高は、勤評闘争の脱落者を「「階級敵」であるかのようにまじめに考える立場」を批判し、「「弱い」教師は弱いながらの責任の取り方がありうるという立場からかれらを批判すべき」だと述べる。そしていま教師は勤評退却の「敗北感のなかにおちこんでいくか、あるいは〔保守政権の〕力の無理おしが強まれば強まるほど、自己の思想的・教育的信条の正しさをますます強く実感し、〔…〕そのことを相互に、また、父母・国民に伝達できる立場に立つか、その二つの姿勢の、微妙できわどいわかれ道」に立たされているとする。[58]

一九六〇年一月の第九次教研集会〔千葉〕の後には、日高は「国民教育論」[59]の提唱は理論的に深められないと「空虚な風袋論になる危険」があると問題提起し、「スキあらば「階級意識」をインドクトリネイト〔注入〕することを目標とする教育実践」を行うような「一部の政治主義的、あるいは冒険主義的、あるいは利用主義的な姿勢」からは、国民教育論は「とうてい生まれない」と述べる。[60]一九六三年になると、「安保反対闘争後にあらわれている革新諸勢力内部の政治的分裂が、思いもかけないところで、社会的教育の本質、目的、方法についてさえ小党分立する結果を生みだしかねないでいる」と述べ、[61]さらに一九六四年の第一三次教研集会〔岡山〕に際しては批判のトーンを強め、「多くの教師の内部にいま巣くっているよどんだ気分」を指摘する。教研に対する「根本的姿勢を論ずることが、教組内部の勢力あらそいとか、政治的諸関係のなかでのあらそいにしかならないから無益だというような理由で、この問題を避けるというような状態」であるならば「前途はおそろしく暗い」として、教師の積極的姿勢を引き出すことができない以上、「組合運動それ自体の、教育研究活動それ自体の存在理由そのものが問われていると考えるべき」と述べる。そして「すしづめ教室に抗議する教師は、同時にすしづめ教室のなかでも自主的・能動的でありうるという弁証法がある」、「〈制約のなかの自由〉について確信をもたない教師は、制約を打ちたおすこともできないし、同時に自由であることもできない」として教師の能動性を要求する(62)。この年には日高にも影響を与えた上原専禄が教育運動に敗れ絶望し、日教組が設立した国民教育研究所所長を辞任している。翌一九六五年に入ると家永教科書裁判が提訴され、日高は原告側証人に加わった。

一九六六年の第一五次教研集会〔福島〕に際しては、日高は次のように述べる。竹内好をかつて深く感動させたような教研の「魅力はだれの目にもごまかせないと書いたけれども、それは、私たちの教育研究活動が、ほんとうに自主的・創造的・連帯的であるかぎりにおいてである。もし、そのことがいくらかでもぐらついてきたならば、それこそ優劣の立場は逆に歴然としてくる。私たち自身が私たちの活動に自信を失い、マンネリズムを感じ、仲間同士のあいだに猜疑心が生じるというような状態になったとき、私たちの手もとにのこるものはじつに少ない。ゼロといってもよい。権力をもつものは、それだけで力をもつ。その力に、ゼロがどのようにして対抗できるだろうか」。そして前年に強行採決された日韓基本条約に関して、教師が反対のデモに参加するだけでなく「授業のなかで、日本人の朝鮮観・朝鮮人観を一八〇度逆転させるために、どのような努力をはらってきたか、ということを徹底的に検討すべきだと思う。〔…〕そのことが教師の立場からの日韓条約反対の自主的運動だったにちがいない。しかし、そうした活動はごく一部に限られている」と述べる。さらに全国一斉学力テストの「本質」を独占資本や帝国主義の問題と結びつける「高度」な議論が盛んだが、そうした議論は「教育創造活動」を考えるときには「むしろ「低度」な議論でしかない」と批判し、「進歩的諸勢力の内部での対立が優先して、教育研究活動の内部での政治的立場のちがった教師間の相互不信感はかなり深刻であるようにみえる」と述べている。(63)

第一五次教研を傍聴した安田武は、「揺らぐ教師像――第十五次教育研究全国集会傍聴記」を執筆した。安田は次のように述べる。かつての竹内好による講師辞任時の日教組批判に対して、教師からの反批判は「いっさい皆無であったという。〔…〕「素人」の発言者が、教師集団内部にむかって、そのあり方の根源、本質を問うような疑問、質問、批判をなげかけた時、どうして教師たちはこれに応えようとしないのか。私は、日高六郎の辛抱づよさに敬意と驚嘆をおぼえるものだが、日高の三回にわたる教研批判についても、いったいどれ程の「内部」からの応答があったのだろう。〔…〕しかも、口を開けば、「国民教育」を喋々しながら……」。このように教師たちを批判しつつ、安田は日高の認識をも批判の俎上に載せる。「日高が、日本の教師のなかの根づよい「アンチ近代主義のムード」を、「一部」と断ったにせよ、農本主義的伝統と結びつけ」て捉え、彼らを進歩派が味方につけたことに「「感動」してしまうのは、日高六郎らしからぬ――あるいは、らしい「感動」過剰ではないだろうか」。そして安田は教師の「働き主義、まじめ主義」それ自体が「裏がえされた場合の自己充足感や無気力」や「権威主義、事大主義、道徳主義」と「ウラハラに手を携え」ているとし、「今日の教育運動の発想のほとんどすべてが、アンチ文部省であって、アンチである限りにおいて、絶えず文部省ベースの上に躍らされているという「いたちごっこ」は、やめにしなければならない。とくに教研の場ではそうである」と教研を批判している。(64)

安田と日高の姿勢の違いは、教研への関与や理解の深度の違いに由来するところが大きい。日高も教師の自己充足感や事大主義、また「アンチである限りにおいて、絶えず文部省ベースの上に躍らされている」政治主義を繰り返し批判している。その上で日高は、具体的な問いを投げかけることで教師の主体化をはかり、初歩的で局所的かつ微少な到達点を発信することで教師の努力を肯定し、運動の急進化と分裂に歯止めをかけようとしている。安田には、むしろ日高と親しい間柄ゆえのじれったさがあるように思われる。しかし、日高自身が教育の重要性に気づきその魅力に惹かれていたことは、否定すべくもない。

日高が最後に教研集会の講師を務めたのは一九七〇年であり、その前年末には、「東大紛争」が収束していく東大新聞研究所を去っていた。

(2) 日高の教育論

日高は教育運動に批判的介入を行うのみならず、戦後教育を戦後思想史として捉えた学術的な論考も手がけている。以下、それらから日高の教育論を抽出したい。

勤評闘争を経た日高は、「教育に無限責任を負わせることに無限責任を感じている政府」と「教育・政治・社会の改革のすべてに無限責任を負おうと決心した良心的な教師」の対立を看取し、それで解決するかを問う。戦前、多くの教師は国家の圧力に「マゾヒズム的といってよいほどの従順さ」で従ったが、その「教師独特の農本主義的働き主義」と結びついた無限責任意識は戦後、「教師のなかの最も良心的な部分にもちこされた」。日高はここに「日本の教師の伝統」をみている。さらに講和条約前後から教師は「上から」の保守主義的支配勢力による圧力と「下から」の大半の父母の私的利益追求の圧力に挟まれ、精神的不安定を抱え込んだとする。「教師の政治と社会に対する深い絶望感や敵対感をぬきにして、いまの日本の教育実態は考えられない〔…〕教師という職業がそれほどに尊敬されてはいないこと、「ユートピア」の住人は現実主義的人間からはむしろ軽蔑されていることを、教師たちは身にしみてよく知っている」。このように教師の困難に内在的理解を示しつつ、「忘れられやすいのは、政治的支配層が教育をつねにかれの意図的な統制のもとにおきたがっているということは、じつは教育がつねに現状変革的な機能を潜在的に、また、顕在的にはたしてきているからだという客観的事実」だと指摘する。(65)「無限責任」を解除することでむしろ教師に「有限責任」をきちんと果たすことを要請する意図が読み取れよう。

そうした洞察をもつ日高が一九六一年時点で描いた戦後教育史は、次のようなものであった。朝鮮戦争の時期に「民族をどのようにして国民とするかが歴史的課題として自覚」され、教師たちは「不在の「国民」を存在化するための教育」を国民教育として設定していった。この時期に、日教組教研集会がスタートする。一九五〇年代半ばに教育の国家統制が強化されると、日教組は「父母の教育要求」「国民の教育要求」概念を設定してこれに対置させたが、そこには「民主主義教育が、父母あるいは国民の理解のなかに土着するためにはなにが必要か」という問題意識、すなわち「民主主義と真の意味でのナショナリズムの結合」という思想史的課題が存在した。教研集会は理念ではなく現実的な要求から出発しようとする運動であり、それゆえ父母の要求の分裂への対応という問題にも取り組んだ。やがて一九五〇年代末にかけて、「急速に復活してきた日本の独占資本主義」による教育への「深刻な影響」のなかで勤評闘争、安保闘争、三池闘争を経験し、「国民教育運動」を「全国民運動のなかに正しく位置づけ」、「国民諸階層の統一戦線的な共闘組織」をつくろうとする問題意識が芽ばえた（これは朝鮮戦争期の「国民」創出の問題意識ともつながっている）。日教組の掲げる「平和を守り、真実をつらぬく民主主義教育」は日本国民の歴史的な課題と不可分の「普遍的価値」と結びついており、平和と民主主義の確保をおしすすめれば、独占資本の恣意を制限する可能性も皆無ではない。

このように日高は一九五〇年代末の教育運動の意義を評価するが、ただし教師自身のあり方の問題としては、政治主義を一切評価していない。教育中心的な関心から出発して政治的関心に目ざめる教師と政治的・社会的関心から出発して教育の役割を重視するに至る教師の間には「対立意識」があると述べ、国分一太郎が前者であることを指摘し、彼の基礎学力重視と現実主義は「逆説的にいえば、きわめて理想主義的であるという意味でも貴重だった」と高く評価する(66)。この立場はかなり明瞭なものであり、たとえば木下順二がイプセンの創作の精神を論じながら教育の創造性を説いた教研記念講演（一九六七年）に対する高い評価も、また斎藤喜博の島小学校における教育実践への高い評価も、その基盤には次の姿勢を理想とする認識がある。「まず、自分の仕事を真に創造的なものにしていくことに全力を投入することから出発する」道筋がある。その仕事を外的に規制するものがあっても、「かれにとっての第一義的目標、第一義的生きがいは、依然として創造的仕事にある以上、外的圧力のいささかのすきまをぬって〔…〕かならず日常的な、しかし同時に、創造的な仕事に立ちかえるという姿勢を持続」する。(67)

先述のとおり日高は一九五一年の論考「新しい人間像――その現実的地盤」で、現実のなかに芽ばえつつある人々の社会認識や批判精神を伸ばすこと以外に変革の可能性はないことを説いていたが、まさにそのことを日教組の教研活動が一九五〇年代半ばに実践しはじめ、ちょうどそのタイミングで日高は教研に参加しはじめたのだった。したがって、日高がそこに戦後思想の問題の根幹を見出してエネルギーを注いだことは必至であった。

そして一九六〇年代に本格化する能力主義の徹底に対抗しうる論理としても、日高は「平和と民主主義を守る」教育重視の立場を堅持する。明治百年祭が挙行された一九六八年には、日高はいまの文部省の「産業化的近代化」論を足場にした教育熱心は「受験学力競争と相呼応して、日本の教育の真の発展にとって最も大きな障害」であると論じ、教育の国家統制は支配層にとっても決して平坦ではないことを述べて、抵抗の拠点の確保に努める。(68)

能力主義支配の問題性に日高がいち早く着眼し得た所以は、大衆社会論をベースに戦後日本社会の「現代」性や管理社会化を問題とする視座を有していたことが大きい。その問題意識は大学批判とも不可分であり、「一方には大学への絶望があるし、一方には自分自身に対する絶望があって」(69)東大を辞した後には、日高は「人間の全体性の回復」を主張して次のように述べる。「人間の部品化と差別化」に「照応して、各教科の分断と無関連とがある。また、各教科のなかでも、部分的知識、部分的技能、部分的判断力、部分的感受性、部分的行動力が、ばらばらに教えられる。それをやや高級にしたものが、いわゆる専門閉塞にほかならない……」。そして公害問題を念頭に、「価値意識と結びつけられていない科学や技術こそが、人間にとって恐るべき凶器となるのである。そうした関連について、大学教師はどのような「科学的認識」をもっているのであろうか」と問う[70]。

日高の峻烈な大学批判を問題にしたのは、持田栄一であった。持田は『日高六郎教育論集』の書評で次のように述べている。「教育の仕事を自主的創造的なものとしてたたかく評価し、知識人としての教師のあり方を理念的肯定的に語る著者が、こと大学教育と大学教師論となると、その「特権」性と「権力性」を現実的にしかも否定的にとらえる。著者にとって、大学ないし大学闘争論はその民主・国民教育論の例外なのか、それとも著者は今後、大学闘争への総括を基軸として、本書で述べられている「民主・国民教育論」を止揚していこうとするのか」。持田はその問題こそ「一九七〇年代の教育理論の焦点」であるとする[71]。これは戦後思想を考える上で、避け得ない論点であろう。

一方で、持田の議論とは位相の異なる素朴な問題提起を、教研活動にも大きな影響を与えた数学者・遠山啓は日高との対談のなかで行っている。「日本の学校の先生は少しまじめ過ぎるんじゃないか。官僚統制はいろんなことを言ってきますよ。それをまともに受け過ぎると思いますね。〔…〕いろんな命令を適当に受け流すという、一種のずるさみたいなものがなさ過ぎます。まじめ先生というのはよくないんだ（笑い）。日本という国は電気の良導体みたいに命令の伝達のいい社会でしょう。〔…〕文部省が意図している以上に現場は統制されちゃってる。文部省そのものがびっくりしてるんじゃないかと思いますよ[72]」。

教師のまじめさに日高は「農本主義的働き主義」という表現を与え「日本の教師の伝統」と捉えたが、その脆弱性を「一種のずるさ」の欠如に見る発想は、日高にはないものである。そして戦後教育史を考える上では重要な視点であろう。

教研活動を離れた後の日高は、率直な感想を次のように述べている。「たとえば教科「研究」の分科会で、政党の綱領的次元の問題が解決されなければ、国語教育も音楽教育も一歩も進められないような議論がたびたび出て、私もうんざりしたことが何度かある」[73]。「おそらく敗戦後、新しい教育内容と古い教育方法とを結びつけるほかなかった多くの教師たちは、教育内容の改悪化にそれほど敏感でなく、改悪されていく教育内容と、古い、あるいは上からおしきせられていく教育方法とを結びつけて、日々「大過なく」体制の教育方針のなかに吸収されていったのではないか[74]」。しかしそれでもなお、「子どもたちのことを語ることがたのしく、そのことで時間を忘れる教師が教研活動の中心であったし、またいまでも中心であると思う」とも述べる[75]。国家による統制・画一化と革新教育運動内部の党派性・教条性の双方と対峙しつつ、教育とは何よりも創造的な営為であるとして学校教育における自由と多元性の確保を目指した日高の抵抗は、能力主義に下支えされた「産業化的近代化」のなかで、しだいに忘却されていった。

おわりに

一九五〇～六〇年代、日高は教育運動が内部に孕む幾多の欠陥を知悉して内心「うんざり」することがありながらも、倦むことなく状況に学び、教師に対する問題提起を続けた。教師の認識能力には幅があることを踏まえ、平易な文体で陰影に富む現実を丁寧に解きほぐし的確に発信する力量と忍耐力を有しており、その関わりの継続性と相互性は、論壇知識人としては特異なものであった。それを可能にしたのは、偶然関わったものに誠実に関わり続ける彼の真摯さや「辛抱づよさ」(安田武)であると同時に、「教師大衆」の心理を洞察する視点と方法を有していたことが大きい。未分化で生《なま》の現実に全人格的に向きあう教育という相互行為に惹かれた、ベルクソニアンとしての日高をそこに見てとることもできるだろう。教育に関わらなければ、日高六郎という知識人はおそらく相当違う姿になっていたのではないか。

当初の日高を教研活動に駆りたてたのは、学校教育が民主主義を血肉化する上でのひとつの要であるという認識であり、また現場の実践知を捉え得ないような学知では駄目だという問題意識であった。そこで日高が試みた啓蒙は、教師の主体化に主眼があった。問題を問題と認識する知性と感受性とを有する教師ほど懐疑や無力感や絶望に陥りがちな現実に対し、教育とは気の長い営みであること、日々の地道な努力には意味があることを発信・エンパワーし、また左派の政治主義に対してはその先鋭化が革新運動の自殺を招くこと、教育は政治に従属するものではないことを繰り返し問うた。ものを考えない多くの教師に対しては、考えることを要請した。日高にとって教研活動とはそのための大規模な「大衆運動」であり、コミュニケーションによる主体化および主体変革の可能性を孕む場であった。教育の「創造」性を追究した日高の思想と実践は、たとえば西洋近代の価値といった「外部の参照点」からの偏差で日本社会の「後進性」を問題とするような認識枠組みには[76]、とうてい収まりきらないものである。

それはより根本的には、日本社会における知のあり方や人間関係のあり方の変革をめざす思想運動であったと捉えることができよう。思想の科学研究会が試みたことと類似の取り組みを、日高はあらゆる子どもとその親があまねく巻き込まれる公教育を対象に行った。戦後日本において反体制の側も払拭することができなかった、上から降りてきたある「正しさ」を丸呑みして他者に押しつけるという思考様式を[77]、日高は学校という装置のなかから内破しようと志した。

東大文学部時代に日高の指導を受けた見田宗介は、日高の死去後、次のように振り返っている。「「日高空間」で、僕もそうだけれども、いろんな人が育っていった〔…〕自分自身の問題意識にしたがって、何をしても許される創造的な空間を作ってもらえたということが、わたしにとって大きな恩恵だったと思います。とても素敵な、フレッシュな経験でした。そのころは五〇年代でしたから余計にそう感じましたが、たぶん、今の時点で見ても、そうあるものではないと思います」[78]。こうした「創造」を、日高自身も教師として実践していたのであった。

二〇世紀末に至り、日高は次の問いを発している。それを最後に置いて、本稿を閉じたい。

日本の民衆は明治維新以後、「〈国家さがし〉の時代」を経験し、敗戦後は「〈社会さがし〉の時代」がはじまった。やがて高度経済成長が人々に実感される頃、「〈私さがし〉の時代」を迎えた。

「〈社会さがし〉の時代、一部の教師や親たちや生徒・学生は、ひそかに未来社会のユートピアを期待します。その〈社会さがし〉は徒労感に終わったように見えます。しかし、ほんとうに終わったのか?」[79]。

注

（1） 木戸口正宏「教育の「能力主義」的再編をめぐる「受容」と「抵抗」」岡田知弘・進藤兵ほか編『高度成長の時代2　過熱と揺らぎ』大月書店、二〇一〇年。乾彰夫「教育政策・教育問題」渡辺治編『現代日本社会論――戦後史から現在を読む30章』労働旬報社、一九九六年。

（2） 木村元「戦後教育と地域社会――学校と地域の関係構造の転換に注目して」安田常雄編『シリーズ戦後日本社会の歴史2　社会を消費する人びと――大衆消費社会の編成と変容』岩波書店、二〇一三年、九七―九八頁。

（3） 上原専禄はそのわずかな例外である。近年の教育史研究は戦後教育学の存立枠組みを問い直しているが、たとえば森田尚人による「進歩的知識人」批判は従来の革新派への肯定を裏返しにした精算主義的な議論にとどまっている（森田尚人「戦後日本の知識人と平和をめぐる教育政治――「戦後教育学」の成立と日教組運動」森田尚人・森田伸子・今井康雄編『教育と政治――戦後教育史を読みなおす』勁草書房、二〇〇三年）。このような研究動向に至る教育史の整理としては、以下の文献が有益である。広田照幸編『歴史としての日教組　上巻　結成と模索』名古屋大学出版会、二〇二〇年、序章・第1章。広田照幸「社会変動と思想運動――教育思想史学会の歩みを傍観して」『近代教育フォーラム』一八、二〇〇九年。橋本伸也「歴史のなかの教育と社会――教育社会史研究の到達と課題」『歴史学研究』二〇〇七年八月号。

（4） 日高に関する先行研究としては、北河賢三「日高六郎の戦争・戦後体験と戦後思想」『早稲田大学教育・総合科学学術院学術研究（人文科学・社会科学編）』六六、二〇一八年、を参照。また日高の教育への関与と学問・思想との連関については、宮下祥子「日高六郎研究序説――「社会心理学」に根ざす戦後啓蒙の思想」『社会科学』四八（四）、二〇一九年、を参照。

(5) 日本教職員組合編『歴史と教育の創造──日教組教育研究集会記念講演集』(一ツ橋書房、一九七二年)の巻頭で、二〇年間にわたる教研集会の記念講演について論じた「解説　戦後思想史における教研と記念講演」の執筆を日高が担っていることも、このことを象徴している。

(6) 持田栄一「自主性と創造性を強調──『日高六郎教育論集』」『朝日ジャーナル』一九七一年三月二六日、八五頁。持田はその「日高教育論」を、総じて「教育の自律性論、教育と政治の機能的区別論、教師＝知識人論」に代表されるとし、それは持田自身を含む「教育運動関係者の間でも、一部には異論のあるところ」であると述べている。しかし日高の議論がそのような分類に収まりきるものでないことは、本稿が明らかにするとおりである。

(7) 山内亮史「「戦後思想」と「戦後教育」の普遍性──「日高六郎教育論集」の意味するもの」その1・その2・その3、『旭川大学紀要』四・六・八、一九七六・七八・七九年。本稿は山内が論じる思想的意義の具体相を時間軸に即して明らかにするものである。

(8) 詳細は、宮下祥子「社会科教育と戦後知識人──日高六郎の「社会科学科」をめぐる実践」『新しい歴史学のために』二九六、二〇二〇年、を参照されたい。

(9) 遠山啓・日高「教育における全体性の回復」日高『人間の復権と解放』一ツ橋書房、一九七三年、初出一九七三年、三二六頁。

(10) 引用に際し旧漢字は新漢字に改め、旧かなづかいは現代かなづかいに改めた。〔　〕内は引用者による補足を示す。傍点はすべて原文ママ。

(11) 修身科の廃止から「道徳の時間」特設(一九五八年)に至る経緯と議論の詳細については、佟占新『戦後日本の道徳教育の成立──修身科の廃止から「道徳」の特設まで』六花出版、二〇一九年、を参照。

(12) 日高「道徳教育論議について　悪たれ小僧の説」『日本読書新聞』一九五一年一月三一日。

(13) 『日高六郎教育論集』(以下『教育論集』と表記)一ツ橋書房、一九七〇年、四二一頁。

(14) 日高「新しい人間像──その現実的地盤」『岩波講座　教育Ⅲ』岩波書店、一九五二年、『教育論集』一三─四〇頁。ただし日高は教育基本法を重視する立場であり、「教育基本法の最も良き内在批判者」であった（前掲山内「「戦後思想」と「戦後教育」の普遍性」その2、八四頁）。

(15) 日高・遠山茂樹・大田尭「社会科学者の社会科批判」『教育』一九五二年一月号。

(16) 竹内好「若い友への手紙」『教育』一九五二年七月号、『竹内好全集　第六巻』筑摩書房、一九八〇年、五一―五三頁。

(17) 日高「綴方・このよいもの　国分一太郎氏の「新しい綴方教室」を読む」『日本読書新聞』一九五一年四月一一日。

(18) 上原専禄・国分一太郎・日高ほか「生活綴方運動の問題点」『思想の科学』一九五四年八月号、三三―三四頁。

(19) 日高「生活綴方とコトバ」『講座日本語　第五巻　ことばと文学』大月書店、一九五六年、一三九―一四三頁。

(20) 日高「生活記録運動――その二、三の問題点」日本作文の会編『講座・生活綴方　第5巻　生活綴方と現代教育・文化』百合出版、一九六三年、二八五―二八七頁。

(21) 日高「都市のこころ」国分一太郎・丸岡秀子編『教師生活　増補版』新評論、一九五八年、二一九頁。

(22) 『教育論集』四一三頁。

(23) 日教組教育研究全国集会は毎年いちど、全国の教師が各学校で行った教育実践を「積み上げ方式」で持ちより、四日間にわたり各分科会で発表・討論する取り組みである（一九六〇年より日本高等学校教職員組合と合同）。当該期には毎年一万人を超える教師や父母が参加し、主に大学教員が講師を務めた。講師団を構成する知識人の役割についてはさしあたり、太田拓紀「戦後初期教育運動における教育知識人の変容過程――1950年代前半における日教組教育研究集会の中央講師団に着目して」『滋賀大学教育学部紀要　教育科学』六七、二〇一七年、を参照。また講師の日常の取り組みや教師らとの交流を描いた作品として、丸岡秀子『ある戦後精神』（一ツ橋書房、一九六九年）が参考になる。

(24) 日高「長野教研集会に参加して」『新しい教室』一九五五年五月号、『教育論集』四四―四五頁。

(25) たとえば『世界』誌上には、初参加者が共通して「参会者の膨大な量」、「余り組合的でない沢山の教師が広く日教組の行事に参加していること」、「教師が地域の父母と結び、父母の願望の線に沿って息苦しい現場で賢明に活動していること」などを知って「深く心を動かされる」ことが述べられており（「日本の潮4　第五次教研集会批判」『世界』一九五六年四月号、一九九頁）、その感動は当時「教研病」などと称された。

(26) 日高「地道な現場の報告――反省すべき「客観主義的」調査」『東京大学学生新聞』一九五五年二月七日。第四次教研で日高は、分科会「特別教育活動、校外活動を通じての情操教育はどのようにすすめるか」の講師を務めた。
(27) 日高「この巻を読んで」『国分一太郎文集2　政治と教育のあいだ』新評論、一九八三年、二九六頁。
(28) 『教育論集』四二二頁。
(29) 日高「教研大会の問題点」『思想の科学　会報』一九五六年三月号、八頁。この年日高は分科会「教育と文化を進めるために教師は父母や青年と提携してどのような実践活動をしてきたか」の講師を務め、討論の内容の取りまとめを日本教職員組合編『日本の教育　第五集』(国土社、一九五六年)に執筆した。翌一九五七年は分科会「職場の問題」の講師を務め、五十嵐顕と共同で同編『日本の教育　第六集』(国土社、一九五七年)に、一九五八年は分科会「社会科教育」の講師を務め遠山茂樹・今井誉次郎と共同で同編『日本の教育　第七集』(国土社、一九五八年)に取りまとめを執筆した。一九五九年は分科会「職場・教師の生活」の講師を、一九六〇年は分科会「父母との提携」の講師を務めた(以後『日本の教育』への執筆はなし)。
(30) 『教育論集』四二三―四二四頁。
(31) 加藤周一「松山の印象――民主教育の問題」『知性』一九五六年四月号、同『雑種文化――日本の小さな希望』講談社、一九七四年、一六五―一八七頁。
(32) 阿部知二・梅根悟・加藤周一・日高「座談会　第六次教研全国集会にのぞむもの」『教育評論』一九五七年二月号、一三頁。
(33) 日高「第六次教育研究全国集会を終えて」『教育評論』一九五七年三月号、一頁。
(34) 国分一太郎・日高「教研活動と組合活動」『教育評論』一九五七年六月号、九八―一〇三頁。
(35) 徳久恭子「法的地位の変化とその影響」前掲広田編『歴史としての日教組　上』。この特性から日教組は状況依存的にならざるを得ず、勤評問題などで労働組合の論理が職能行為である教研を引きずったことが一九六〇年代の教研形骸化を招いたことを、徳久は詳細に明らかにしている。
(36) 竹内好「信仰の告白」『教育評論』一九五七年三月号、『竹内好全集　第八巻』筑摩書房、一九八〇年、三五九―三六二頁。

(37) 安田武「教研集会傍聴記」『教育』一九五七年五月号、三九―四二頁。

(38) たとえば、「経験と教養の相違を条件として行う話し合いの技術、思考の方法が、教師集団に欠けていることを率直に認めなければならない。善意の独断と押しつけがあるかと思えば、理解のない賛同がある」(「日本の潮3　教研集会も七歳になった」『世界』一九五八年四月号、一五五頁)。「自慢話を一席ぶって帰るという会員の方が多いのではないかと心配する」(「共同デスクからみた教研」『日教組教育新聞』一九五九年二月六日)。

(39) 日高「「教育研究活動」の現状と問題点」『思想』一九五八年三月号、『教育論集』四八―六〇頁。

(40) 日高「闘争力・その今日的課題」『教育評論』一九五八年一〇月号、四五―五一頁。

(41) 佐藤隆「高度成長期における国民教育運動と恵那の教育」大門正克ほか編『高度成長の時代1　復興と離陸』大月書店、二〇一〇年。佐藤によれば、このなかで恵那の勤評闘争は勤評と学習指導要領改訂を一連の問題と認識し、教師と校長が一致するとともに父母・地域住民を運動の共同主体と把握し得た。日高は当時、恵那の実践について、「教育実践と組合運動とのあいだにけじめをつけることで、より高いほんものの統一が実現されていく過程」をたどったと高く評価している(日高「合同教研全国集会に参加して」『思想』一九六〇年四月号、『教育論集』一〇三頁)。

(42) 佐藤隆「〈平和と民主主義のシンボル〉から〈学歴正統化装置〉としての学校へ」前掲大門ほか編『高度成長の時代1』一八七頁。

(43) 「神奈川方式」についてはさしあたり、小出禎子「1950年代における勤務評定に関する議論の再検討――勤評「神奈川方式」の意義と限界」『名古屋大学大学院教育発達科学研究科紀要(教育科学)』五七(一)、二〇一〇年、を参照。

(44) 前掲日教組編『歴史と教育の創造』所収。

(45) 日高「講師団代表の意見　第八次教育研究の成果」『教育評論』一九五九年三月号、四九―五〇頁。

(46) 竹内好「危機の教研と日教組」『日本読書新聞』一九五九年三月二三日、『竹内好全集　第八巻』三六五頁。

(47) 鈴木輝男「もうだまされない教師が育っている」『日教組教育新聞』一九五九年二月六日。

(48) 前掲竹内「危機の教研と日教組」三六五頁。

(49)　日高「「第八次教育研究集会」をめぐる問題点」『思想』一九五九年三月号、『教育論集』六四—八五頁。
(50)　前掲竹内「危機の教研と日教組」三六三—三六七頁。竹内の講師辞任の理由と経緯については、黒川みどり・山田智『評伝　竹内好——その思想と生涯』有志舎、二〇二〇年、一八九—一九〇頁を参照。
(51)　海後勝雄・園部三郎・遠山啓・日高「座談会「近代主義」をめぐって」『教育評論』一九五九年四月号、三四—四二頁。ただし日高は総じて桑原講演の説得性を高く評価し、桑原の問題提起は「日本近・現代思想史にとっての、最も重要な問題の一つ」であるとしている（前掲日高「解説　戦後思想史における教研と記念講演」二六頁）。
(52)　日高「日本の教育と知識人——ジャンセン教授の論文について」『世界』一九五七年一〇月号、一七〇頁。
(53)　森田俊男・日高「今日の教組運動に要請されるもの」『教育評論』一九五九年八月号、三三頁。
(54)　日高「サークル的姿勢をささえるものは何か」『作文と教育』一九五九年九月号、『教育論集』三四一頁。
(55)　谷川雁「伝達の可能性と統一戦線——日高六郎への手紙」『中央公論』一九五九年四月号、『谷川雁の仕事Ⅰ』河出書房新社、一九九六年、三三一頁。
(56)　一方で作田啓一は、「異なった出発点からスタートする思想や運動が、それぞれみずからに誠実であるかぎり、ある到達点においてあい交わる」という日高のオプティミズムは幻想に過ぎないかもしれないことを日高自身が「他の誰よりも慎重に」自問した結果、「彼は、検証されねばならぬ多くの領域を未来に残しているこの思想を選択した」と理解している（作田啓一「日高六郎論」同『恥の文化再考』筑摩書房、一九六七年、初出一九六五年、二五一頁）。
(57)　前掲日高「サークル的姿勢をささえるものは何か」三三八—三三九頁。
(58)　日高「第九次教研全国集会を前にして考えてもらいたいこと」『教育評論』一九六〇年一月号、『教育論集』九〇—九三頁。
(59)　教育の国家統制に抗する「国民教育論」に統一的な定義があるわけではないが、その論理については持田栄一による構造改革的立場からの次の整理が有益である。持田栄一編『講座マルクス主義6　教育』日本評論社、一九六九年、一〇四—一〇七頁。なお日高は一九六一年から一九七〇年まで、教研集会で国民教育運動をテーマとする分科会の講師を務めた。
(60)　前掲日高「合同教研全国集会に参加して」九九—一〇九頁。

(61) 日高ほか編『社会科教育大系　第五巻　現代の世界と日本（下）』三一書房、一九六三年、一五二頁。

(62) 日高「全国教研集会への提案」『教育』一九六四年一月号、『教育論集』一一二―一一七頁。

(63) 日高「教育研究活動の自主性・創造性・連帯性」『教育評論』一九六六年一月号、『教育論集』一一九―一三二頁。三宅芳夫は、日本国憲法第一〇条の「国籍条項」成立がもたらした「巨大な負の遺産」に対する日高のこだわりこそが、彼を「他の「戦後民主主義」の思想家たちと比較した場合の特異性」であるとしている（三宅芳夫「追悼・日高六郎　東アジアの思想家としての日高六郎――二〇世紀を生き抜き、書き、思考した知識人」『世界』二〇一八年八月号、二二八―二二九頁）。

(64) 安田武「揺らぐ教師像――第十五次教育研究全国集会傍聴記」『展望』一九六六年五月号、同『人間の再建――戦中派・その罪責と矜持』筑摩書房、一九六九年、一九一―二〇九頁。

(65) 日高「政治・社会・教育」『岩波講座現代教育学Ⅰ』岩波書店、一九六〇年、『教育論集』二九一―二九七頁。

(66) 日高「国民教育論をめぐって」『思想』一九六一年四月号、『教育論集』三〇五―三一一頁。山内亮史はいみじくも、日高は「政治主義（党派性）がまじめに教育にとり組んで勉強してきた教師達を保守の側にやったという見方をしている」ことを指摘している（前掲山内「「戦後思想」と「戦後教育」の普遍性」その3、七四頁）。

(67) 日高「教育における創造の問題」『教育評論』一九六七年四月号、『教育論集』一四二頁。

(68) 日高「教育・思想支配の日本的構造」日本教職員組合・国民文化会議編『教育反動――その歴史と思想』一ツ橋書房、一九六八年、『教育論集』所収。

(69) 高橋和巳・日高「解体と創造」前掲日高『人間の復権と解放』初出一九七〇年、四六頁。

(70) 日高「人間の全体性の回復――日本の教育はどうあるべきか」前掲日高『人間の復権と解放』初出一九七二年、三一八―三二五頁。

(71) 前掲持田「自主性と創造性を強調」八五―八六頁。もっとも持田のこの議論も、東大に残る選択をした彼自身の立場性と不可分である。その後持田は一九七八年に死去し、両者の対話は未完に終わった。持田の（日高批判を含む）戦後教育学批判の前提となっていた時代状況や教研の内部事情に対する理解を後継の教育学研究が欠落させていったことを、佐藤隆「国民教育論と日本教職員組合の教育研究活動」（『人文学報・教育学』三一、一九九六年）は問題視している。

(72) 前掲遠山・日高「教育における全体性の回復」三四五―三四七頁。
(73) 前掲日高「この巻を読んで」三〇〇頁。
(74) 前掲日高「人間の全体性の回復」三一五頁。
(75) 前掲日高「解説　戦後思想史における教研と記念講演」一五頁。
(76) 刈谷剛彦『追いついた近代　消えた近代――戦後日本の自己像と教育』岩波書店、二〇一九年、を参照。
(77) そうした思考様式は教師固有のものというよりもむしろ、戦後歴史学も含む「学校秀才型マルクス主義」の体質（戸邉秀明「マルクス主義と戦後日本史学」『岩波講座日本歴史　第22巻　歴史学の現在』岩波書店、二〇一六年、一三八頁）の一端を、教師もまた抜きがたく共有していたと捉えるべきであるのかもしれない。私見では、こうした思考様式はマルクス主義の社会的影響力が消滅した今日もなお健在である。酒井隆史は、現代日本における「普遍的権利への攻撃や「戦後的なもの」への否定と、その気分としてのシニシズムは、長い時間をかけて、制度内外の知識人たちによって耕されてきたもの」であるとする重要な議論を展開している（酒井隆史「現代日本の「反・反知性主義」?」『現代思想』二〇一五年二月号）。
(78) 見田宗介「追悼・日高六郎　「含羞の知識人」を見送る」『世界』二〇一八年八月号、二二三頁。
(79) 日高「「戦後教育」を語る」『季刊ｆｏｒｕｍ　教育と文化』一一、一九九八年、一三〇―一三一頁。

＊本稿はＪＳＰＳ科研費 18J12625 による成果の一部である。

Ⅵ 「部落《むら》共同体」との対峙

――丸山眞男における一九五〇年代後半から六〇年代――

黒川みどり

はじめに

「日本では体制自由主義者になることも、コミュニズムの同伴自由主義者になることも、やさしいのですよ。だから私はリベラルの旗をあくまでおろさない」(「現代日本の革新思想」一九六六年一月、『丸山眞男座談』第六巻、岩波書店、一六二頁。以下『座談』巻、頁と略記)。この丸山眞男の発言は、安保闘争や学生運動が高揚するなかでも彼が貫いてきた姿勢であった。いかなる「体制」にも寄りかからず、「日本という状況のなかでリベラルであるということはどういうことなのか、行動によってリベラルであることを実証してゆくには、どういう選択をすべきなのか」を、丸山は戦後一貫して追究してきたのである(同、⑥一六一)。

本稿は、丸山眞男の一九五〇年代後半から一九六〇年代末までを対象とする。[1] 当該時期を一括りに論じるのは、第一に、丸山は一九五三年に発病した結核の療養を終えて一九五六年に東京大学での日本政治思想史の講義を再開しており、その講義に、のちの「歴史意識の『古層』」(一九七二年)につながる「原型」論の構想がみてとれることにある。一九五六年が丸山にとっての転換点であったことは、同講義録編者である平石直昭・宮村治雄・山辺春彦の鼎談(2)、ならびに同講義録の「解説」(3)で述べられており、その指摘にあるとおり、この時期には一九五九年の論文「開国」で示される横からの「文化接触」という視点が導入されている。「忠誠と反逆」と対の関係にある「正統と異端」の研究の着手もこの時期であった（一九五七年度講義）。また当該期には、思想史の方法論についての論文「近代日本における思想史的方法の形成」（一九六一年）をはじめ、「思想史のあり方について」（一九五七年九月）、「思想の冒険――思想史研究の新しい前進のために」（一九五九年六月）や関連するテーマの座談などが発表されていることも注目される。

第二に、松本礼二の指摘にもあるように(4)、これまでの政治学の研究に一つの区切りがついたことである。『政治学事典』（『丸山眞男集』第六巻、岩波書店。以下、『集』巻、頁と略記）の完成、そして一九五七年には『現代政治の思想と行動』が刊行され、その「後記」に、同書をまとめるにいたった経緯が次のように述べられている。

一昨年（一九五五年―引用者）の暮から昨年のはじめにかけて、知識人と戦争責任という問題が論壇であらためて提起されはじめた。（中略）今ごろになって改めて戦争責任をむしかえすとは…という考え方には賛成できないが、同時に、今ごろ蒸し返さねばならなくなったこと自体に対して、すべての知識人が深い反省を要求されているのではないか、したがって、この意味で戦争責任問題は戦後責任問題ときりはなしては提起されないというのが、私の当初からの感じであった。昨年のいつ頃か、こうした問題をすぐ近くに住む畏友竹内好氏と話していたとき、氏が、この際われわれは恥ずかしいとか今となっては具合が悪いとかいう考慮を一切すてて、戦中戦後に書いたものを一括して社会の目にさらすことから出発すべきじゃないかといわれた言葉は瞬間に私の胸をつきさした。（傍点―原文。以下、同。『集』⑦五二一―五二二）

そんなおりに「もののめぐり合せというのは妙なもので、ちょうど夏ごろから、未來社は何か事情があって私の約束履行に対する攻勢をにわかに強めだした」ため刊行にこぎ着けたという。ただしこの仕事は戦争責任の問題と深く結びついているものの、「本書の背景になっている私の思想の道程、迷いや遍歴を本当に世にさらすためにはむしろ戦争までの歩みをのべなければならないが、それをここに誌す余裕は到底ないので他日を期することにする」として課題は残されることとなった（『集』⑦五三—五四）。

第三に、安保闘争を頂点に、この時期の状況が丸山を否応なくそうさせたともいえる現実政治へのコミットメントである。丸山は、一見コントラストが目立つ竹内好との共通性を語るなかで、「ぼくはぼくで、「学問」における価値判断排除という「常識」を吟味しなおそうという姿勢」であったと述べる（「魯迅の会　好さんへの追悼（あまり原稿）」一九七七年一二月、『集』別集③二三二）。後述するようにその背後には、戦後社会状況への失望と危機感があったと考えられる。丸山は、「僕はやっぱり学問というものは生活とある緊張を保たなければならない、そこには分離——遊離じゃなく——することによって最もよく生活に奉仕するという、いわば逆説的な関係があるんじゃないかと思うんです。（中略）大衆文明の時代には日常的な現象に絶えず学問が引張られてしまって、時事の問題とかあるいは狭い意味の政治的要求に鼻面《はなづら》を引き摺《ず》りまわされて、結局学問の社会的使命を果せなくなる。学問じゃなくても果し得るもの、あるいは学問も果すかも知れないけれども学問以外のものでも果しうるような役割に学問が引張りまわされる事はやはり社会的な浪費です」といい、「持ち場の自覚」の必要を説いた。その反面「ただ無反省になんの問題意識もなく惰性的に勉強してそれを「持ち場」と思っているアカデミシャンも決して少くない」ことについては、「やはり学問の内部から、自分の問題を追求する態度が必要なのじゃないか」と述べていた（『集』⑦四二—四三）。

一九六一年に刊行された『日本の思想』の「あとがき」には、「すくなくも論理的には古事記の時代から総力戦の時代までを内包する「日本の思想」を、一体どんなふうに総括して同じ巻の本論にバトンを渡せばよいのか、ほとほと途方に暮れたことが、これまでいくつか併行的に自分の内部で育てて来た問題なり視角なりを、とにもかくにも統一的に関連づける試みへと跳躍させる機縁ともなった」、「したがってここには、よかれ悪しかれ、私が大学卒業以来当面したさまざまの学問的課題と、それを追求する過程で不可避的に刻みつけられた私の思想的道程とが流れ込んでおり、それと同時に、これ以後の関心方向の新たな起点ともなった。もっとも表面的な事柄を例にとれば、戦後私は種々の事情から、対象的には日本政治思想史の、いや政治思想史の範囲をふみこえて政治学上の諸問題、とくに現状分析の領域にまで手をひろげて来たけれども、「日本の思想」の前後からようやく「戦線」を整理して、その後の論稿はおおむね旧著『日本政治思想史研究』や福沢研究の系列に属する」と記されている（『集』⑨一一二）。ここからも、丸山の力点が思想史研究に移行しつつあったことがみてとれる。そうしてまた、自身の分析は、「大体において日本の精神構造なり日本人の行動様式の欠陥や病理の診断として一般に受け取られて来た」ことは「ある面では当っているし、ある面では当っていない」が、そのような見方が当っているというのは「右のような論稿がいずれも戦争体験をくぐり抜けた一人の日本人としての自己批判——あまりにすりきれた言葉であるけれども、これよりほか表現の仕方がない——を根本動機としており、しかも三〇年代から四〇年代において何人《なんぴと》の目にもあらわになった病理現象を、たんなる一時的な逸脱ないしは例外事態として過去に葬り去ろうとする動向にたいする強い抵抗感の下に執筆されたために、そうした病理現象の構造的要因を思想史的観点からつきとめることにおのずからアクセントがおかれたからである」（『集』⑨一一三—一一四）と述べるように、自らの戦争体験と結びつけながら「戦後責任」を果たすべく、戦後社会の病理の剔抉と現実政治への発言がなされていったのであった。

一　戦後状況への危機感――「底辺のナショナリズム」との対決――

丸山の戦後の状況に対する危機意識は、「現代政治の思想と行動第一部　追記および補注」（『現代政治の思想と行動』（上）一九五六年一二月、未来社）のなかにも前景化されており、それは以下の点においてであった。

一つは、丸山は、対立する米ソの間に挟まれて「近代化と現代化という問題を二つながら解決することを迫られている日本の立場というものは、世界史的に見れば非常に重要な意味を持っているのではないかと思う」と述べるように、そして「依然として大きな問題が残されているので、これを体制論や機構論の規定からくる近代か前近代か（あるいは、独占資本か封建遺制か）というような問いと混同してはならないであろう」とことわっているように（『集』⑥二七五―二七六）、近代化を推し進めれば封建的なるものが解体するというような単純な認識ではありえなかったことである[5]。そして、「伝統型の分解が直ちに新たな型の行動様式への転化を意味しない」として「一見新たな自我意識と映ずるものも実は部落の共同体的行動様式の一側面をなしていたエゴイズムの肥大現象である場合が少なくない」（『集』⑥二七六）との注釈を加え、次のように述べる。同書の第一部が「昭和の動乱期」に焦点を当てているにもかかわらず「「現代」という形容詞を附することは、昨日の忌わしい記憶を永遠の忘却の中に閉じこめようとする旧世代の立場からだけでなく、めまぐるしく変転する今日の世界に生きる人びとの感覚からいっても、異議を免れないであろう」が「私の体内に重たく沈殿している感覚からいうならば、「現代日本」がこれだけではないことは確かであると同じ程度に、これがまさに現代日本の問題であって、決して歴史的過去でもなく、況《いわ》んや一場の悪夢ではない」（『集』⑥二九一―二九二）と。丸山にとって戦前の天皇制国家はけっして過去のものではなく、現代の抱え込んでいる矛盾そのものなのであった。

二つ目は、そのような認識の根源にある「底辺のナショナリズム」に対してである。彼は、討論の記録「民主主義の名におけるファシズム」（『世界』一九五三年一〇月）から自らの発言を引くことによってその問題性を指摘する。すなわち「底辺のナショナリズムは、いうまでもなく近代的ナショナリズムではなく、家父長的あるいは長老的支配を国民的規模に拡大した戦前ナショナリズムの変形で、これによって、国民の漠然としたいまだ組織化されていないナショナルな感情を吸い上げていく」ものであり、それが保守勢力にとって「危険な反米という方向にいかないようにする」ために、「例えば現在ある程度現われている古いナショナリズムのいろいろなシンボルの中で、直接的積極的には政治的意味をもたないシンボルを大々的に復活させること」を行い、具体的にはお祭り、神社信仰、家庭道徳・上下服従、芸術娯楽面における復古調をあげる。そして「これらの現象はいずれも直接的には政治的意味をもたない」が、「一定の状況の下では間接的消極的に非常な政治的効果を発揮する。いずれも戦前の日本にたいするノスタルジヤを起し、その反面、戦後の民主主義運動、大衆を政治的に下から組織化していく運動に対する鎮静剤、睡眠剤として、非常に大きく役立つ」、「いいかえると、大衆の関心を狭い私的なサークルのなかにとじこめ、非政治的にすることによって逆説的に政治的効果をもつ」という（『集』⑥二七七―二七八）。今日にもそのまま通じる指摘である。

丸山がそうした底辺のナショナリズムに着目するきっかけとなったのが、きだみのる『日本文化の根底に潜むもの』（一九五六年、大日本雄弁会講談社）であった。『気違い部落周游紀行』（一九四八年）をはじめとするきだの作品は、南多摩郡（現八王子市）の集落のありさまを如実に描き出して注目を集めたもので、丸山は、「そこでは部落共同体の精神構造がほとんど超歴史的なまでの強靭さを以て日本文化のあらゆる面に特殊な刻印を押しているさまが興味深い筆致で語られている」、「ともかく、日本人の思考と行動様式を最深の層で（といっても必ずしもフロイド的な深層心理の意味ではない）捉えようという氏の方向には、日本政治の本当の動機を知ろうとする者にとっても見過すことのできない意味をもっている」（『集』⑥二九二―二九三）と高く評価し、「日本政治の精神的気候を測定するためには、（中略）

常識的にきめられた政治の領域に視野を限定せず、また国民の目的意識的な政治的意見や行動だけに注目するのでもなく、むしろ非政治的な生活領域における思考＝行動様式をあまねく観察の対象とする必要が理解されるであろう」（『集』⑥二九五—二九六）と述べている。丸山がそこに見たのは「部落共同体の精神構造」＝〈closed society〉の強靱さであり、それは大学での日本政治思想史の講義に登場する「原型」、そしてのちにいうところの「古層」の追究につながっていくものであった[6]。

同時期に石田雄・藤田省三と行った鼎談「戦後日本の精神状況——『現代日本の思想と行動』をまとめるにあたって」（一九五六年一〇月）では、丸山は「部落共同体の精神構造」とどう対峙するかを突き詰め議論を投げかけている。そこでは、零細な半農民の多い愛知県の漁村を舞台にした杉浦明平『ノリソダ騒動記』（一九五三年六月）を俎上に載せながらこのようにいう。村落共同体などの経済的な拘束力は減退して制度的には近代的になっていても、底辺は「バラバラのマス（大衆）」に解体しておらず、それゆえその「トラディショナルな村落の行動様式」が、「新しい擬似職能集団の中に持ち込まれて働く」。「もし底辺まで個人に解体してしまったら、そういう大きな団体ができたからといってゴソッとそっちに行くということはない」と（丸山眞男手帖の会編『丸山眞男話文集』第一巻、二〇〇八年、みすず書房、四〇八頁。以下『話文集』巻、頁と略記）。藤田や石田に比べて丸山は一貫して部落共同体の精神構造の根強さを強調しており、藤田に対しては、共同体の「どうもそういう崩れているという面を少し強調し過ぎるのではないか」（『話文集』①四一一）と窘めてさえいる。問題は「一人ひとりの村民の精神構造を、それがいかに変えているかということ」であり、職能集団になっても「その中だけを微視的に取ってみれば、天皇制だということなんだな。ナショナリズムの構造がアトマイズされて、社会的底辺に沈殿してきたと言えるんじゃないか」（『話文集』①四一四—四一五）と述べる。そしてたとえば基地反対にしてもそういう精神構造を抱え込んでいるという点では手放しで評価できるものではなく、その「部落的セクショナリズム」が運動のなかで結果的にプラスに働くか否かはさておき、「それを掘り下げていけば抽象的な祖国愛とか郷土愛」すなわち「原水爆反対ではなくて、祖先からの土地を取られるのはかなわないという」「ナショナリズムの底辺の構造」にゆき当たることを指摘する（『話文集』①四一九）。

このように「部落共同体」に潜む底辺のナショナリズムとどう対峙していくかということにもっぱら関心を向けていた丸山は、たとえば総評の高野実が推進した「ぐるみ闘争」（企業別労組の限界を乗り越えるための家族ぐるみ・地域ぐるみ闘争）が横に拡がって組織が弱くなったという総評幹部からの批判に疑義を呈している。批判者たちのいう「まず組合内の組織を固める」というのは、現実の闘争方式では「公共企業体や大手筋の組合中心になって、かえって組合の闘争自体が他の階級はもちろん労働階級自体からも孤立してしまう」ことになるといい、「ナチが出てくる直前のドイツの組合運動」をそこに重ね、階級的孤立の状態であったために「失業者や農民や中小企業者はヒットラーの方に走った」と述べる。そうして「階級分化がおそろしく複雑」な日本では、「労働運動にしても結局横に幅をひろげなければ内部自身も本当に固まらないという逆説的な構造」にあることを指摘する（「結核療養者より医師への注文」一九五六年一一月、『座談』②一一一）。丸山が問題にしたのは、社会保障の格差や自らが経験した療養所内で起きている同様の事態が示すように、組織を固めるとそれからもれる底辺が救われない、それゆえ横に広げざるを得ないという矛盾であった。丸山は次のようにいう。「日本の場合には一般に、いつも下からの要求が、もっとみじめな者がいるじゃないか、贅沢いっちゃいかぬという論理で押えられてしまう。悲惨さには無限の段階があるから、もっと下を見ろといわれるとキリがないんですね。「上」のものがそうした悲惨さのヒエラルヒー（段階組織）の上にあぐらをかくには実に都合よくできている」（『座談』②一一〇）。そして総評の戦闘化と重ね合わせながら結核療養所患者の運動についても、「今のような境遇では、ある状況の下に日頃非政治的な患者が急激に政治化することは避けられない」とし、そのことを顧みずに共産党との関係のみに運動の戦闘化の原因を求めるべきではないといい、運動の指導力は「行きすぎよりも行き足りない現象の方が圧倒的に多いのです。むしろ大部分が行き足りないから一部が行きすぎることになる」と、「下」が救われない状況を憂えた（『座談』②一一二）。

それはまた、「戦後の相対的安定は中間層の位置が極貧層を置き去りにして上がってる」（「日本における危機の特性」一九五九年一月、『座談』③一九〇）という中間層自体のあり方に対する危機感にも根ざしていた。戦前以来続く「日本の農民」に象徴されるエゴイズムと滅私奉公の「使い分け精神はむしろ逆に支配層に利用される」（同前、③一九三）。かたやそれでも「まだ抵抗物が日常の家族生活のなかにハッキリ感触としてある」農村婦人とは異なり、「リアルな抵抗感覚というものはやはり大都会ではいわゆる大衆社会的になるほどなくなっている」がゆえに支配層に取り込まれやすいという（「映画・女性・現代」一九五九年五月、『座談』③二〇四）まさに現代化ゆえの問題であった。丸山は、「実際は戦争やファシズムにたいする国内のレジスタンスはきわめてとぼしかったから、明治とは状況がまるで違ってしまって、何か非常に安易にすべてが戦後の民主化の波の上にのっかって、それぞれ安定してしまったようなところがある」（「歴史の歯車のなかに――戯曲「東の国にて」を語る」一九五九年一二月、『座談』③二七七）とも語っており、それは戦争をくぐり抜けてきたからこそ強く抱く危機感であった。

三つ目は、社会主義への落胆であった。「ぼくの精神史は、方法的にはマルクス主義との格闘の歴史だし、対象的には天皇制の精神構造との格闘の歴史だったわけで（中略）対決していた当の相手が少くもぼくの視野の中でフニャフニャになったために、こっちも何かガッカリして気がぬけちゃった」（「戦争と同時代」一九五八年一一月、『座談』②二三四―二三五）というのは周知となっている丸山の発言の一つだが、彼をしてこのように言わしめたのはスターリン批判やハンガリー事件そのものではなく、それらを機に「本当にコミュニズムの根本問題を真面目にまた大胆に考えなおそうという気運がマルクス主義者の間に出てきたときに、修正主義排撃というだんびらをふりかざされると、せっかくの問題提起もしぼんでしまい、マアマア当りさわりのないことを言っておこうというようなことに、また戻っちゃうんじゃないか」（「現代革命の展望」一九五七年四月、『座談』②一一八）という発言に明らかなように、むしろそれらをとりまく周囲の反応の方であった。丸山はさらに、「共産圏の個々の政策や行動に対する態度を、容共にしろ反共にしろ、すぐイデオロギーの色分けに拡大するような「全体主義」から、もうそろそろ訣別してもいい頃じゃないか。（中略）それからもう一つは、説明の論理と正当化ということとをハッキリ区別することが大事じゃないかということです」（『座談』②一一九）と述べている。

それは、たんにマルクス主義をめぐる思想的対立の問題にのみ限って該当することではなく、「たとえば日本の明治以後の近代化の問題」にも通じており、「歴史的説明と正当化をゴッチャにするものだから、正当化を避けるために指導者の「悪しき意図」を強調せざるをえなくなったり、あるいは逆に歴史的説明をそのままあのコースが正しかったということの論理にしたりする結果になる」という。批判する側も「イデオロギーの色分け」から解き放たれる必要があること、かつ「正当化」は「歴史的説明」との区別を自覚的に行うべきであることを強調して已まなかった（同、『座談』②一一九）。社会主義についても、「社会主義国だって天国や天使じゃないので、つまり組織された暴力を独占している国家というものがある限り、国家一般に共通した法則があるということをむしろはっきり認識した方が、そこから出てくる危険なり悪なりを、最小限にコントロールすることが出来るんだという考えなんです」といい、「純粋な抽象観念」とは別に、現実の国家を突き放して認識した方が「実践的にもいいのじゃないか」と問いかけるのであった（同、『座談』②一二二―一二三）。

一方、平和五原則の問題をはじめとする「アジアのナショナルな動き」についても、「いろんな政治力がそれを利用しようとすることは当然」ではあるが、ソ連やコミュニストの扇動に原因を求めて事足れりとすべきではないと戒め、「基本的には内在的原因に重点をおいてこれを突きとめようとする考え方、それが社会科学的な考えだし、政治の問題についても同じ」（傍点―引用者）と述べる（同、『座談』②一三九）。そして丸山は、「資本主義世界で起ったことは内在的な原因に帰する、社会主義世界で問題が起ると、これは外部の煽動や働きかけに帰するのじゃ、どうかと思うのです」といい、イデオロギーとは区別して相対的に独自な論理の時点で問題をはっきりさせる訓練をつけないと、「本来いい目的でできているものが悪いことをするはずがない、本来悪いものはいいことをするはずがないという大前提みたいなものがどうしても先に立ってしまって、リアルな認識ができなくなり、結局そのマイナスは自分にはねかえってくることにな」るという根源的な認識のあり方に対する警告を発していたのであった（同、『座談』②一四一）。

二 「正統と異端」のモチーフの形成

このように、社会主義、そしてそれをめぐる議論のありようにも失望を禁じ得なかった丸山は、日本社会の根源的な病理の追究に向かっていく。『信濃教育』一九五七年八月号に発表された「思想と政治」（『集』⑦）が、なかんずくその先駆けとなったものであり、「正統と異端」のモチーフが明瞭に現れている論文である。(7) この論文についてはかつて述べたことがあるので内容の詳細はそれに譲り(8)、ここでは「正統と異端」にどのように結びついていくのかという点からかいつまんで述べておきたい。

「部落共同体」と対峙すべくそれと対蹠的位置にある「開かれた社会」を追求する必要から、はじめにも述べたように「文化接触」という観点を入れて論文「開国」が書かれた。「開いた社会」を「閉じた社会」から区別する標識は、「自由討議、自主的集団の多様な形成、及びその間の競争と闘争」であり（「開国」一九五九年一月、『集』⑧八〇）、それは「政治的権威が道徳的ないし宗教的価値と合一する」「閉じた社会の基本的傾向性」の対極に位置するものであった。「閉じた社会」では、「「反対者」は殲滅《せんめつ》すべき敵（自己以外の権威や流派）ではあっても、それとの討論・競争の過程を通じて、弁証法（＝対話）的に客観的価値に接近してゆくために必要な対立者ではない」（同、『集』⑧五二)。天皇制国家の確立に伴い「明治維新直後の百家争鳴状態は、いつの間にか国体という正統性のふるいにかけられることにな」り、そのもとで「権力をバックにした異端糾問」が行われたが、「その基準を問うことはだんだんタブーになっていた」(前掲「思想と政治」、『集』⑦一一五―一一七)。

丸山は、こうして日本の近代が行き着いた天皇制国家という「正統性の確立」のもとでの思想と政治の関わりについて次の二点を指摘する。一つは、「権力のにない手」ではない「権力の対象」としての「臣民」の誕生、すなわち「自由なき平等化、帝国臣民的な画一化」であった(『集』⑦一一七―一一九)。もう一つは、「国体」への「イデオロギー的同質化」、すなわち国民の非政治化であった。天皇制国家機構は「現実的には権力の中核体であるにもかかわらず」「超政治的なもの」「つまり、あらゆる対立を超越したものとして表象される」(『集』⑦一三〇)が、それは天皇制国家に限った過去の話ではなく、今日に蔓延る「政治的中立」の欺瞞性・危険性と照応しているのであり、「政治的中立ということは、しばしば上からの政治化には無抵抗で、下からの政治運動だけを排除するということになりがちなのであ」る(『集』⑦一三四)。

他方で、丸山は国家のみならず個人のモラルのありようを問題にしており、一九六〇年一一月に行った「内と外」と題する講演はその点を問うたものであった。ここでは、かの有名な論文「「である」ことと「する」こと」(一九五八年の講演をもとに翌年『毎日新聞』に掲載)における、「である」社会や「である」道徳の閉鎖性、前近代性の指摘をより敷衍して論じている。丸山によれば、「内と外」の使い分けは、しばしば「自分が同一化したところの集団」を「内」とみなすことによってなされる。このような使い分けにもとづく個人の行動は、個々人のモラルに依拠するものではなく、「家とか村とか国とか、つまり自分というものが同一化したところの集団に通用している道徳」なのであって(『集』別集二、三五〇)、そこでの排除、すなわち「内と外」の弁別は、国家権力レベルの「正統と異端」による排除と同根であった。したがって、「正統と異端」の追究は、「内と外」の使い分けを内包した「部落共同体」の解体――「開かれた社会」の希求と一体であった。

ところで「近代的な法」というものは、「なにより第一義的に権力者を対象とし、権力の専制を防ぐために存在している」ものである（前掲「思想と政治」、『集』⑦一三八）。しかしながら日本の戦後民主主義はアメリカから入ってきたものであるにもかかわらず、「権力に対して武装する権利」を憲法に謳うアメリカとは異なり、「法治国である以上、法に従えという論議は、ここでは圧倒的に被治者たる国民に対して、むしろ権力の側から強調されている」のであり、丸山は、日本では「政府の恣意的な権力行使と、それから人民の側からの暴力というものとが、どっちが現実には危険性が多いかということは、単に目前の印象からでなく、こういう歴史的な由来からくる、精神的気候とにらみ合わせて判断しなければ、フェアな判断ができないではないか」と問うた（『集』⑦一三九―一四〇）。さらには、「自由主義の非情に長い伝統をもったアメリカにおいて、正統と異端という、自由主義とは最も相いれない考え方が最近において非常に有力になってきた」こと、そしてそれが日本に影響力をもち事態を複雑にしていること、具体的には「「忠誠審査」や非米活動の取締り」であり、丸山は、「自由主義の総本山」において「内面的な思想の忠誠、つまり思想がアカでないことのあかしを権力が要求するようになった」（『集』⑦一四〇）ことをみてとっており、その危機感も彼が「正統と異端」に向きあう大きな原動力になっていったであろう。また権力が、「内面的な思想の忠誠」に踏み込むことは、かつて自らが特高に追われた記憶とも重ね合わされていたであろう。(9) そのようななかで丸山は、「自分のにくむ思想に対する自由、これがリベラリズムの本体であります」（『集』⑦一四一―一四二）と述べて、「異端糾問」の対極にあるリベラリズムの意味を再確認している。

一方、一九五四年のビキニ事件は竹内好をして「亡国」との認識にいたらしめたが、(10) 丸山にも大きな影響を与えた。丸山は、自らの「原爆体験の思想化」をしてこなかったことを「いちばん足りなかった」点と認めており、それを認識するようになったのがビキニ事件だったと、後年次のように述べている。「ふつう、観念的といわれている民主主義とか基本的人権とかはね、わたしはほとんど生理的なものとして自分のなかにあると感じています。しかし、原爆はそうじゃなかった。少なくとも、ビキニの問題（一九五四年）が起こってくるまではそんなに深く考えなかった。まあ、わたしの懺悔ですね。そのうしろめたさがあるから、いまさら自分も被害者でございという顔で被爆者運動に参加するのをためらう気持ちがある」（「普遍的原理の立場」一九六七年五月、『座談』⑦一〇八―一〇九）。丸山が自身の被爆について詳細に語ったのは、それから二年後のことであった。[11]

そうした状況のもとで「われわれの全存在というものを、政治にのみつくされないようにする」、すなわち個々人の内面の思想をまもるべく丸山が強調したのが、「政治性」「党派性」の自覚であった（『集』⑦一四二、一四七）。丸山はいう。「政治性を自覚しないということは、政治を弁別する能力を欠くだけでなく、自分の思想の政治的役割というものに盲目になってしまう」と（『集』⑦一四二）。それは、先にみた「中立」に絡めとられてしまうことの危険性に対する別の面からの警句でもあった。一九五四年に保安隊が自衛隊となり再軍備が進行していったことについても、丸山は、「独立国であれば、軍備をもつのが当然だという考え方」があるが、「この抽象的命題をたとえ肯定しても、そこからただちに今日われわれが再軍備をしなければならぬという判断は、決して必然的にでてこない。つまり、今日の再軍備というものは、だれがいちばん希望しているか、どういう背景のもとに出されているか、何をねらっているかということと、無関係には論じられない。そういうことを関連的に考察するのが政治的判断です」と述べている（『集』⑦一四四）。

そのようななかで丸山は「ほんとうに思想する」「自分の思想に対して責任を持つ」（『集』⑦一四五）とはどうあるべきかを繰り返し説いた。丸山が敬愛するドイツの音楽家フルトヴェングラーが、「およそナチスから遠い純粋な芸術家」であるにもかかわらず「現実の政治には興味がない」がゆえにナチスに利用されてしまった「悲劇」をあえて紹介し（『集』⑦一四三）[12]、それを反面教師にしながら「政治性を自覚」する、すなわち「自分の外部の世界との不断の緊張関係を自覚」しながら「一定の立場に積極的にコミットする」――それは敵味方をつくることを意味する――ことを恐れず思想を「アクセサリー」にしないことを噛んで含めるように述べるのであった（『集』⑦一四二一―一四九）。

このような危機感の高まりのなかで思想はどうあるべきかを問う丸山の営為は、はじめにでも述べたように、「歴史意識の「古層」」へとつながる、根源から日本の思想の生成のあり方を問う作業に向かっていく。「日本の思想」（前掲）において、丸山いうところの第三の「開国」すなわち「歴史的概念としての開国」以来、日本近代においては「思想が蓄積され構造化されることを妨げて来た」ことへの警鐘と、そうした「思想と思想との間に本当の対話なり対決が行われないような「伝統」の変革なしには、およそ思想の伝統化はのぞむべくもない」ことが述べられており（『集』⑦一九五）、その「伝統」こそが「原型」であり「古層」であった(13)。

三　安保反対闘争――現実政治へのコミット――

当該時期に丸山の日本思想史像に転換がみられることについては前述したが、丸山自身も松沢弘陽に、政治学の現状に批判的でありながら政治学廃業と言っているではないかとたたみかけられて、「それは政治学をやる人との分業という意識ですね。早く廃業したい、日本政治思想史に専念したいという気持ちは非常に早い。日記を見ると、もう一九五〇年代にあります」と答えている（松沢弘陽ほか編『定本丸山眞男回顧談』（下）二〇一六年、岩波現代文庫、二七六頁。以下、『回顧談』、頁と記す）。さらに一九六〇年代の座談では、「私は、近ごろはそういうこと（現在の日本の言論――引用者）にさっぱり縁遠くなりましてね。『古事記』『日本書紀』の政治思想とか鎌倉時代の「道理」の思想などという問題でもって、いにしえのふみをもっぱら読んでいるありさまです」（「日本の言論」一九六六年一月、『座談』⑤一四四

―一四五）と語っており、学問研究は政治思想史へと舵を切っていたことがみてとれる[14]。

しかし、そのような丸山を否応なく現実政治の舞台に引っ張り出した一つの事件が、一九六〇年の安保改定問題であった。丸山は、「安保改訂問題については、これより前に私は種々な会合や研究会に参加し、また居住地域での集会で、苦が手のスピーチなども行なってはいたが、強行採決後は文字通り席のあたたまる暇のない日々が続いた」、「性来おっくうで無精者の上に、ほとんど片肺飛行にひとしい身体的なハンディキャップを負った私としては、今から考えても持ちこたえたのが奇蹟と思われるほどの激しい生活であった。この間、私の行動の場の大部分は、大小の報道機関で伝えられたような集会・デモ・雑誌での発言というようなところ以《い》外にあったのであるが、そうした表面に現われた言動だけをとっても、直接時事的な問題について短期間にこれほど集中的にしゃべったり書いたりしたことはなかった」と回想している（「増補版　現代政治の思想と行動　追記・附記」一九六四年五月、『集』⑨一六九）。「元来隠遁型なんです。叱られるかもしれないけれど、やっぱりね、天下国家論よりは音楽なんか聞いてるほうが、楽しいね。下手なピアノを弾いているほうが楽しいんだなあ」（前掲「普遍的原理の立場」、『座談』⑦一〇六）という丸山であったが、もっぱら使命感で表舞台に出ていったのだといえよう。

丸山が反対闘争高揚前の段階で強調していたのは、「平和共存の逆説的論理」であった。丸山はそれを、「両陣営が両極化して一触即発の状況にある時に、平和共存が理念であって、しかも理念として非常に生きた意味を持っていたような、エネルギーっていうとおかしいけれども、そういう理念的な指導性っていうものは、平和共存がだんだん現実のなかに根をおろして行くにつれて薄れてくるんじゃないか」と危惧する。すなわち、「共産主義陣営対自由主義陣営という二分法」を「平和共存」ととらえて安住することの危険性の指摘であった（「一年の後、十年の後」一九六〇年一月一日、『座談』④七―八）。

丸山は、一九五八年六月に平和問題談話会が「つぶれた」あと、「意識的に平和問題談話会を継承すべく」、坂本義和・福田歓一・篠原一らと国際問題研究会をつくってきたが、自身も含めてそこでの「労働運動や社会党のアクティブな人たちにも共通」する認識は、「もっと切実な経済問題でなければ大衆は動かない」「安保は重い」というものだったという。「ふつう、大衆運動が盛り上がっていった頂点に六〇年安保があったというふうに考えられがちですけれども、そうではない。突如としてあの大爆発になった。アクティブな知識人や学生の見方からすると「ついにここに来た」、つまり多年の努力が実って六〇年の大爆発になったというのですが、いわゆる普通の市民と接触しているぼくらから見ると、五月一九日の強行採決によって突然大爆発が起きた。その見方の違いというのが、かなり重要なことじゃないかと思うんです」と述べる（『回顧談』（下）二一七）。戦後の状況に危機感を示してきた丸山にあっては、闘争の高揚をこれまでの到達点とするような楽観的観測には同意できなかった。

一九六〇年五月一九日の強行採決に際しては、「もちろん予想外のことで、びっくりし」、翌二〇日には研究室に行って、辻清明とともに「これは黙っていていいだろうか」ということになり（『回顧談』（下）二一七―二一八）、五月二四日には「民主主義を守る全国学者研究者の会」が結成され、その第一線にあった日高六郎からの依頼によって「選択のとき」（『みすず』一九六〇年八月、『集』⑧）と題する丸山の講演が行われた。丸山は「レトリックとしてですけれども、議会政治の最大の危機が同時に最大の好機になる、安保についていろいろプルーラルな議論があるけれども、強行採決を認めるのか認めないのかということで、問題が単純化されたという意味のことを言った」と振り返り、それには「思いがけないほど大きな反響があった」と述べている（『回顧談』（下）二一八―二一九）。周知のように、それは、竹内好の「民主か独裁か」（『図書新聞』一九六〇年六月四日）とともに、「運動のなかに民主主義擁護の線を原理的にいれていく役割をはたした」一方で、「「安保条約改定反対」の目標が「民主主義擁護」の目標に置きかえられ、その結果全運動は失敗に終ったとする異論もでた」[15]。その後も丸山は、運動の場に引っ張り出されることに抵抗しながらも、坂本義和や福田歓一らとともに東大全学研究集会で講演を行った[16]（『回顧談』（下）二一九）。

同年五月二七日、東京永田町で闘争の渦中のデモの歌声を聞きながら行われた開高健・竹内好との座談においても、これまでの戦後の運動は「歴史のコースがあらかじめきまっていて、そのおしきせに従って運動が展開するような安易な考え方」による「疑似プログラム」であったとし、「そのおしきせをご破算にして、ニヒルから立ち上がる」というモメントが存在した強行採決後の運動の高揚に転機をみている（「擬似プログラムからの脱却」一九六〇年七月、『座談』④一一二）。しかし丸山はけっしてそれに安心するわけではなく、一つには、「保守政治家の手練手管」に対して新聞記者たちも予見できなかったのは、制度としてのデモクラシーに安住する「公式主義」が「一種の国体観念」のように存在しているからだとして（『座談』④一一五）、そこに「形態それ自体を崇拝するという意味での制度崇拝」をみる（『座談』④一一三）での、エネルギーはあるが「秩序形成的な力」が出てこない「混沌」の抱える問題であった（『座談』④一一七）。もう一つは、それと一見対極にある「既存のいわゆる革命的組織の解体現象の中」（『座談』④一一七）。そのようななかでファシズムの温床を根こそぎにしなければならないという竹内の発言を受けて、丸山は「自分に省みて難題」とことわりつつ、「せめて自由主義者としてコンセクェント〔首尾一貫した〕でありたい、日本で自由主義者であるということが、いかに大へんなことであるかを、あらためて今度ほど痛感したことはない。なんとかしてぼくは自由主義者になりたくて、なかなかなれないでいるというところだ……」（〔　〕注—原文）といい、一方で「日本人の問題に広げていえば、これを契機にして政治というものは在家仏教だということ」を主張する。「つまり政治というものは、出家してやるものじゃないんだろうということ、つまりめいめい普通の市民がみんなその場を持ち、その本来の場を持って、政治以外に場を持って、しかもやらざるを得ないもの」であり、「それなくしてはデモクラシーも何もないんで」「なんらかの意味の職業政治家、あるいはアクティブスというものがやる特殊な仕事ではなくて、毎日、普通の職業を持ち、他に自分本来の目的をもっているものが、「にもかかわらず」寸暇を割いてやるものが政治なんだということね、そうでないとないと立っていかないんです」というのである（『座談』④一二五—一二六)。

講演「選択のとき」においても、「この歴史的な瞬間に、私たちは、外国にたいしてでなく、なによりもまず、権力にたいする私たち国民の安全を保障するために、あらゆる意見の相違をこえて手をつなごうではありませんか」(『集』⑧三五〇)と、「出家」した者に委ねるのではない「在家」というひとりひとりの意識のありようを問う方法を追求した。ここでも丸山は「あらゆる意見の相違をこえて」と訴えているように、そうした闘いを支えるためには「部落共同体」=〈closed society〉を生まないための「他者感覚」の重要性を確認する必要があった。このように述べている。「ぼくはどうも組むというので、いつも気になるのは、本来人間は同じであるべきだという前提が、どうしても強すぎるんだ。つまりお互にみんな一人一人違っているんだ、どうせ違っているんだ。違っているものがどこまで組んでいくかということなんで、(中略)そうすれば責任もハッキリするし、多様な組み方ができるんだ」。「むしろ違った者同士だという前提があって、はじめてルールの意識が出てくるんだ。それは循環なんだ。つまり部落共同体にはルールはいらない、その意味ではみんな同じなんだから。異なった者同士がある集団を組むことで、手続きとか、ルールというものが、はじめて出てくる」(前掲「擬似プログラムからの脱却」・『座談』④一二二—一二三)。以上に明らかなように、丸山は安保闘争と向きあってもけっして運動の量的な発展や高揚に目を奪われることなくあくまで冷徹に、従来からの自由主義、デモクラシー、そしてそのための「部落」意識の解体という観点から社会を見つめていた。

そのような丸山のあり方は、被抑圧者への視座と結びついていた。その一端は当該時期の木下順二作品「沖縄」の観劇所感「点の軌跡」(一九六三年一二月)のなかにも示されている。丸山がその作品からみてとったのは、被抑圧者への視座を含む双方のトータルな変革ということであった。

第一に、沖縄の「精神的自立なしには、民族的自立はない」(『集』⑨一四三)、すなわち「双方の側での自己否定を契機にしない限り双方の結合はあり得ない」といい、そのことはたんに沖縄だけの問題ではなく「知識人と大衆とか、いろいろな問題でそのことを考えている」と述べて、プロレタリアートを含むトータルな自己否定の必要に敷衍させていく。丸山によれば「マルクスにとって、プロレタリアートというのは、ちっとも美化されていない。プロレタリアートは、まさに、現代社会における疎外の集中的表現」なのであった。「社会をトータルに変える」ためにプロレタリアート、ブルジョアジー双方に「自己否定」が必要だというのは、「プロレタリアートが、なんとなくそれ自身正しくて、悪玉のブルジョアジーをだんだん撃破して自分の領分を拡大して行くという方式と、基本的にちがった論理を打ち出している」のであり、「これが弁証法の論理」であった（『集』⑨一三二）。そうしてこのようにいう。「根本的に倒錯した社会が資本主義社会のなかにだけあって、すでに地上に実現している社会主義社会にあっては、部分的にであれ解放が実現されており、その世界が、倒錯した資本主義社会を次第に圧倒して行く、善なるものが正なるものがソ連や中国とかにすでに内在していて、それが餅みたいにふくらんで世界全体にひろがるという革命運動観と、マルクスが考えた革命とは基本的にちがいます」（『集』⑨一三二―一三三）。

第二に、「精神的自立なしには双方――沖縄人と大和人と――の連帯は成立しない」（『集』⑨一四三）、すなわち「日本対沖縄といったような問題にだけとどまると、それは別の意味における局地主義というか地方主義に陥ってしまう。世界的な展望を持たなくなる」ため「国内における連帯の問題」として考えるべきであるとする。それは「内と外の論理＝思考様式」を断ち切るということであり、ここでも丸山はこのように述べる。「閥とか閉鎖的集団とか、内の人間と外の人間、インズとアウツというものを断ち切らねば、連帯の生まれようがない。インズとアウツというのは、僕に言わせれば「部落《ムラ》」なんです。これが原罪なんです。そこで、僕は土着主義を切らねばならないと思う。ムラが抵抗の根源であるとか、部落共同体というものが近代における抵抗の根源だとはどうしても思わない。これこそが、内と外という論理の発酵するもとなんです」（『集』⑨一三三―一三四）。

丸山は木下の作品から「自己否定によってしか歴史は進歩しないという、一貫したテーマ」を読みとるが（『集』⑨一三五）、木下のいう「自己否定」は「たえず政治的にラジカルな行動をとらなければならないという俗見をしりぞけている。本当の意味でのラジカルというのは、いわゆる今まで言われてきたような外部的ラジカルということではない」ことに注目する（『集』⑨一三六）。さらに「人間存在の根本問題を、人間の連帯の問題として出している。しかも、それは政治の問題でもある。日本人のなかで連帯が実現できないで、どうして日本対沖縄とか、日本対アメリカとか言えますか。日本人と日本を同一化するのがまちがっている」と問うたあとに、「無限にナカの問題に転化する。沖縄対日本の問題は、ゆえに、われわれとわれわれ隣人の問題になって行く」（『集』⑨一三七）と述べて、日本近代のありようの追究に向かっていく。

丸山は、「いわゆる近代の否定ではなくて、近代日本の否定でなくてはいけない。封建的なものを背負い、他方では目まぐるしく近代化して行った、そういう日本の否定なんであって、日本の近代化した側面の、その否定ではない。その意味でも、僕は土着主義には反対なんです」といい、「近代日本」の内包する矛盾を克服すべきことを説いた。丸山によれば、「近代的なものを先取し」た官僚制と「近代化からとり残された者」が抵抗の拠点にしようとする「共同体的なもの」は「実は、背反関係にあるのではなくて、かえって補完関係にあ」り、「日本の近代は、部落共同体の基礎の上で目ざましい発展をしているんです。その結びついた両方を否定しなければ、同じことなんです。それを片方を抵抗の拠点にして、近代日本を否定する。それは丁度、所与の一方に寄りかかって、他方の所与を否定するということになる」。そして「僕がアジア・アフリカ主義に批判的なのも、その故です」とも述べている（『集』⑨一三七）。丸山は、「垣根ナショナリズム」と、「土着ナショナリズムの裏返し」である「いかれインターナショナリズムが多すぎる」（傍点―原文）（『集』⑨一三八―一三九）といい、あえて沖縄にも「コンプレックス・ナショナリズム」を断ち切るように、そして被差別部落についても「果して被差別「部落」だけの問題かどうか」と問い、「党と大衆団体にしても、内外論理、完全な差別観がある」と述べて、インズとアウツの垣根を超えた「普通の人間として隣人を愛すること」の大切さを強調した（『集』⑨一三八、一四〇）。丸山のいう民主主義の原点はここにあった。丸山が竹内好の「どこにでも同じ人間が住んでいると思えばいいんだよ」という発言に象徴させて、「好《ハオ》さんにはコスモポリタニズムが感覚としてある」（「好《ハオ》さんとのつきあい」一九七八年一〇月、『集』⑩三五九）、「ぼくは好さんを根本的に信じている、好さんのコスモポリタニズムやエセ《似非》インターナショナリズムを打破する考え方を信じている」（前掲「魯迅の会　好さんへの追悼（あまり原稿）」・『集』別集③二三六）と述べているのはそれゆえであった。

一九六七年、丸山は安保闘争について、鶴見俊輔の「敗戦後の占領下民主主義の残り火が一挙にパーッと燃えあがった、最後のもりあがりだったという意見もありますが……」という問いかけに対して、「いままでのかたちでのデモの最後のもりあがりと、新しい形での市民的不服従の萌芽と、その両方の交錯といった方がいいかもしれない」と答え、「市民的不服従というのは、日本の大衆運動の伝統形態から言えば「革命的」意味をもっている」とされるが「基本的に防衛」であり、「だから向こうから攻撃をかけてこないと、またマイホーム主義になっちゃうという弱点をもっている」と述べている（前掲「普遍的原理の立場」『座談』⑦一一五）。安保闘争の高揚に対しても必ずしも楽観的ではなく、常に「部落共同体」をいかに解体するかという観点から日本社会と向き合っていたといえよう。

安保闘争後に「挫折」体験がさかんに取り沙汰されたことについては、「日本のラディカリズムには、政治的ラディカリズムというより、心理的ラディカリズムの要素がつよい」ため、「潮がひくとガックリくる」といい（前掲「現代日本の革新思想」・『座談』⑥一〇八）、また「終楽章のコーダに入ってから急激に盛り上ったので、達成できるものにははじめから限度があった。それにしては、よくあそこまでいったというのが実感です。したがって敗北感や挫折感はないいんです。かといって、べつに自信が増したというわけでもない、あいかわらず「実践」はきらいだから（笑）」（『座談』⑥一一一）と些か冷めた発言をしている。

丸山は、この闘争のなかで自らが運動の表に出たことによって「丸山政治学の実践だとか丸山政治学からの流出だとか言われた」ことへの忌避感を、「ただの一市民としてやっていることが何で丸山政治学からの流出ということになるのだ、と。そういう流出論的な見方が繰り返し出てくるので、つくづく嫌になったのを覚えています」と回顧している（『回顧談』（下）一九八）。

四　安保闘争後のマルクス主義思想・運動を見つめて

一九六五年に、丸山が針生一郎と対談した記録「民主主義の原理を貫くために」（『新日本文学』一九六五年六月）は、針生が『新日本文学』の編集長だったことから文学と社会・政治の問題から始まるのだが、つまるところそれは当該時期の学生運動観の吐露でもあった。丸山は、「文学や文化の創造性が発揮される基盤は、現代では市民《シビル》的自由を中核観念とする民主主義だ」（『座談』⑤一一五）とした上で、新日本文学会の形式主義すなわち「規約に定められた手続きによって決定を行うという原則」を評価した。丸山はここでも、「日本には一種の内容主義があ」り、「手続きとか規約とかはつまらんもので実質さえよけりゃそんな形式は第二義的だという考え方」があることを指摘し、それらに対立するものは「内容じゃなくて、恣意や暴力」であり、「非常に簡単化していうと、スターリニズムが発生する最大の、といわなくてもきわめて大きな思想的要因はそこにある」という。したがって「ある団体やメンバーが反スターリニズムとか反幹部専制をとなえ、その大義名分で上層部を攻撃しても、こうした内容主義を脱しない限り、自分が上層部に立てば同じようなやり方で、少数意見を封じたりする」ことになるのであり、「何が「良い」決定、あるいは「真の」解答かは、人によって意見・立場・利害がちがうし、ちがうのが当然なんだという前提がなければ、手続きとかルールの意識というものはでてきませんね」と述べる（『座談』⑤一一七―一一八）。スターリニズム発生の土壌をこれ以上つくらないために丸山が強調したのは、みながちがうという前提に立ってあくまでもルールと手続きを重視することであった。そしてそこでもその「ルール感覚のなさ」を生んだ「歴史的事情」としてあげるのが、「官僚制的な法観念」と「共同体的な行動様式」の共存関係であった(『座談』⑤一一九)。

丸山は、その観点から安保闘争後の全学連や左翼集団の分裂について次のような問題をあげる。「何のために集団をつくり、何のために綱領や規約をつくるのかという初歩的な問題について共通の理解が欠けている」、「自分の集団に何ができるか、というより何ができないかという限定がない。みんなが「革命」というトータルなものをめざし、しかもトータルな世界観に基礎づけるものだから、集団の機能限定が出てこず、またちがったものを組合せてゆく思考が出てこない。それが、すべての集団が統一を唱えながら、結果においてますます分裂をはげしくしてゆくことと密接に関連している」。彼が強調するのは、「当面する問題によって、さし当っては何が必要で、次に何、という行動の優先順序」であり、それが維持されていれば「さし当って、これこれの限りにおいて、この集団と組むという限定も出てくる」はずだが「「革命的」というものだから、革命とは何かの定義が一致しなければ野合にすぎないということになって、簡単な問題でも統一行動ができない」。それが妥協の存在しない「正統と異端の争い」になるのであり、学生や日本共産党の場合がそうした「純粋主義」に陥りやすく、それが他方では「極端な便宜主義」とくっついているという(『座談』⑤一二二)。

「安保後のマルクス主義思想」と題して行われた梅本克己と佐藤昇との鼎談(『現代日本の革新思想』河出書房新社、一九六六年、に収録)のなかでも、統一戦線を組むためには「本当のところで思想的に自立していないとなかなかむずかしい」(『座談』⑥六八)という梅本の発言を受けて、「いわゆる広義のトロツキスト・グループや反代々木の極左グループ」が「「社会主義」国家をそれ自体、批判の俎上にのせた」という点では「ひとつのエポックをつくった」(『座談』⑥六九、八一)として評価できるが、「「外」からみてさっぱりどうなっているのかわからない」「安保以後のブント（共産主義者同盟）の分解がどうなっていて、お互いに何をケンカしているのか（笑）……」（『座談』⑥六九）と述べている。また丸山は、統一戦線も「異っているという前提」に立たなければならないということを繰り返し述べ、にもかかわらず「思想・信条をこえて団結しようという言葉のすぐ下から、他人の思想・信条にたいする猜疑心が働く」。また「思想・信条をこえて」という場合の、その「こえて」の実際をみると、何も思想・信条などを持たない「大衆」と、絶対確実な思想を持っている共産党なら共産党との結合を意味している。ですからおよそ一定の思想とくに政治思想をもっている人々や集団はけむたがられ、結局排除されるという傾向を一貫して持っている」と切り込んだ（『座談』⑥一二九—一三〇）。

丸山の警鐘は、「「文学的」な発想が無限定にマルクス主義の解釈に入りこむ傾向が出てきた」ことにも及んだ。日本共産党やマルクス主義の権威の低下と結びつくと、「客観性」「体系性」——それが「検証と修正を通じてきずいてゆくものでなしに、既成品として自分の外部に厳然と据えられているものだった」ことが問題なのだが——が崩れ、その反動として、『学生新聞』などに顕著なように「文学的発想」が氾濫するにいたったという（『座談』⑤一一七）。丸山は、「正統」の分解の一つを科学派（宇野経済学）に、もう一つを文学派（埴谷雄高・谷川雁・吉本隆明）に見るが、「共産党という「教会」から離れて、神（真理）と良心ないし心情とを直結させるという意味では、伝統教会からみればともに「主観派」なのである。そして両者の「主体性」はともに、「内なる「純粋」な欲求や心情を、既成の権威や戒律にはばからずに外に向って放出することにアクセントがある」のであり、「複数の目標やコースを前提として、不断に状況認識をしながら、自分でそのなかから選択するという意味の主体性はあまりみられない。この「純粋に内なるもの」の外部的放出が、ある場合には肉体的行動主義にも通ずるし、また内発性を日本民族の内発性として定義すれば、土着派にも通ずることにな」るというわけである（『座談』⑥八六—八七）。さらに丸山は、「土着主義の根底にある動機は主体性」、すなわち「外来的なものと天降りしてくるものにたいする内発性の強調」であるといい、問題は土着主義の谷川や吉本にあるのではなく「むしろ土着主義が受け入れられる思想的基盤」だという（『座談』⑥九一）[17]。そして「土着主儀」の対極に位置づけられ「欧米」という名の外国主義」として反発を受けている「近代主義」については、それを絶つことを「私らは「近代主義」の側からやるから、いわゆる土着主義の側から絶つことをやってくれ、普遍性の論理を提示してくれといいたい」というのであった（『座談』⑥九四）[18]。

　そのようななかで丸山は、改めて戦後民主主義の擁護を語っている。戦後民主主義に対して虚妄感を抱く「若い人たち」には「基本的に甘ったれの心情」があるといい、「戦後の民主的な自由というのはいつも冒される危険と闘ってきたし、現に冒されているけど、同時に戦後の民主主義を基盤として育ってきた運動なかりせば、もっとひどいことになっている」はずで、「この民主主義的な既得権益」を「フルに活用する能力のないものに、どうして未来の社会を動かす能力を期待できますか。ただイヤダイヤダとダダッ子のようにわめいているようなところがある」と述べて、手厳しく批判している（『座談』⑤一三三）。

　丸山は、マルクス主義の制度論への傾斜をも撃った上で「制度と運動の統一」された民主主義の重要性を説き（『座談』⑤一三四）、それのナショナリズムとの結合の必要を追求した。「少なくも全面講和から安保闘争までを貫く広汎なエネルギーの有力な思想的源泉が、ナショナリズムとデモクラシーの結合にあったとするならば、これが分岐することほど、権力側あるいは現状維持イデオローグにとって歓迎すべき事態はない」といい、「戦後一貫して反近代主義とナショナリズムの立場を通してきた竹内（好―引用者）氏が、同時に民主主義という裏打ちの軸をもっていたことが、はしなくもああいうテーゼの出し方に象徴的に表現されていたことなんです」とも述べている。そういうなかで、安保闘争後に丸山が懸念を抱くのは、むしろナショナリズムの株があがってきたことによるものであった[19]（前掲「現代日本の革新思想」・『座談』⑥一〇―一一）。

　日本では「観念にとりつかれる病理」よりも、「無思想で体制順応して暮して、毎日をエンジョイした方が利口だという考え方」の方がはるかに定着しやすいのだから、「思想によって、原理によって生きることの意味をいくら強調してもしすぎることはない」と考える丸山は、その役割をインテリゲンチャに求めた（『座談』⑤一三九）。丸山が説く「インテリゲンチャの使命の自覚」というのは、その浮動性を生かして「所属主義にならないこと」であった。さらに丸山は、その「所属主義の逆の現われ」である、ことさら「一匹狼」と称することは、実は日本社会に蔓延る「共同体主義の裏返し」や「異端好み」に通じているとの警戒も忘れなかった（『座談』⑤一四二―一四三）。その一方で、「新聞紙面の著しい画一化」に対しては、「異説争論、百家争鳴ということは社会の活力の表現として大いに歓迎したいですね。「穏健中正の全体主義」はかなわんと思うのはそのためであって、異端好みとは意味が違うんです」（「日本の言論」一九六六年一月、『座談』⑤一六〇―一六一）と述べて、ジャーナリズムが自由な立場で批判を行うことを促した。なお丸山は、「ここ数年来、「正統と異端」という問題に思想史的に興味をもっているので」（前掲「現代日本の革新思想」・『座談』⑥一一七）と発言しており、丸山の「正統と異端」の研究は、このような現状分析と密に結びつきながら行われていたことが明らかである。

折から高揚していた学生運動については、日本の教育のあり方をアメリカと比較しながら振り返り、「日本のラジカルの学生」には「「弁証法的」な対話」になる複線的な思考が非常に乏しく、「「愚劣である」なんて言うだけで相手の考え方を理解できないんですよ（笑）」と述べている（「丸山先生を囲んで」一九六六年一〇月、『座談』⑦五五）。また丸山は、「非常に若い世代」が、「政治的判断基準がグラついて、一種の不可知論になっていること」を憂える（「討論・対決の思想」一九六八年六月、『座談』⑦二九九）。そのようななかで丸山が繰り返して述べるのは「ノーといえる権利」の重要性であった。丸山は、「まさに少数意見の権利の尊重などというのは消極的自由観であって、大事なのは、何々への自由という積極的自由なんだ、などという俗流的考えが、革新勢力の間に強い。これくらい危険なことはない」といい、ラディカルな運動が実は戦前の体質と変わらないことに警鐘を鳴らし続けた（同、『座談』⑦三一一―三二二)[20]。

一方、丸山は全米アジア学会の特別プロジェクト近代日本研究会議企画の叢書第一巻、M・B・ジャンセン編・細谷千博編訳『日本における近代化の問題』(一九六八年、岩波書店)に「個人析出のさまざまなパターン」を執筆している[21]。その意図は「個人主義」をめぐる概念の「交通整理」であったが(松沢「解題」、『集』⑨四五七)、明治以後都市化は「やはり農村のひもつきで進行した」、第一次大戦後の「大小都市へ向かう大量的人口移動は、「家」や「部落」を原型とする人間関係のパターンが公私の官僚制のすみずみにまで転位する結果を生み、個人析出という不安定要因の進行をおさえたのである。「国体」が信条体系として次第にルーティン化しながらも通用したのには、こうした社会学的な支えがあった」(『集』⑨四一四―四一五)などと述べるように、「部落共同体」の根源的解体は容易ではないとの認識が如実に示されている。また丸山は、「都会的・近代的なもの一般を、雑然たる無秩序との動かしがたい宿命的なつながりにおいて連想すること」は「ツベルクリン反応の陽性転化をただちに重症の結核と同視すること」だという。「西欧的教養を受けたインテリや都市化された労働者」にも「その心の奥底には伝統的人間関係への郷愁がひそんでいた」のであり、その「家」や「部落」が生きている世界、すなわち「ツベルクリン反応陰性の天地」を礼讃することが「体を菌にさらすことによって抵抗力や免疫性を強めようという努力をたえずはばむのである」と結ぶ(『集』⑨四一六―四一七)。だからこそ概念の「交通整理」が必要であった。

周知のように、東大闘争は一九六八年から六九年にかけて激しく展開された。このかん、学内の教員で大学問題シンポジウムが行われ、丸山は一九六九年一月二四日の第二回の折に、「概念の解体」による「ロマン主義」が出てきていてフランス革命と似ているという発言を行ったと回想しており、さらに学部制廃止の案を第三回委員会に提出している(『回顧談』(下)二三八―二三九)[22]。同年一月二一日には、全共闘学生による法学部研究室の封鎖が解除され、翌二月に丸山は、ストライキのため前年一〇月以後行われていなかった講義を再開した。しかし丸山の日本政治思想史の講義は三回にわたり中止となり、実質的に丸山の東京大学での講義はこれで終わった。そのかんのことは、「年譜」（『集』別巻）ならびに『回顧録』（下）、あるいは「自己内対話」のための雑記帳である「春曙帖」（丸山眞男『自己内対話――三冊のノートから』（みすず書房、一九九八年）からうかがい知ることができる。丸山は当時を振り返り、次のように述べている。「そのときの学生の批判に「形式的なことに拘泥し」というのがあったのです。ぼくは思わず「文化というのは形式ですよ」と言った。みんなわっと笑いました。（中略）文化の変革期には必ず生と形式の間の矛盾が起きる。いままでの形式は、新しい文化を盛りきれなくなる。そこで古い形式をこわして、新しい形式をたてる。ところが現代文化の危機は、新しい形式を求めるのではなくて、一切の形式を離脱して生命の欲求だけを叶えようとすると。ジンメルは実に見事に書いているんです。マルクスでいえば、ちょうど生産力と生産関係に当たるんですよ。制度も同じですね。制度については講義のときに言いました。「何のために制度があるか。制度の反対概念はハプニングである。君たちのやっていることはハプニングの連続じゃないか」と批判した」（『回顧談』（下）二三四―二三五）。丸山は、内なる欲求や心情の放出をあえて拒んであくまで「形式」、民主主義における制度を重んじる態度を貫いた。そして彼の学生運動に対する批判もその原理原則からなされたものであった。

丸山は、「春曙帖」に、「「反体制」の言辞がこれほど氾濫しながら、「現実」をかえる力がおどろくべくないという日本の反体制運動の歴史的な問題性を自分の問題として考えないで、いい気になって、マス・コミの需要に応じて注文生産している「自由」評論家や大学教授によって、日本の「現実」がただの一インチも変革されていないことだけはたしかである」（一九六九年五月、前掲、一一五頁）というインテリに対する無力感を記す一方、自分を拉致し追及した全共闘学生たちに対しては、「「手続」や「形式」は何のためにあり、いかなる存在理由をもつか、それが欠けたとき、人間生活は恣意の乱舞に陥り、リンチが日常化され、「ジャングルの法則」だけが支配する、という常識を、情けないことながら大学生の彼等に何度でもくりかえし強調しなければならないのだ。しかも、さらに悲惨なことは、既成の形式を破壊し、それから自由になるつもりの彼等の行動様式（ヘル・角材・口手拭）のおどろくほどのコンフォーミズムである。グループで居丈高になり、一人ではひよわな人間！」と書きつけている（同、一九六―一九七頁）。また丸山は、「祭祀《クルトウス》行事と文学（的）情念の日本における政治的なるものとの関連」は、「古代天皇制から三派全学連にまで共通する特質」であるとして、それに取り組まなければ、「数年来講義で言及してきた日本思想の「原型」の問題は、これ以上進まない」のであって、それを考えるだけでも「東大教官としての「義務」と私の学問的エゴイズムとは、もはや決定的に相容れない。（ところが、おどろいたことに、私が学問的エゴイズムのゆえに、東大を全共闘の攻撃から擁護し、東大教官をもやめないでいるという通念が「評論家」の間で、支配的なように見える。三十年前はたしかにそうだった。私は学問をやりたいばかりに、わずかに残された自由な場としての大学ににげこんだのだが……。）」（同、一一九―一二〇頁）と記しており、それが彼の答えであるともいえよう。

安田武は、丸山を次のように評している。

丸山真男が、どういう考えに基づいて授業再開に踏みきったのか、その事情を私は知らない。むろん丸山には丸山の考えがあってのことだろう。いずれにせよ、しかし丸山が自ら決断して授業をはじめた以上、彼自身の講義の「場」で、学生たちのいわゆる「追及」に一言半句答えようとしないであろうことは、あらかじめわかっている。わかりすぎることだ。それが、丸山真男の「思想」というものである。学者として「学問」に正対するときの、丸山のこの厳しいリゴリズムが、彼の学問体系の基底であり基礎ではないか。丸山真男「思想」から、少なくとも私自身がもっとも多く、もっとも深く学んだものは、まさにそのことをおいてはない。（中略）戦時下の、言葉の比喩としてではない暗い弾圧下の研究室に、自らを閉じこめて日本思想史の研究に没頭し、更に船舶部隊に召集されて、広島からわずか四粁の宇品にあって、原爆投下を体験した丸山は、戦時下のこうした現実との絶えざる緊張関係、「戦争体験」との厳しい対決を通じて、こんにちの丸山思想を構築してきたと思う。[23]

丸山は、それからまもない一九六九年三月から翌年まで、心不全と肝炎のため入退院を繰り返すこととなる。そして七一年三月には、定年を待たずして五七歳で東京大学法学部教授を辞職した。

おわりに

丸山は、戦争体験を原点とし、自らを「片足戦中派で、片足戦前派で」あると認めつつも戦中派の「精神的アナーキー」「価値ニヒリズム」とは一線を画す「戦前派の感覚」に自身を置きながら（前掲「丸山先生を囲んで」・『座談』⑦六六）、日本社会に強靱に根を張る「部落共同体」の「原型」と向き合ってきたのであり、安保闘争、そして全共闘運動に直面しても、強靱に、あるいは頑固なまでにその問題意識を貫いた。換言すれば、丸山の戦争責任――戦後責任への向き合い方は、竹内好と同様、それを直截に問うことよりも天皇制を温存している社会の根を絶つべく日本社会を変革することであったといえよう。そしてその課題は、今なお私たちが引き継いでいかねばならないものであると私は考えている。

「原型」に対峙してきたその成果が「歴史意識の「古層」」（『日本の思想六　歴史思想集』筑摩書房）として世に問われたのは、病後の一九七二年一一月のことであった。

注

（1）　敗戦後から一九五〇年代半ばまでは、「丸山眞男における「精神の革命」と「大衆」」（赤澤史朗・北河賢三・黒川みどり編『戦後知識人と民衆観』影書房、二〇一四年）として論じた。
（2）平石直昭・宮村治雄・山辺春彦「一九五〇年代の丸山眞男――『丸山眞男講義録　別冊一・二』別冊全二巻刊行を機に」（『週刊読書人』第三二一〇号、二〇一七年一〇月一三日）。
（3）平石直昭・山辺春彦「解説」（『丸山眞男講義録』別冊一、東京大学出版会、二〇一七年）、宮村治雄・山辺春彦「解説」（同、別冊二、二〇一七年）。
（4）松本〈解説〉「丸山眞男と戦後政治学」（丸山著・松本編注『政治の世界 他十篇』岩波文庫、二〇一四年）四六七―四六九頁。
（5）丸山は「十九世紀的近代」自体を「進歩と頽廃の複合体」とみなしており、「近代」＝「市民社会」の「止揚」として「現代化」をとらえる傾向と、「近代」から区別された「現代」としてとらえる傾向があることに着目するが、戦後、前者の側面を正面から論じることは少なくなり、「同時代の歴史的現実としての現代の問題分析に、議論は収斂していった」こと、さらに「戦後日本にとっての文化接触、歴史の縦軸に対していわば横軸の経験がもたらした危機についての認識が深まり、それが「真の意味の伝統の創造」の希求につながっていったことを論じた松沢弘陽の研究（「丸山眞男における近・現代批判と伝統の問題」、大隅和雄・平石直昭編『思想史家 丸山眞男論』二〇〇二年、ぺりかん社、引用は二七七―二七八頁）がある。
（6）前掲「一九五〇年代の丸山眞男」、及び平石・山辺前掲「解説」、二四七―二四八頁。
（7）すでに「超国家主義の論理と心理」（一九四六年六月）にも、「日本の場合はどこまでも優越的地位の問題、つまり究極的価値たる天皇への相対的な近接の意識なのである」といった一節にみられる（『集』③二七頁）。
（8）拙稿「丸山眞男における「開かれた社会」」（『思想』第一一一五号、二〇一七年三月）七七―八〇頁を参照。
（9）丸山は、「国家権力が精神の内面に土足で入りこんでくる。何にもしてないことが、何をするかわからないというので、却って危険視されるという私のケース」について、後年、回想している（「日本思想史における「古層」の問題」一九七九年一〇月、『集』⑪一五〇）。
（10）黒川みどり・山田智『評伝 竹内好――その思想と生涯』（二〇二〇年、有志舎）一九三～一九六頁。

(11)『中国新聞』一九六九年八月五日・六日（丸山眞男手帖の会編『丸山眞男話文集』第一巻、二〇〇八年、みすず書房、所収）。それ以前に、一九六五年八月一五日、九段会館で八・一五記念国民集会の場で聴衆席から被爆体験を語っている（「二十世紀最大のパラドックス」一九六五年一〇月、『集』⑨）。

(12) 丸山は別の機会にも、「フルトヴェングラーが終始芸術家の立場に立って、ドイツ音楽をどこまでも全人類の共有財産とする考え方をとっていたことは、いろいろの言説からも窺われる。けれども疑いないことは、彼が「政治」との対決を回避したまさにそのゆえに、不潔ななかでもとび抜けて「不潔な政治の世界」を代表するヘルマン・ゲーリングは、この指揮者の名声と資質とを百パーセント動員し利用できたということだ」と述べている（「断想」一九五六年一月、『集』⑥、一四六）。なお、丸山は、芦津丈夫・脇圭平との座談「フルトヴェングラーをめぐって――音楽・人間・精神の位相」（一九八三年五月、『座談』⑨）においてフルトヴェングラーについて存分に熱く語っている。

(13) この経緯については、前掲拙稿「丸山眞男における「開かれた社会」」でも述べた。

(14) 古代史家井上光貞との対談における次の発言にも、のちの「歴史意識の「古層」」のモチーフを見てとることができよう。「ぼくが日本神話を大切だというのは、そのなかに日本国家の生成をさぐる上の素材がみいだされるだけでなく、古代人の世界像とか価値判断のしかたが現われている点です。考古学的事実史の上からいうと、ぼくは素人だけれど、思想史からいうと、決定的に重要なんですね。（中略）膝に蚊がとまって刺したなんていう自然的事実より、ウソでも作り話でも人間の心のなかに意識された事実のほうがずっと歴史的意味がありますよ」（「日本神話をめぐって」一九六五年二月、『座談』⑤二二五）。

(15) 日高六郎編『一九六〇年五月一九日』（一九六〇年、岩波新書）九三頁。丸山は、「あとになって、左翼からは安保問題を議会政治擁護にすりかえていると悪くいわれたけれども、その時は左翼は絶賛でしたね」と回想している（『回顧談』（下）二一九）。

(16) 続けて丸山は、「その時ぼくはすごく抵抗して、坂本くんに、「もう勘弁してくれ。神皇正統記から安保条約まではとてもカバーできない」と言ったんです（笑）。そのころから、現実政治の問題に引っ張られるのはもうかなわない、いつまでたっても日本政治思想史の研究ができないと、強く感じていたんです」（『回顧談』（下）二一九）と、ここでも日本政治思想史の研究に専念したいとの思いがあったことを語っている。

(17) 全共闘運動が高揚している最中に、丸山は「日本の近代化と土着」（一九六八年五月、『集』⑨）と題して土着主義の問題性を語っており、前掲拙稿「丸山眞男における「開かれた社会」」八四―八五頁を参照。

(18) それに挑んだのが竹内好だったのであり、丸山はそういう観点からも竹内を評価していたのではなかろうか。竹内については、前掲『評伝　竹内好』を参照。

(19) そのことを自分と同様の立場で懸念する知識人として、久野収・家永三郎・日高六郎らをあげ、その一方で桑原武夫・鶴見俊輔・上山春平らは「どちらかといえばナショナリズムや土着主義の磁力にひかれて、近代日本の発展を見直せという方に傾斜し、戦後民主主義の「外から」的な性格の批判の面にきびしくなっています」と述べている（『座談』⑥一一）。

(20) 一高時代の寮委員会で自分が「ノー」と言えなかった経験を振り返り、「これが実に深い心の傷になった」と回想しており、実体験とも重ねながら丸山がそれにこだわり続けたことがうかがえる（『座談』⑦五八―五九）。

(21) 執筆までの経緯は、同論文末尾の「原著者の附記」、並びに松沢弘陽「解題」（『集』⑨）を参照。

(22) 「大学問題シンポジウムにおける発言」（『集』別集③）に収められている。

(23) 安田武「「正常化」後の教授と学生たち・東大」一九六九年七月（安田『人間の再建――戦中派・その罪責と矜持』筑摩書房、一九六九年）二三一―二三三頁。

Ⅶ　「構造改革」論の成立に関する覚書
――一九六〇年前後のマルクス主義――

高岡裕之

はじめに

本稿の課題は、安保闘争後の論壇に華々しく登場した「構造改革」論の成立過程の検討を通じ、一九六〇年前後の日本におけるマルクス主義の状況とその特徴を確認することにある。

「構造改革」論とは、通例、憲法と議会制度の下における民主主義的「構造改革」の推進を通じ、社会主義への平和的移行をめざす戦略を打ち出したイタリア共産党の路線（「社会主義へのイタリアの道」）を、日本に適用しようとした社会主義思想ないしその運動と理解されている[1]。

このような「構造改革」論を取り上げる理由の第一は、戦後日本におけるマルクス主義の歴史的理解が必要な時代となったと考えるからである。周知のように、現代日本の思想や学問に対するマルクス主義の影響力は、それに賛同するにせよ、反対するにせよ、絶大なものであった。しかし、冷戦構造が解体した一九九〇年代以降、マルクス主義は急速に影響力を喪失し、思想・学問の脱マルクス主義化が進行した。そのことの是非はともかく、歴史研究にとって問題なのは、マルクス主義に対する関心が失われた一つの結果として、かつてさまざまな領域において人々の行動を規定する力を有したマルクス主義の論理そのものが、もはや理解不可能になりつつあることである。このような現在の状況は、現代史をその時代の思想空間の中で理解することを困難にしている。筆者は、マルクス主義が凋落した現在だからこそ、マルクス主義の問題を歴史の中で位置づける作業が必要になっていると考える。

第二の理由は、「構造改革」論の登場が、戦後マルクス主義の大きな転機であったと考えられるからである。これまでも「構造改革」論の登場は、戦後革新運動の転換点とされてきた。たとえば清水慎三は、一九六〇年代半ばまでの戦後革新運動の軌跡を論じる中で、日本共産党内の戦略論争（綱領論争）に端を発した「構造改革」論争が「社会党・総評をまきこみ、やがて革新系諸戦線のほぼ全体に及ぶ対立・分裂・系列化の時代を迎えるようになった」、「いわゆる《分裂の季節》はここから顕在化した」と述べた[2]。もちろん清水は、一九六〇年代に生じた戦後革新運動大分裂の原因を「構造改革」論争にのみ求めている訳ではなく、「分裂の季節」を引き起こした契機には、安保闘争、三池闘争、原水禁問題、中ソ論争等々さまざまな要因があった。しかしこれらの多くが、革新政党・運動団体間の対立の色彩が強いのに対し、「構造改革」論争は、共産党・社会党を横断する形で展開された論争であったという点で特異な位置を占める。

清水は右のような「構造改革」論争の特異な性格を、それが登場するに至った革新陣営の内部事情から説明する。一九五〇年代の日本マルクス主義には、戦前の日本資本主義論争の系譜を引く二大陣営が存在した。政治レベルにおいては、戦前に「民主主義革命」を唱えた「講座派」マルクス主義の流れは、五五年に統一を果たした日本共産党における、アメリカ帝国主義と日本独占資本を「二つの敵」とした「民族民主統一戦線」路線となり、他方、「社会主義革命」を唱えた「労農派」マルクス主義の流れ（その代表が向坂逸郎であったため「向坂理論」「向坂イズム」と呼ばれた）は、「社会主義革命の遂行」を掲げる日本社会党内で「党公認のイデオロギー」となっていた。このような状況のもとで、一九五〇年代後半の共産党では、綱領問題をめぐってアメリカ帝国主義への従属を強調する主流派の「従属論」と、日本帝国主義の自立を強調する少数派の「自立論」の論争が激化したが、このうち「自立論者の大勢」が「イタリア共産党の『構造的改良』にとびつき、早急に自らの戦略路線」とする一方、社会党では「向坂イズム」に不満を持つグループが「日本型構造改革論」に着目し、「日共内の自立＝構革派と深く結合」したというのである。(3)(4)

このような清水の観察は、事実関係については的確といえる。つまり、「構造改革」論とは、戦前以来の日本マルクス主義の二大潮流それぞれに反対する、いわばマルクス主義の第三の潮流として登場してきたものであった。ただし、「構造改革論を日本革命の戦略基調にすえることには反対」という清水は、「日本型構造改革論」を「イタリア路線の性急な直輸入」であり、「イタリア路線の全貌すらつかまないうちに、これを経済主義的に矮小化してしまった」などと批判している。要するにイタリア共産党路線の未熟な亜流というイメージなのであるが、清水はこのような「日本型構造改革論」の問題性の根本を、「それが［共産党内の］自立・従属論争から出発し、自立論者の排他的路線として主張されてきた」という出自に求めている。だがこのような評価もまた、一九六〇年代のマルクス主義パラダイムの中にとどまっているように思われる。(5)

社会党系「構造改革」派知識人として知られた松下圭一は、二〇〇七年の時点で、日本の「構造改革」派とは、「イタリア直輸入の系譜だけでなく、多様な発生源ないし理論的系譜をもち、しかも相互に顔もほとんど知らない、ゆるやかな少数の理論家たちの、それこそ思考スタイルとしての総称」であったと述べている。本稿が注目したいのは、松下が述べるように、単純にイタリア共産党路線の亜流として一括することができない「構造改革」派の多様性と、にもかかわらずそこに通底したとされる「思考スタイル」である。もっとも右のように述べる松下は、「構造改革派は各人独自の新思考での模索スタイル」であったがゆえに、「構造改革派についての歴史は書けません」と断言する。誰をモデルとするかによって、「構造改革派についての位置づけ・意義が変ってしまう」というのである。た(6)

しかに、一九六〇年代に広がりをみた「構造改革」派とは、知識人レベルでいえば、松下のように非マルクス主義者をも含む、ある種の「思考スタイル」を共有した不特定多数の知識人の総称であり、また運動体レベルでみれば、さまざまな非共産党・非トロツキズムの運動団体がそこに包摂される。[7] しかし、「構造改革」論が論壇に登場した一九六〇年前後の時期、いわば「構造改革」派の成立期に限定すれば、その担い手たちは限定できる。そこで本稿では、「構造改革」派の成立過程に光をあてることで、「構造改革」論の登場という「事実」の歴史的意味を、思想史的観点から考えてみたい。[8] それゆえ、「構造改革」論をめぐる政治的・運動的叙述は、最小限の範囲にとどめる。また、あらかじめ述べておくと、「構造改革」派というカテゴリーは、一九六〇年に社会党がこの路線を打ち出して以後、それを推進する人々に対して用いられたものであり、それ以前における「日共内の自立＝構革派」は、「現代マルクス主義」派（現マル派）と呼ばれていた。後述するように、この「現マル派」の人々の志向と、社会党の政治路線としての「構造改革」論は決して同じではなく、それゆえ本稿では、「構造改革」路線登場以前における「日共内の自立・構革派」の動きについては、「現代マルクス主義」の用語を用いることとする。

一　現代マルクス主義の登場

「構造改革」論の出発は、一九五八年に刊行された『現代マルクス主義』全三巻の刊行とされることが多い。たとえば、のちに社会党「構造改革三羽烏」の一人として活躍する貴島正道は、「この本が出たとき、構革論の最初の鐘が鳴ったように思えた」[9]と述懐している。しかし前述したように、社会党の政治路線としての「構造改革」論と『現代マルクス主義』に始まる一連の議論とを同一視することはできない。結論からいうと、『現代マルクス主義』から始まる一連の議論を担った人々に共通した志向は、その名称とされた現代マルクス主義の模索であった。では、現代マルクス主義とは、いったいどのようなものだったのか。

現代マルクス主義への動きの大きな画期となったのは、一九五六年に開かれたソ連共産党二〇回大会である。のちに関西における「構造改革」論の担い手となる山崎春成は、当時の事情を次のように回顧している(10)。

一九五六年二月に開かれたソ連共産党二十回大会が日本のマルクス主義者に与えた衝撃は、まことに強烈かつ多面的なものだった。フルシチョフ報告が提起した両体制間の平和的共存や、社会主義への平和的移行の可能性などの諸命題は、スターリン時代の教条化した革命理論や現代世界の構造把握に対する根本的再検討の必要性にむかって、人々の眼のうつばりをとりはらった。さらに六月にはフルシチョフ秘密報告のスターリン批判が伝えられるに及んで、衝撃は一段と強烈なものとなり、スターリン主義的教条の全体系に対する根底からの問い直しにむかって人々を刺激した。もちろん、二十回大会での新路線の提起とスターリン批判の衝撃を、みずからの思想と理論の問題としてどのようにうけとめ、どのような新しい課題をみずからに課すかは、人によってさまざまであった。マルクス主義者の思想的理論的分化が徐々に、しかし次第に速度を加えて、非可逆的な過程として進行しはじめた。

山崎が述べるように、一九五〇年代までのマルクス主義では、スターリンのもとで定式化された「マルクス・レーニン主義」＝「スターリン主義」が絶大な権威を有し、文字通りのドグマとして君臨していた。二〇回大会は、そのようなスターリン主義の呪縛からマルクス主義者が解放される契機となったのであり、一九五〇年代後半にはマルクス主義の諸命題の見直しをめぐる議論が、国際的広がりをもって展開された。本稿でいうところの現代マルクス主義も、巨視的にみれば、このような「スターリン批判」の一環として位置づけられる。

しかし、日本のマルクス主義については、いま一つの問題があった。それは、朝鮮戦争下の一九五一年に定められた、共産党のいわゆる「五一年綱領」の問題である。日本の現状の最大の問題を「アメリカ帝国主義による日本の民族的奴隷化」とし、それに奉仕する吉田茂政府の基盤を「天皇、旧反動軍閥、特権官僚、寄生地主、独占資本家」からなる「反民族的反動勢力」として、「民族解放民主統一戦線」を打ち出したこの「五一年綱領」[11]は、中国革命をモデルとする軍事革命路線へとつながる問題の多いものであったが、それは学問の世界にも大きな影響を与えた。一九五三年から五五年にかけて刊行された『日本資本主義講座』全一一巻（別巻を含む、岩波書店）がその代表である。戦前の『日本資本主義発達史講座』の戦後版を意図し、延べ一〇七名もの執筆者を動員したこの講座では、「五一年綱領」の線に沿って、アメリカ帝国主義の「軍事的植民地支配」下における「天皇制」の存続、「軍国主義」の復活、「半封建的地主制度」の「植民地的半封建制」への転化などが強調されていた。要するに、アメリカによる「占領」の継続（「軍事的植民地」）プラス三二年テーゼで示された「天皇制」の構造の存続という把握であり、全体として戦後改革の成果がほとんど評価されていないのが特徴である。だが党の統一のため、一九五五年七月に開かれた第六回全国協議会（六全協）決議は、「五一年綱領」路線の誤りとしてセクト主義と「極左冒険主義」戦術を挙げたものの、「党の経験は、綱領にしめされているすべての規定が、完全に正しいことを実際に証明している」とされ[12]、路線そのものの見直しは先送りされた。かくして、その後の共産党では、日本の現実に即した新たな路線＝綱領を確立することが大きな課題となったのであるが、いずれにせよ日本における「スターリン批判」の問題は、右のような「五一年綱領」路線への批判と重なり合う形で展開することとなったのである。

以上のような状況の中で、『現代マルクス主義』へとつながる動きの結集核となったのは、共産党内の旧「国際派」の人々、とりわけ経済学者の井汲卓一（一九五五年より高崎市立短期大学教授、一九五八年より東京経済大学教授）を中心とする一群の人々であった。のちに「構造改革」派運動の中心的人物となる安東仁兵衛によれば、「久我山の井汲卓一宅でひそかに何人かの国際派の残党が月に一回程度集まって、勉強会がおこなわれていた。上田［耕一郎・不破哲三］兄弟、佐藤経明、力石［定一、ペンネーム杉田正夫］、内野［壮児］、竹中一雄、長森久雄、富塚文太郎、内山達四郎らがレギュラーで、勝部元、高島喜久雄らも時折顔を出していた」という。[13] この「井汲塾」で重ねられた議論を踏まえた井汲卓一が中心となり、問題意識を共有する長洲一二（当時横浜国立大学助教授）や古在由重（当時専修大学教授、五九年より名古屋大学教授）らが加わって、一九五七年から編集が始まったのが『現代マルクス主義 反省と展望』全三巻（大月書店、刊行は一九五八年四〜七月）であった。第一巻「はしがき」（古在・長洲）は、この企画の課題について、「現実の発展にたいする理論のたちおくれ」に対する「深い反省」を立脚点とし、現在のマルクス主義に突きつけられている多数の批判や疑問を「率直にうけとめて、私たちの立場で整理」し、「そのような問題のひとつひとつに、まじめに答え」ることと述べている。しかし、このような編者たちの姿勢は、マルクス主義を「防衛」しようとするものではない。第二巻「はしがき」（井汲）は、次のように述べている。「ほとんど三十年ちかい永い沈滞の後に、マルクス主義は今日ふたたび新たな発展の時期を迎えようとしているもののようにおもわれる。人々は清新な気魄をもって、マルクス経済学の発展を自らの双肩にになうことを、誇りある任務としようとしているごとくである。われわれのここでの努力もまた、この新しい発展の一端に寄与しようとするものなのである」。ここには、「スターリン批判」後の解放感と共に、マルクス主義の新たな発展に対する編者たちの期待と自負がよく示されている。

こうして刊行された『現代マルクス主義』には、たしかにのちの「構造改革」論に直結する主張が含まれている。その典型が不破哲三論文である。不破は、「社会主義へのイタリアの道」を提示したイタリア共産党の「綱領的宣言要綱」にみられる路線を「構造的改革」と捉えた上で、「日本では、イタリアの教訓はあてはまらないとして、現行憲法のもとで労働者階級とその同盟者が権力を獲得する可能性を頭から否定してしまうのは正しくな」く、「議会的手段による社会主義への移行の問題は、革命の平和的発展の見通しが実現した場合にのみ意義をもつ戦術問題ではなく、社会主義への民主主義的な道の基本的な要素の一つ」であると主張している。[14] だが皮肉なことに、不破はのちの「構造改革」派には与することなく、兄の上田耕一郎と共に、共産党における「構造改革」論批判の論客として活躍することになる。このことは、『現代マルクス主義』の執筆者たちを「構造改革」派と同一視することができない理由の一つであるが、そもそも本書の執筆者たちに統一された主張や理論があった訳ではない。たとえば、上田耕一郎論文のテーマは松下圭一の「大衆社会」論批判であるし、水田洋論文はマルクス主義における思想史の役割、浜川浩論文は絶対的窮乏化論、本間要一郎論文は労働価値論、松成義衛論文は中間層問題を論じている。『現代マルクス主義』は、現代におけるマルクス主義のさまざまな問題を扱うものであり、そこに共通しているのは「現実の発展にたいする理論のたちおくれ」を克服しようとするマルクス主義革新への模索である。本稿における現代マルクス主義とは、右のような『現代マルクス主義』にみられるマルクス主義革新の試みのことである。

さて、『現代マルクス主義』の刊行後、井汲や長洲は彼らの試みをさらに発展させるべく、新たな雑誌の刊行を企画した。これが『現代の理論』（大月書店）であり、その名称はマルクス主義を「あくまでも現代に挑みかかる理論」「現代の生きた理論として復活、回生せしめる」ことを念願した井汲の強い主張[15]によって決定された。その意味で「現マル派」によるマルクス主義革新の試みとは、マルクス主義の「現代化」であったともいえる。そして記念すべきその創刊号（一九五九年五月）巻頭論文（社会主義権力論）の執筆を託されたのが、当時『イズベスチヤ』の東京特派員をしていたという佐藤昇であった。安東（彼は『現代の理論』のため大月書店に入社した）によれば、「佐藤の力量についてはすでに『思想』の五七年八月号に掲載された論文「現段階における民主主義」によって、評価は定まっていた。旧中西派出身の佐藤とわれわれ「現マル派」は人脈においては未だつながってはいないものの、もし佐藤がこの事業に加わってくれるならば文字どおりに「百万の援軍」である。早速佐藤に乞うてみようということに衆議は一決[16]」したという。これをきっかけに、佐藤は『現代の理論』の編集委員に加わり、井汲・長洲と共に「現マル派」

のリーダーと目されるようになる。

ところで、『現代の理論』では、マルクス主義革新のために、『現代マルクス主義』よりも積極的な編集方針が打ち出された。それは次のような「創刊にあたって」（長洲による執筆）の文章に示されている。「かつてマルクス主義は人類の英知の遺産を貪欲なまでに吸収して、ことごとくみずからの血肉と化した。こんにちまたマルクス主義は、自己完結的体系性の殻をうちやぶる広い討論と交流のなかでのみ、その生命力を燃焼させるであろう。この雑誌は、同じく進歩と平和を愛しながらマルクス主義とは異なる立場にたつ人々とのあいだに、真剣な批判と刺激をあたえあう場所でありたい」と述べている。つまり、マルクス主義は、「マルクス主義とは異なる立場にたつ人々」を含む「広い討論と交流のなかでのみ」再生できるのであり、『現代の理論』はそのような討論・交流の場としての役割を担うというのである。

こうした編集方針のもとで、『現代の理論』には多彩な原稿が寄せられ、その領域は経済学・政治学・社会学・哲学・教育学など各分野にわたった。「休刊」までの『現代の理論』への寄稿者を五〇音順で列挙すると、粟田賢三、○井汲卓一、○今井則義、○上田耕一郎、梅本克己、榎並公雄、遠藤湘吉、沖浦和光、風岡浩、北川隆吉、○古在由重、坂口守四、佐藤昇、芝田進午、菅原仰、○杉田正夫（力石定一）、田口富久治、田中清助、○鶴田三千夫、○富塚文太郎、中川信夫、中島誠、○長洲一二、○中林賢二郎、波多野完治、○花田圭介、日高六郎、○不破哲三、星野芳郎、本川誠二（ペンネーム代久二でグラムシ・トリアッティ論文を翻訳）、増島宏、松下圭一、務台理作、森信成、矢川徳光、柳田謙十郎、山崎春成、渡部義通らである（○は『現代マルクス主義』執筆者）。執筆者の大多数はマルクス主義者であるが、非マルクス主義者も日高六郎、松下圭一、務台理作らが参加している。ちなみに、非マルクス主義者の トップ・バッターとして、創刊号に「マルクス主義者への二、三の提案」を寄せた日高六郎は、マルクス主義が「頽廃し、硬直し、現実をまちがって把握して、教条主義にしがみついているような事態がつづいたら、それはマルクス主義者にとっての損害であるだけでなく、民主主義を支持し守ろうと決意している非マルクス主義学者の損害であり、また統一戦線によってのみ自己の未来をきりひらくことのできる日本の民衆にとっての致命的損害である」と論じ、マルクス主義理論がその責任を果たすための必要条件として、「マルクス主義者の内部における意見の多様性」を強調している。

しかし、このような『現代の理論』の試みは、一年もたたないうちに頓挫する。「スターリン批判」後に現出した論争空間は、「修正主義」批判の高まりの中で次第に閉塞しつつあり、一九五九年に入ると日本でも「現代日本の修正主義は「現代マルクス主義」という形であらわれている」[17]という批判が登場した。さらに同年八月に発表された日本共産党の六中総決議は、『現代の理論』について、「マルクス主義がマルクス・レーニン主義として、世界の革命運動の実践のなかで、無限に豊富化されていることを正当にみず、それをわい曲している。そして、マルクス・レーニン主義の発展方向への本質的べっ視を前提にして、マルクス・レーニン主義党―前衛党の規律と統一ある革命的実践のそとで、党外のマルクス主義と異る立場にたつ人びとの相互討論のなかで、マルクス主義の創造的発展をはかるとする点で、理論と実践の統一に反するだけでなく、マルクス・レーニン主義の組織上原則―規律に反している。この誤りの本質は、組織原則にたいする修正主義的なわい曲である」と断じ、「このような性質の刊行物を党員がだしたり、また党員がこれに参加することは、党の原則に反する重要な誤りである」と指弾した[18]。つまり、「党外のマルクス主義と異る立場にたつ人びとの相互討論のなかで、マルクス主義の創造的発展をはかる」という試みそれ自体が、「修正主義」であるというのである。こうして『現代の理論』は、第五号（一九五九年九月号）をもって「休刊」に追い込まれた。これが『現代の理論』（第一次）の顛末であるが、いずれにせよこの時点で「現マル派」は、共産党中央から「マルクス・レーニン主義」の原則に反する「修正主義」的知識人と認定され、その活動の場を封じられたのである。

とはいえ、「現マル派」の人々が、現代マルクス主義の模索をあきらめた訳ではない。その一つの場となったのは、一九五九年六月、「経済分析研究会」により刊行が開始された『季刊日本経済分析』（大月書店）である。『季刊日本経済分析』は、「科学的な理論と豊富な資料の上にたって、多くの人々に役立つ正しい現状分析をおこなうこと」（今井則義「創刊にあたって」）を標榜する経済専門誌であったが、安東によれば、その「執筆者には守屋典郎や北川芳治のような［共産党］主流派経済学者の他に、企業や官庁の非党員エコノミストが登場していたが、主力は何といっても「現マル派」」であった。[19]とはいえ、『季刊日本経済分析』は、あくまでも経済の現状分析を行う雑誌であり、その役割には自ずと限界があった。

『現代の理論』（第一次）に代わる企画の本命は、『講座現代のイデオロギー』全六巻（三一書房）であった。『現代の理論』の編集委員（井汲・長洲・佐藤）と水田洋（名古屋大学教授、『現代マルクス主義』に執筆）を編集委員とするこの講座は、発行形態を雑誌から講座に、タイトルを「理論」から「イデオロギー」に変えただけで、安東によれば、その内容は「『現代の理論』の編集方向とまったく同じものであった」。[20]たしかに、本講座の執筆者を五〇音順で列挙すると、〇井汲卓一、〇池山重朗、犬丸義一、〇梅本克己、〇榎並公雄、〇沖浦和光、香内三郎、熊谷一男、坂本賢三、〇佐藤昇、〇杉田正夫、竹内良知、津田道夫、直原弘道、〇中島誠、〇不破哲三、〇松下圭一、丸山昇、〇水田洋、村田恭雄、森川英正、森田桐郎、〇森信成、山田宗睦、〇山崎春成となり、二五人のうち一三人が『現代マルクス主義』ないし『現代の理論』の執筆者（〇印）で占められている。また、各巻末に置かれた「討論」（座談会）には、執筆者以外に小野義彦、篠原一、鶴見俊輔、中岡哲郎、日高六郎、丸山眞男が参加し、『月報』には石堂清倫・山本正美らが寄稿している。『講座現代のイデオロギー』が刊行されたのは、「構造改革」論登場後の一九六一年六月から六二年一〇月にかけてであるが、右のような執筆者・討論者の顔触れには、「現マル派」が、どのような人々との連帯・協同を求めていたかがよく示されているといえよう。

二　現代マルクス主義と「現代資本主義」

すでにみたように、マルクス主義の革新をめざす現代マルクス主義の試みは、政治・経済・哲学など多方面にわたるものであった。だが『現代の理論』の創刊が、井汲卓一と長洲一二の企画であったように、そこで中心をなしたのはマルクス経済学であった。これはマルクス主義自体が経済学としての性格が強いことにもよるが、「現実の発展にたいする理論のたちおくれ」がもっとも痛感されていたのが、マルクス経済学の分野であったという事情が大きい。それは戦後資本主義をいかに把握するかという問題にかかわっている。

一九五〇年代、国際共産主義運動における「正典」とされていたのは、一九五二年に発表されたスターリン「ソ同盟における社会主義の経済的諸問題」（いわゆる「スターリン論文」）であった。この論文においてスターリンは、第二次世界大戦後の東欧や中国における「人民民主主義」諸国の成立により、市場を失った資本主義は縮小再生産に向かわざるを得ないとし、「世界市場の崩壊にともなう世界資本主義体制の全般的危機の深化」を強調した[21]（全般的危機の第二段階）。また、このような段階における資本主義の「基本経済法則の主要な諸特徴と諸要求」は、「その国の住民の大部分を搾取し、零落させ、貧困化させることによって、他の諸国とくに後進諸国の人民を債務奴隷化し、系統的に強奪することによって、最後には、最高の利潤を確保するために利用される戦争と国民経済の軍事化とによって、最大限の資本主義的利潤を確保することである[22]」と定式化される。そして、帝国主義戦争は依然として不可避であり、戦争の不可避性を取り除くためには、「帝国主義を絶滅してしまうことが必要」とされた[23]。

なお、ソ連共産党二〇回大会におけるフルシチョフ報告は、右のうち戦争の不可避性を否定したが、「全般的危機」の深化、経済の軍事化傾向、勤労者の窮乏化といった規定は継承した。またフルシチョフは、資本家グループは経済への国家介入に期待をかけているが、「恐慌は資本主義の本質そのものに内在するものであり、さけることのできないもの」なので、その「法則」を取り除くことはできないことを強調している。[24] つまり、一九五〇年代における国際共産主義運動の資本主義認識は、「全般的危機」の深化、すなわち資本主義体制の本格的衰退期というものだったのである。

ところが一九五〇年代後半は、こうしたマルクス主義の資本主義論が大きく揺らぎ始めた時期でもあった。第二次世界大戦終結後、一〇年を経ても資本主義国にマルクス主義が予想したような深刻な恐慌は発生せず、幾度かの不況はあったが基本的に好景気が持続し、やがて「黄金の六〇年代」を迎えることになる。日本も一九五五年、かつてない好景気＝「神武景気」を経験し、今日ではここから高度経済成長が始まったとみなされる。他方、恐慌が生じない中で欧米資本主義国の失業者は低位にとどまり、労働者の生活水準は上昇した。とくにアメリカでは所得格差の縮小が注目を浴び（「所得革命」）、一九五八年にはガルブレイスの『ゆたかな社会』が刊行される。こうした戦後資本主義の動向は、資本主義の「危機」を強調するマルクス主義に対する疑問・批判を生み出すと共に、マルクス主義内部における資本主義論の再検討機運を導き、「スターリン批判」とも結びつきながら「現代資本主義」をめぐる論争が国際的に活発化した。[25]

しかし、マルクス主義にとって、右のような戦後資本主義の変容を受け入れることは容易なことではなかった。なぜなら、当時の社会主義革命論においては、戦争や恐慌による資本主義の破局と、そのもとにおける労働者階級の「絶対的窮乏化」こそが、人々が革命に立ち上がる最大の契機とみなされていたからである。換言すれば、戦後資本主義の変容をそのまま認めることは、ケインズ主義的「福祉国家」による資本主義修正の成功を是認するのみならず、社会主義への展望を自ら閉ざすことを意味したのである。

現代マルクス主義のリーダーとなった井汲や長洲は、何よりもこうした問題に取り組んだ経済学者であった。とくに長洲は、名和統一（当時大阪市立大学教授）らと並び、マルクス経済学が「現代資本主義」問題に取り組む必要を、いち早く提唱した人物である。(26)長洲は一九五七年に編んだ『現代資本主義とマルクス経済学』の序章において、「現代のマルクス経済学がいちばん必要にせまられているもの、それは言うまでもなく激動する戦後世界の経済の現実把握である」と述べて「理論が現実についていけない」現状を認め、「戦後の経済、特に世界資本主義の変化と動向の構造的な把握」が急務であることを主張している。(27)

『現代マルクス主義』に寄せた長洲の論文「マルクス主義理論と現代」は、こうした課題に対する彼の回答でもあった。同論文において長洲は、第二次世界大戦後の「現代」を「社会主義への世界的な移行の時代」として捉える一方、従来の「全般的危機論」が想定していたような見通し、つまり「レーニンがえがき、スターリンが補足したような金融資本と帝国主義の支配の構造が、固定的な図式として、そのまま最後まで継続し、矛盾を最高度に累積したあげく、行きづまって、ついに急激かつ一挙的に、したがってまたソヴェト型革命のコースをとおって、瓦解する、というような考え」は、もはや現実的でないとする。なぜなら、「資本主義は、国内的には各種の自己修正機構や投資活動やあらたな搾取機構をくりひろげて、かなり強靱な発展の生命力をみせてきたし、対外的には、軍事的にあたらしい型の帝国主義体制を展開している」からである。(28)

では、右のように「現代資本主義」の「強靱な発展の生命力」を承認する長洲は、どこに社会主義への移行の道筋を見出すのか。この問題を彼は、「現代資本主義」の「根本的特徴のひとつ」である国家機能の拡大、いわゆる「国家独占資本主義」の中に見出す。長洲は国家独占資本主義を、「飛躍的に発展した生産力と高度化した社会的生産が要求する、資本主義的生産関係の内部での適応形態」であり、そこにおける「国家の介入は、客観的な強制法則であり、生産力と生産関係の矛盾と照応の法則の資本主義のワク内でのあらたな貫徹形態」であり、「生産の社会的性格と所有の私的性格との矛盾の一応の解決であるとともに、より高い段階での矛盾の拡大である」とする。ところで、国家には「支配権力機構としての国家」という性格と共に、「資本主義社会全体の共同業務」＝「公共的機能」の担い手という性格がある。そして、現代の民衆は「資本主義のワク内では革命による破壊以外にどんな獲得物も実現できないとは考えて」おらず、「一方では、独占資本の機関としての国家権力を抑制し制御し、これに反対し抵抗すると同時に、他方では国家が公正な公共的機能をはたすべきことを期待し、要求し、強制する。国家のはたすべき公共的機能が独占資本の支配によってゆがめられていることに反対し、下からの圧力と参加によってこのゆがみを排除して、国家を真に公共の福利のために社会的生産力を利用し統制し発展させる機関たらしめようとする」。このように、国家の介入がかつてなく拡大した国家独占資本主義では、「国家は、上からの独占資本の支配力と、下からの労働者階級の公共業務への参加、浸透との、闘争と衝突の場」なのであり、そして「下からの」闘いの基礎となるのは、「政治原理としての民主主義」である。民主主義はもちろん原理的には社会主義ではないが、下からの民主主義運動の発展は「社会主義に発展するための基本的な準備と先駆の諸制度をつくらせる」ものであり、また現実の運動の中核的担い手となる組織的労働運動は、民主主義運動の中で、「階級意識を強化し、結局民主主義実現の客観的必要条件としての体制変革の問題と取組まざるをえなくなる」。それゆえ「現代資本主義下の社会主義運動の具体的形態は、下からの組織的大衆闘争の圧力と公共機能への参加による、ブルジョア民主主義の擁護と発展的拡充にある」のであり、そして長洲によれば、このような考えは、「イタリアのマルクス主義者が「民主主義的・社会主義的改造」とよんでいるものに一致する」ものでもある。(29)

以上は、長洲における現代マルクス主義への到達の筋道でもあるが、明らかなように、そこで問題とされていたのは、「強靱な発展の生命力」を有するようになった「現代資本主義」における変革の論理であった。このことは、長洲と同様の問題を、独自の国家独占資本主義論(30)として追究した井汲卓一についても確認できる。本稿の冒頭で触れたように、清水慎三は、共産党における「自立論者の大勢」が「イタリア共産党の『構造的改良』にとびつ」いたことに「構造改革」論の起点を見出していたが、少なくとも長洲や井汲におけるイタリア共産党路線との結びつきは、「現代資本主義」における変革の論理の模索の結果であって、「日本帝国主義の自立」という主張とは関係がない。長洲や井汲にとって解決すべき「現代」の理論的問題とは、すでに経済成長の軌道を辿りつつあった「現代資本主義」の現実を、マルクス主義がいかに受けとめるかという問題であったのである。

しかし、当時のマルクス主義においては、右のような「現代資本主義」把握こそが「修正主義」とみなされるものであった。たとえば共産党における「修正主義」批判の急先鋒であった志賀義雄は、現代マルクス主義批判の口火を切った論文で、その問題点を次のように指摘している(31)。

現代日本の修正主義は「現代マルクス主義」という形であらわれている。国家独占資本主義が独占資本主義のさらに発展したものであると誇張し、その歴史的前進の面だけを見て、独占資本主義と異なる新しい段階であるといい、それが資本主義の諸矛盾をはげしく発展させるという基本的なところを見ない。安定装置が資本主義の矛盾の爆発をひきのばすことだけを見て、その矛盾をさらに大きく発展させることを見ない。国家が階級抑圧の機関であることについては、われわれはそのことは百も承知だ、しかしそれにとどまるのは古いといって、国家の公的機能を法外に誇張する。[しかし]国家がエンゲルスのいうように、社会から生まれながら、それから超越した公的機関の形をとるのは、階級社会が和解しがたい階級対立に分裂しているからであり、マルクスも、「資本論」第三部、第五編、第二三章で、「支配は権力所有者たちに支配するという機能を課する」といっている。

明らかなように志賀は、現代マルクス主義の「修正主義」的性格を、国家独占資本主義および国家の捉え方に見出していたのであるが、これらが「現代資本主義」変革のためになされた理論的「修正」であったのは前述の通りである。「現代資本主義」をいかに捉えるかという問題は、「マルクス・レーニン主義」と長洲らの現代マルクス主義とを分かつ、決定的な分岐点だったのである。

三 社会党「構造改革」派と民主主義

すでにみたような現代マルクス主義の潮流は、やがて日本社会党本部の中堅活動家たちと結びつき、社会党「構造改革」派が成立することになる。だが正確にいうと、社会党「構造改革」派の出発点は、「現マル派」の登場以前、つまり『現代マルクス主義』の刊行以前にさかのぼる。

社会党「構造改革」派の出発点について、関係者の証言は一致している。それは安東らも高く評価したという佐藤昇の論文「現段階における民主主義」（『思想』一九五七年八月号）である。まず、当時社会党青年部にいた初岡昌一郎が、帰省先から東京に帰る途中でたまたま購入した『思想』に掲載されていた佐藤論文に衝撃を受け、帰京後直ちに岩波書店に連絡して佐藤を探し出す(32)。また初岡は、「勉強仲間」であった本部書記局の貴島正道・加藤宣幸・森永栄悦らに佐藤論文を紹介し、彼らもまた佐藤論文に衝撃を受けた。貴島によれば、彼らは「この論文に一様に感動、というよりは一つの啓示を受けたように感じた」という(33)。貴島らは、一九五八年春に佐藤と面談して以降、佐藤の指導を受けるようになり、やがて豊島区にあった佐藤の自宅は、彼らが「番地を空《ママ》んじるほどひんぱんに出入りする社会党構革グループのメッカとなった(34)」。佐藤論文が、社会党の活動家たちに与えたインパクトは明らかである。では佐藤論文は、いったいどのような内容だったのだろうか。

佐藤論文の内容は、一口でいえば、現代における民主主義的変革の可能性を強調することを通じ、社会主義への平和的移行とその条件を論じたものである。このような議論を展開する上で、佐藤が論理の起点に据えるのは「ブルジョア民主主義の二重性」である。先に引いた志賀義雄の批判にもみられるように、「マルクス・レーニン主義」においては、国家の本質は支配階級が他の階級を支配するための道具であり、ブルジョア国家における民主主義も単なる形式に過ぎない（それゆえ国家は暴力的に破壊されねばならない）とする見方が正統な理解とされていた。これに対して佐藤は、国家は権力支配の機関であると同時に、「支配階級をもふくめた全社会の上に立つ公権力としてあらわれるから国家をめぐって二つの関係が存在する」とし、「民主主義とはこの第二の関係を規定する概念である」とする。その上で佐藤は、これまでマルクス主義はブルジョア民主主義の制限性、形式性、欺瞞性を強調してきたが、ブルジョア民主主義は「たとえそれが如何に制限され不具化されていようとも、ブルジョアジーの搾取と抑圧に対するプロレタリアートの闘争の成果であると同時にその武器でもある」ことを強調し、「ブルジョア国家の形態と本質との矛盾、ブルジョア民主主義の二重性」という問題を提示する。[35]

ついで佐藤は、当時論争を巻き起こしていた松下圭一の「大衆社会」論[36]を「手がかり」に、右の問題を現代における民主主義の問題として具体的に展開する。よく知られるように、松下の議論は、二〇世紀の独占資本主義段階の社会は、一九世紀までの産業資本主義段階の社会とは、「社会形態」が異なることを論じたものである。すなわち独占資本主義段階における生産力の発展と生産の社会化は、人口の圧倒的部分をプロレタリアート化することを通じて「市民社会」を崩壊させる一方、「福祉国家」化と普通平等選挙権、そして大衆文化を通じて労働者階級を「国民」として体制内化する（「大衆社会」状況）。そして、こうした段階における労働者階級の意識に照応したものが「社会民主主義」なのであると。

右のように、二〇世紀「大衆社会」の「現代」的性格とその問題性を強調する松下「大衆社会」論は、「政治理論の重要な分野で、マルクス主義にとってかわることのできるはじめての体系的な政治理論[37]」として注目され、それゆえマルクス主義の側からの反発と批判を呼び起こしていた。しかし佐藤は、松下「大衆社会」論を「従来マルクス主義によって十分解明されていなかった重要な側面」を明らかにしたものと受けとめた上で、松下の議論を、「民主主義をめぐる階級闘争の論理」という観点から反転させてゆく。佐藤によれば、松下が指摘する現象は、「労働者階級がその闘争によってブルジョアジーからかちとった譲歩自体をブルジョアジーが自己の支配をつよめるために利用するという問題」であり、「それは労働者に勇気と確信をあたえ、その闘争をより前進させるための既得陣地としての役立ちうるし、また逆に労働者に幻想をあたえ、その闘争エネルギーを弱め、現状と妥協させるための条件ともなりうる」。しかし、「このような譲歩を必要とすること自体、ブルジョアジーが「大衆」の力の成長に適応しなければならないというブルジョアジーの後退の面」を示すものであり、「独占資本主義の下でのいわゆる労働者階級の大衆化過程の背後ではブルジョアジーの孤立化の条件が準備されている」。「社会民主主義」の発生も、「社会民主主義的支柱がなければ民主主義的形態でブルジョア支配を維持しえないことを意味する点ではブルジョア支配の不安定性をも示している」。それゆえ現代の政治過程の基本をなすのは、「労働者をブルジョア独裁の下につなぎとめておこうとするブルジョアジーと、自由と民主主義のための闘争を拡大しつつブルジョア独裁の枠を突破しようとする労働者階級との闘争」なのであり、「この二つの側面のどちらが優位を占めるかはここでも国際的、国内的な労資の力関係にかかっている(38)」。

こうして現代における民主主義の可能性を確認した佐藤は、ついでソ連共産党の理論家ソボレフの論文によりながら、「一般民主主義のための闘争」の重要性を取り上げる。一般民主主義的な闘争課題とは、搾取の制限（生活擁護）、民主主義の維持と強化、国家主権ないし民族独立の擁護と回復、平和の擁護などであり、これらは「資本主義の枠内でも実現しうる」。しかし、現代においてそれは、「客観的には独占ブルジョアジーとの闘争とならざるをえない」。それゆえ「労働者階級は、労働者階級をも含めた広汎な各層人民の共通の要求である一般民主主義な課題の解決をめざす闘争が必然的に独占ブルジョアジーとの衝突となり、かれらを弱め、孤立させ、打倒する闘争にならざるをえないという「社会発展の客観的論理」の認識の上に立って、意識的に戦略配置（広汎な反独占統一戦線の結成による独占資本の孤立化）をおこない、社会主義への展望のもとにこの闘争を指導する」必要がある。このように「一般民主主義のための闘争」を通じた「社会主義への道」を論じた佐藤は、最後にイタリア共産党の「構造的改良」路線を取り上げ、それを「今日の情勢の下で一般民主主義のための闘争＝改良の闘争のもつ新しい意義をイタリアの特殊条件のもとで具体化したもの」と位置づけている(39)。佐藤が「構造的改良」を意識しているのは明らかであるが、本論文ではソボレフ＝ソ連共産党による、資本主義国における社会主義への平和的移行という命題が前面に押し出されている。

長々と佐藤論文の内容を紹介してきたが、明らかなように、そこで佐藤が一貫して論じていたのは「ブルジョア民主主義」の重要性とその可能性である。こうした佐藤の民主主義観について、初岡昌一郎は次のように証言している(40)。

> 佐藤昇さんは論文で非常に注意深く、慎重に述べているのですが、個人的な対話のなかではっきり言っていたように、政治的な民主主義というものが曲がりなりにも確立されていれば、ほかの改革は政治的民主主義を通じてできるということです。政治的民主主義が確立しているところで革命をやれば、それは民主主義を否定する革命になってしまう。これに同感しました。（傍点筆者）

佐藤は戦後早くから「社会主義革命」論者であり、それゆえ「民主主義革命」を掲げる共産党においては少数派であった。しかしそれは、佐藤のラディカリズムのゆえではなく、現代における「ブルジョア民主主義」、より具体的にいえば日本国憲法に根拠づけられた「戦後民主主義」の歴史的重要性とそこにはらまれた可能性に対する確信に基づくものであったと考えられよう。

ところで、以上のような佐藤の民主主義論は、直接的には戦後改革の成果を評価しない共産党の旧路線を念頭に展開されたものと考えられる。ではそのような佐藤の議論が、「社会主義革命」を掲げる社会党の活動家に衝撃を与えたのはなぜか。この点について、貴島正道は次のように述べている(41)。

それまで私たちが労農派理論によって教えこまれたのは、暴力革命か平和革命かといった革命の型とか、独占、帝国主義、植民地の規定とか、窮乏化法則や資本主義の全般的危機論、前衛党とプロレタリアの独裁論とか、いわばマルクス主義の基礎理論の学習と、階級闘争をやっておればいつか解放の日がくるという社会主義の歴史的必然性を説く戦略、戦術論であった。……しかしその一方、その理論はやがて現代資本主義の変化をリアルにとらえる眼を曇らせる教条の武器と化し、狭い範囲の学習の対象にはなりえても、現実の運動を指導する武器としてはしだいに遠いものに感ぜられるようになった。とりわけそこには国民大衆が悩んでいる日々の生活の問題、その要求や不満の解決、護憲運動や平和運動や戦後民主主義の問題、農地改革や社会保障制度を導入する問題等々、政党と大衆が日常的にたたかっている運動と社会主義はどう架橋されるのかがどうしてもはっきりしなかった。……ところが佐藤論文は、この私たちの悩みを見事に解明してみせてくれた。今から考えれば何の変哲もない理論のように思われるかも知れないが、当時の私たちにとっては、眼のうろこが取れるような気がしたものだ。……（傍点筆者）

このように述べる貴島は、佐藤論文の意義を「要するに労農派理論には欠けていたか、放棄されていたブルジョア民主主義の弁証法、民主主義をめぐる階級闘争の論理が見事に画かれていた」とまとめている。つまり「講座派」であれ、「労農派」であれ、当時のマルクス主義には、民主主義の理論的位置づけが決定的に欠落していた訳である。

ともあれ、貴島らにとって「一つの啓示」となったという佐藤論文の核心が、佐藤が提示した民主主義論だったことは明らかであり、その後彼らが一年あまりにわたって受けた佐藤の「講義」も、「今から振り返ると、当時の学習は日共党章草案や『前衛』別冊の「団結と前進」等を意識し、二つの敵か反独占か、社会主義革命か民族独立民主革命かといった、いわば構造改革論に入る前奏曲だった(42)」と回想されている。社会党活動家たちが佐藤から学んだことは、イタリア共産党の「構造改革」論そのものではなく、その前提となる民主主義論だったのである。

しかし、佐藤のような民主主義論を受容した彼らが、「構造改革」論へと進むこともまた必然であったと思われる。なぜなら、当時のマルクス主義の状況の中で、民主主義を通じた社会主義的変革を構想するとすれば、そのモデルとなり得る事例は「社会主義へのイタリアの道」以外に存在しなかったからである。その意味で、すでにみたような社会党「構造改革」派の原点は、「構造改革」論登場の経路の一つが、マルクス主義における民主主義の「発見」にあったことを示している。

なお、一九五八年を通じて佐藤の指導を受けた貴島らは、その後松下圭一とも連絡をとり、佐藤・松下を中心とした「多少組織だった研究会」を始める。この研究会の「レギュラーメンバー」は、貴島・加藤・森永・初岡と佐藤・松下、それに佐藤・松下の推薦した田口富久治、増島宏、北川隆吉、中林賢二郎、上田耕一郎らであった(43)。先にみたように、彼らの多くは『現代の理論』の執筆者でもある。この研究会は月一回、一年前後続けられ、そこでは「当時のアクチャルなさまざまな理論問題もさることながら、当時すでに警職法闘争につづいて安保闘争の時期に入っており(安保改定阻止国民会議の結成が五九年三月)、大衆運動、職場、地域闘争やその指導部隊たる政党のあり方、統一戦線の問題等、実践的な問題が中心となり、学者と実践家の間で新鮮な雰囲気の中で議論がたたかわれた(44)」という。

また貴島によれば、「私たちにとって構革論の最良の案内書となった」のは「なによりも『現代マルクス主義』三巻」であり、「その他「経済分析研究会」の『日本経済分析』シリーズ(一九五九年六月初刊)、合同出版の数々のイタリア構革もの、第一次『現代の理論』（五九年）、少しおくれて三一書房の『講座現代のイデオロギー』等は何れも裨益するところ大なるものだった」という[45]。貴島らは、佐藤・松下らの研究会が終了して「半年か一年ぐらい」のち、これらの執筆者たちとの「定期的な勉強会」を持つようになり、こちらのメンバーとしては、井汲卓一、今井則義、富塚文太郎、杉田正夫、大橋周治らの名が挙げられている。彼らはいずれも「現マル派」の経済学者である。

以上のように、社会党活動家による佐藤昇との結びつきは、松下圭一や「現マル派」との交流へと拡大していった。そしてこうした交流を通じて理論・知識を身につけた活動家たちは、やがて江田三郎を書記長にかつぎ、社会党に「構造改革」路線を登場させるのである。

四　社会党「構造改革」路線と高度成長政策

社会党「構造改革」路線が姿を現したのは、一九六〇年の安保闘争後のことである。その出発点となったのは、同年七月に発表された「護憲・民主・中立の政府」構想であった。社会党が正面から「護憲」を掲げたのはこれが最初である。松下圭一は、「一九六〇年前後、社会党の理論主流を占める社会主義協会派、もちろん共産党の理論家たちも含め、日本国憲法を天皇制をもつ「ブルジョア憲法」とみなして軽蔑してい」たと回想し、その歴史的意義を強調している[46]。

だが「構造改革」路線そのものの登場は、同年一〇月一一日、社会党中央執行委員会が決定した総選挙闘争方針（「総選挙の勝利と党の前進のための方針案」）によってである。安保闘争後の社会党の方針を、「独占資本の「構造政策」とわれわれの「構造改革」の対決」としたこの文書によって、社会党の「構造改革」路線は初めて姿を現した。「イタリア共産党のトリアッチ書記長が生み出した「構造的改良論」に基づくもの」（『朝日新聞』一九六〇年一〇月一二日）

という触れ込みで登場した「構造改革」路線は、一躍マスコミの脚光を浴び、これに伴って社会党「構造改革」派に理論を提供してきた「現マル派」を中心とする人々も「構造改革」論の論客として論壇に進出する。安東仁兵衛によれば、一九六〇年から六一年にかけての時期、「『経済評論』『月刊労働問題』『朝日ジャーナル』『エコノミスト』また『日本読書新聞』『読書人』さらに『学習のひろば』といった雑誌は毎号のように「構革派」が登場した」という。[47]「構造改革」派というカテゴリーは、このような中で成立し、一般化していったのである。しかし、「構造改革」路線に対しては、社会党・総評の中から批判が噴出し、共産党も社会党「構造改革」路線への批判を開始する。これが「構造改革」論争の始まりであり、それは翌六一年の共産党第八回大会に向けての綱領論争とも結びついて複雑な展開を遂げることとなる。しかし本稿で注目したいのは、社会党「構造改革」路線は本来、このような論争のためではなく、池田勇人内閣の高度成長政策への対抗路線として提起されたものだったことである。

一九六〇年七月に成立した池田内閣が、「国民所得倍増計画」＝高度成長政策を掲げて政治の流れを変えたこと、そこで実現した高度経済成長が日本社会を根底から変容させたことは、今日では広く承認されている。その意味で池田内閣の登場は、戦後史の大きな曲がり角であった訳であるが、同時代におけるその受けとめ方はさまざまであった。とりわけ「マルクス・レーニン主義」による池田政権の評価は、現在とは大きく異なるものであり、次のような共産党の評価[48]はその一つの典型である。

池田内閣は、日本独占資本の要求にしたがって、アメリカ帝国主義にたいする従属状態をつづけ、これと協力しながら、日本の軍事力を増大させ、日本産業の国際的競争力を強化して軍国主義、帝国主義の復活を促進するために、現在よりもさらに大きい経済的土台をきずき、経済の軍事化と軍需工業の拡大をめざしている。池田内閣の「日本の高度成長、国民所得倍増計画」は、これらのことを実現する計画であり、とくに安保条約を実行するための政策である。……しかし、生産を急速に発展させた戦後の一時的な条件は、いまや次第にうしなわれつつある。このような事態のもとで、かれらの「高度成長」政策が実行されていくならば、その意図のいかんにかかわりなく、日本経済がいっそう重大な新たな困難に直面することはさけられない。……ドル危機と結びついて資本主義世界における市場問題が極度に尖鋭化している状況のもとで、しかも日本資本主義の内部にある脆弱性や日本の貿易がアメリカに大きく依存させられているという条件のもとで、市場の獲得をめぐる日本と他の資本主義列強との矛盾はいっそう深まり、日本の経済があらたな重大な困難に直面することはあきらかである。

明らかなように、ここで高度成長政策は、①「軍国主義」・帝国主義の復活のために経済の軍事化と軍需工業の拡大をめざし、②同時に日米安保条約を実行するためのものであるが、③市場の制約や日本資本主義内部の脆弱性、そしてアメリカへの経済的従属のために、日本経済に「重大な困難」をもたらすことが強調されている。このような評価には、共産党の「対米従属」論の特徴とともに、すでに触れたような戦後資本主義停滞論、それと結びついた経済の軍事化論、さらに全体として「全般的危機」論の影響がみてとれる。ともあれ、ここであらためて確認しておきたいのは、当時の「マルクス・レーニン主義」では、日本資本主義の発展・成長そのものが想定されていなかったことである。

では「構造改革」派は、池田内閣の高度成長政策をどのようにみていたのか。以下この点を、「構造改革」派の戦略的指針を示した佐藤昇「池田政権の歴史的役割」(『季刊日本経済分析』第七集、一九六〇年一二月)をもとに確認してみよう。佐藤論文の第一の特徴は、池田内閣の基本政策の特徴を、「安保闘争で発揮された国民の革新的エネルギー」に対する支配層の対応であると同時に、現段階における独占資本の課題、つまり経済の「自由化」に備えた国際競争力の強化にあると把握する点にある。この後者は、「わが国が重化学工業の対外競争力においてなお相対的な劣位にあり、依然として基本的には軽工業消費財の輸出国としての地位をぬけ出していないという弱点を克服するために、産業構造の高度化と企業の体質改善」を推進することであり、池田政権はこの課題を実現するため、「高度成長政策に最大の重点をおき、国家独占資本主義の全機構をあげてそれを推進しようとしている」。佐藤は、このように「資本の強蓄積による生産性と生産力の高度化」をめざす池田政権・独占資本の目標を、「高度生産性国家」(の実現)と呼んでいる。(49)

第二の特徴は、池田政権の経済政策体系を、その基礎となった下村治の経済理論(「下村理論」)に即して分析している点である。すなわち、佐藤によれば、①下村理論の全体的性格は、「有効需要と供給力(投資)の両面から独占の資本蓄積と経済の高度成長に奉仕」するものであり、このような「下村理論およびそれによって指導されている池田政府の経済政策自体が、この〝歴史的な勃興期〟にある日本資本主義の生みだしたところのそれにもっともふさわしいイデオロギー的上部構造」である。②下村理論は、「高度成長は政策次第で可能であるかのような政策万能論的見地に立っている」が、日本経済の「二重構造」の解消という政策目標との関連では「完全な自由放任主義」であり、「構造政策は成長政策に解消されてしまっており、成長政策そのものが最大の構造政策なのだという建前になっている」。③それゆえ「国民所得倍増計画」が掲げる「今後三年間における年九%の成長率の達成とか、むこう一〇年間におけるこれに近い成長率の維持」とかの数値目標は、下村理論が「二重構造の解消を約束するため」の前提として必要とされている。(50)

佐藤は右の成長率について、「経済循環上の視点を欠いている点や、自由化の成長率に及ぼす影響は楽観的に見すぎる傾向があるにしても、趨勢的には誤っていない」と評している。つまり佐藤は、高度成長自体については、それが実現する蓋然性を認めるのであるが、「二重構造が解消するかどうかは別問題」とする。たしかに重化学工業部門を中心とする第二次産業部門の拡大によって日本資本主義の「構造の近代化」は進展しているが、そこでは大企業と中小企業の賃金格差や大企業における臨時工の増加にみられるような新たな「二重構造」が生じており、いわば「二重構造そのものの近代化」となっている。しかし、高度成長の持続によって「二重構造」が解消したとしても、それが意味するのは「独占の支配と搾取の近代化」であるから、政府の「構造政策をつらぬいているのは、ますます多くの労働者を資本の支配下により直接に包摂し、資本の支配をより純粋に貫徹しようとする……近代主義」であるとされる[51]。このように、高度成長政策を日本資本主義の「構造の近代化」を推進する「近代主義」的な「構造政策」と押さえる点が、佐藤論文の第三の特徴である。

以上のように佐藤は、池田政権の高度成長政策を、独占資本の要求（「高度生産性国家」の実現）を背景として登場してきた、日本資本主義の「構造の近代化」を推進する「構造政策」であると把握した上で、こうした「池田内閣の構造政策による挑戦」には、「革新勢力が労働者階級と勤労者の立場に立った構造改革の闘争にとりくむ必要」[52]があることを強調する。一九六〇年一〇月の社会党文書が掲げた「独占資本の「構造政策」とわれわれの「構造改革」の対決」という方針は、このような戦略に基づくものといえる。いずれにせよ、安保闘争後に登場してきた「構造改革」路線とは、単なるイタリア共産党流の変革路線導入の提案だったのではなく、「国家独占資本主義の全機構をあげて」推進されようとしている「池田内閣の構造政策」への対抗という固有の文脈に基づいて提起された、革新勢力の新たな戦略方針だったのである。

ところで、右の佐藤論文では、革新陣営の中に「反独占構造改革」に取り組むことを困難にしている思想的・体質的要因があるとされている。そしてその一例として、「戦後の日本資本主義が示してきた旺盛な成長力と、現に獲得している帝国主義的力量を正当に評価しようとせず、日本資本主義の後進性（前近代性）や構造上の特殊な弱さのみを一面的に誇張する見方」を挙げ、その問題性を次のように指摘している[53]。

池田政府の新政策の特徴の一つはさきにも指摘したように、近年、日本資本主義の達成した生産力のめざましい発展と、産業構造の高度化、対外競争力の強化と国際的平準化、それを可能ならしめた異常に高いテンポの自覚のうえに立っている点にあるが、このとき、もし革新陣営が依然として日本帝国主義の力量を過小評価し、その後進的側面のみを誇大視する見方にとらわれ、変革路線における一種の後進国発想に陥っているならば、池田内閣の構造政策との対決においてその方向をあやまるおそれがある。(傍点筆者)

ここで批判されているのは、いうまでもなく「講座派」マルクス主義である。繰り返し触れてきたように、このような対立は、従来、いわゆる「従属論」・「自立論」の対立として整理されてきた。しかしここで注目したいのは、右の引用における「変革路線における一種の後進国的発想」という一節である。佐藤は別の論考で、スターリン体制が「自由と民主主義という点で……著しく歪められた畸形な社会主義」、「非民主的な社会主義」であったとし、その歴史的原因の一つとして「帝政ロシアの極度の後進性」を挙げている[54]。佐藤にとっての「スターリン主義」とは、「帝政ロシアが民主主義の伝統のよわい後進資本主義国であったことに起因する変革路線における一種の後進国型発想[55]」や、そのような「後進国革命」が生みだした「後進国型のいわば原蓄型の社会主義[56]」のあり方を絶対化したものであり、その最大の問題点は「ブルジョア民主主義や議会制度のもつ積極的側面に対する過小評価[57]」にあったとされている。「構造改革」論の課題の一つは、このような問題をはらむ「スターリン主義」を克服し、日本の革新運動を発達した「現代資本主義」社会に対応する運動へと「現代化」することにあったといえよう。

おわりに

本稿では、「構造改革」論の思想史的意義を探るため、その前提となった現代マルクス主義からの流れに注目しつつ、そこにみられる特徴を検討してきた。それらを総合すれば、「構造改革」論とは、①「スターリン批判」や六全協を画期として生じたマルクス主義革新の動きを前提としつつ、②「現代」にふさわしい変革の理論が求められる中で登場した、③民主主義の発展を通じて社会主義をめざす、発達した資本主義社会における変革論であり、④それは同時に「スターリン主義」(「マルクス・レーニン主義」)克服の試みでもあった、とまとめることができる。このような「構造改革」論が成立する上で、イタリア共産党の路線が参照されたことは間違いないが、その前提には①～④の動きがあり、また個々の論者におけるその位置づけはさまざまである。「構造改革」論をイタリア共産党の路線の輸入品とする見方は、物事の順序を取り違えている。

ところで、かつて「大衆社会」論争を検討した加茂利男は、一九五〇年代後半に同論争が生じた意義を次のように述べている(58)。

五〇年代後半の時期とはまさに戦後日本社会＝資本主義の基本的な構造が確立された時期であり、それゆえ戦後日本社会＝資本主義の総体的な性格を見通すメルクマールがほぼ用意された時期であった。つまりこの時期は、戦後変革期の様々な可能性を含んだアモルフな動きが、再版原蓄過程へと収束されていった総結果として、戦後型の再生産構造＝政治体制が確立された時期であったし、またまさにこの再生産構造＝政治体制のうちに六〇年代にその諸矛盾を展開させる「高度成長」の論理が用意されていたのである。……大衆社会論争はこの意味において戦後日本社会の基本的な性格＝構造が形づくられた時期を背景としつつ、まさにこの性格＝構造を把える「視座」をいかに確定するのか、という点にかかわって惹き起こされた論争だったといいうるであろう。……

このような加茂の評価は、本稿で扱った現代マルクス主義・「構造改革」論とそれらをめぐる論争にもそのまま当てはまると思われる。だが、曲がりなりにも学問的論争に終始した「大衆社会」論争と異なり、現代マルクス主義・「構造改革」論をめぐる論争は極めて政治的であった。本稿で扱った時期以後の「構造改革」派は、共産党においては佐藤・井汲・長洲など「構造改革」派の離党となり、社会党においても党内抗争の末、「構造改革」論は一九六二年に「戦術」レベルに降格、さらに六五年には「向坂イズム」を基調とする「日本における社会主義への道」が採択される。革新政党における「講座派」マルクス主義・「労農派」マルクス主義の壁は強固だった訳である(59)。このような日本マルクス主義の状況が、その後の革新運動や学問にどのような影響を与えたのか、またそれはいつどのように変化していったのかが、今後丁寧に検証される必要があろう。

注

（1）正村公宏「構造改革論争」佐々木毅ほか編『戦後史大事典 1945–2004（増補新版）』（三省堂、二〇〇五年）など。「構造改革」論については、これまで社会党・総評の「社会民主主義」との関連から、政治史・社会運動史の文脈で論及されてきた。主な文献としては、渡辺治『「豊かな社会」日本の構造』（労働旬報社、一九九〇年）、高木郁朗編『清水慎三著作集 戦後革新を超えて』（日本経済評論社、一九九九年）、岡田一郎「日本社会党における「構造改革論争」と組織問題」『筑波法政』第二八号（二〇〇〇年三月）、中北浩爾「日本社会党の分裂――西尾派の離党と構造改革派」（山口二郎・石川真澄編『日本社会党　戦後革新の思想と行動』日本経済評論社、二〇〇三年）、木下真志「社会党はなぜ、構造改革を採用できなかったのか？――歴史的・政治史的意味の再考」（『年報政治学』第五九巻一号、二〇〇八年）などがある。

（2）清水慎三『戦後革新勢力』（青木書店、一九六六年）二七五―二七六頁。
（3）同前二七五頁。
（4）同前二七七頁。
（5）同前二九二―二九三頁。
（6）松下圭一「構造改革論争と《党近代化》」北岡和義編『政治家の人間力――江田三郎への手紙』（明石書店、二〇〇七年）三〇七頁。
（7）「構造改革」派運動団体については、勝部元『構造改良』（潮選書、一九七二年）を参照。
（8）「構造改革」論の理論・思想を扱った文献は多数存在するが、その大部分は同時代における党派的批判で占められており、ここでは野村重男「日本的構造改革論批判」（『唯物論研究』季刊五号、一九六一年三月）、高田麦「大衆社会論と構造改革論」（住谷悦治・山口光朔・小山仁示・浅田光輝・小山弘健編『講座・日本社会思想史6　社会思想の現潮流』芳賀書店、一九六七年）を挙げるにとどめる。
（9）貴島正道『構造改革派』（現代の理論社、一九七九年）二三頁。
（10）山崎春成「現代資本主義論」狭間源三ほか編『真理と激情　名和統一・学問と人』（文一総合出版、一九七九年）一三三頁。
（11）日本共産党中央委員会編『日本共産党綱領集』（日本共産党中央委員会出版部、一九六五年）九八―一一三頁、なお一九五〇年代の日本共産党については、日本共産党『日本共産党の六十年』（日本共産党中央委員会出版局、一九八二年）などを参照。
（12）「党活動の総括と当面の任務　第六回全国協議会の決議」『前衛』第一〇八号（一九五五年九月）、なお「五一年綱領」自体は、一九五八年の日本共産党第七回大会で廃止が決定されている。
（13）安東仁兵衛『続・戦後日本共産党私記』（現代の理論社、一九八〇年）一〇一頁。
（14）不破哲三「社会主義への民主主義的な道」『現代マルクス主義Ⅲ　現代革命の諸問題』（大月書店、一九五八年）二一六―二一八頁。

(15) 井汲卓一「「現代の理論」と思想と理論の自立性」『現代の理論　主要論文集』(現代の理論社、一九七八年) 六七六―六七七頁。
(16) 前掲安東『続・戦後日本共産党私記』一六一頁。ただし長洲は、『現代マルクス主義』第一巻の論文「マルクス主義理論と現代」付記で、「本稿を書くについて、古在由重氏、井汲卓一氏、佐藤昇氏、村田陽一氏との討論から多くの御教示を得た」と記しており、長洲と佐藤の間には既に個人的つながりができていたことがわかる。
(17) 志賀義雄「コミンテルン創立四〇周年によせて」『前衛』第一五二号 (一九五九年三月)。
(18) 日本共産党宣伝教育文化部編『日本共産党決議決定集』第四・五集 (日本共産党中央委員会出版部編、一九六二年) 二二〇―二二一頁。
(19) 前掲安東『続・戦後日本共産党私記』一八九頁。
(20) 同前。
(21) イ・ヴェ・スターリン『ソ同盟における社会主義の経済的諸問題』(大月書店、一九五三年) 三八―四一頁。
(22) 同前四八頁。
(23) 同前四五―四六頁。
(24) 『フルシチョフ報告・ミコヤン演説　ソ同盟共産党第二〇回党大会』(青木書店、一九五六年) 二二一―二二三頁。
(25) 長洲一二編『現代資本主義とマルクス経済学』(大月書店、一九五七年)、中山伊知郎ほか『資本主義は変ったか』(東京出版、一九五八年)、都留重人編『現代資本主義の再検討』(岩波書店、一九五九年) などを参照。
(26) 有沢広巳・松井清・名和統一・長洲一二「〔討論〕資本主義の運命を決する鍵――名和論文をめぐって」(『世界』一九五七年一二月) 参照。
(27) 前掲長洲『現代資本主義とマルクス経済学』八頁。
(28) 長洲一二「マルクス主義理論と現代」『現代マルクス主義Ⅰ　マルクス主義と現代』(大月書店、一九五八年) 二六―二七頁。
(29) 同前一〇九―一一三頁。

(30) 井汲卓一「過渡期としての現代資本主義」『現代マルクス主義Ⅱ マルクス経済学の展開』(大月書店、一九五八年)、井汲『国家独占資本主義』(大月書店、一九五八年)、井汲『国家独占資本主義論』(現代の理論社、一九七一年)などを参照。

(31) 前掲志賀「コミンテルン創立四〇周年によせて」。

(32) 初岡昌一郎「私からみた構造改革」五十嵐仁・木下真志/法政大学大原社会問題研究所編『日本社会党・総評の軌跡と内実 20人のオーラル・ヒストリー』(旬報社、二〇一九年)九三―九四頁、前掲貴島『構造改革派』一〇頁。

(33) 前掲貴島『構造改革派』一〇頁。

(34) 同前一七頁。

(35) 佐藤昇『現代帝国主義と構造改革』(青木書店、一九六一年)九二―一〇〇頁。なお先にみた長洲の国家論・民主主義論は、このような佐藤の議論を下敷きとしている。

(36) 松下圭一「大衆国家の成立とその問題性」『思想』一九五六年一一月、のちに松下『現代政治の条件』(中央公論社、一九六九年)、松下『戦後政治の歴史と思想』(ちくま学芸文庫、一九九四年)に収録。

(37) 上田耕一郎「「大衆社会」理論とマルクス主義」前掲『現代マルクス主義Ⅰ マルクス主義と現代』二〇五―二〇六頁。

(38) 前掲佐藤『現代帝国主義と構造改革』一〇〇―一〇四頁。

(39) 同前一〇五―一〇九頁。

(40) 前掲初岡「私からみた構造改革」一〇三頁。

(41) 前掲貴島『構造改革派』一〇―一一頁。

(42) 同前二〇頁。

(43) 同前二二頁、前掲初岡「私からみた構造改革」九五―九六頁。

(44) 前掲貴島『構造改革派』二二―二三頁。

(45) 同前二三頁。

(46) 前掲松下「構造改革論争と《党近代化》」三〇一頁。

(47) 前掲安東『続・戦後日本共産党私記』二二八頁。

(48)「日本共産党第八回大会　中央委員会の政治報告」『前衛』一八七号（一九六一年九月）。
(49)前掲佐藤『現代帝国主義と構造改革』六六―七二頁。
(50)同前八〇―八一頁。
(51)同前八二―八五頁。
(52)同前八五頁。
(53)同前八六頁。
(54)佐藤昇『日本のマルクス主義と国際共産主義運動』（三一書房、一九六四年）一六三頁。
(55)佐藤昇「体制の変革と平和共存――モスクワ声明の理論的諸問題とその歴史的系譜」『世界』一八二号（一九六一年二月）、前掲佐藤『現代帝国主義と構造改革』二五四頁。
(56)梅本克己・佐藤昇・丸山眞男『現代日本の革新思想』（岩波現代文庫、二〇〇二年）一一七頁。
(57)前掲佐藤『現代帝国主義と構造改革』二五四頁。
(58)加茂利男「大衆社会論争――今日の時点での一考察」『現代と思想』第一三号（一九七三年九月）。
(59)この点についても、安保闘争後の反米ナショナリズムの高揚や向坂逸郎が陣頭指導した三池闘争の影響を考慮する必要があるが、今後の課題としたい。

Ⅷ　山形県における国民教育運動の展開
――山形県児童文化研究会と山形民研グループ――

高木重治

はじめに

一九五〇年代の学校教育は、「平和と民主主義」を実現する教育を目指す日本教職員組合（以下、日教組）やその他の民間教育運動と、そうした教育の是正を目指し教育の国家統制強化を図る国の教育政策が激しく対抗する場であった。六〇年代に入ると、高度経済成長の影響が学校教育にも及び、能力主義教育政策が推進され、学歴や学力が重視される教育が定着していった。こうした学校教育の変化に教育運動がどう対応していこうとしたのかという点は、戦後教育史の重要なポイントと考えられる。

一九五〇年代後半から一九六〇年代にかけて、「国民の教育要求」に応えることを理念とした国民教育論が日教組を中心に唱えられた。日教組では、『学習指導要領』による上からの教育内容や方法の統制に対抗して、「科学の体系にもとづく教科教育」の教育課程を自主的に編成していこうとする国民教育論が主張され、運動が展開された。こうした国民教育論に対しては、同時代から、「科学」の無批判的な受容と、「科学」を知らない無知な国民という啓蒙的な態度への批判がなされていた(1)。また、日教組の国民教育運動は、七〇年代以降の大衆社会化された状況のなかでは、能力主義的教育政策への十分な対抗ヘゲモニーを確立することはできなかったという批判が九〇年代になされるようになった(2)。

これまでの研究では、国民教育論・国民教育運動を取り上げる際に、日教組の運動を代表させてきた。しかし同時代の教育運動をながめると、日教組のみが国民教育という言葉を使っていたわけではなく、日教組以外の民間教育運動もこの言葉を使っていたことがわかる。国民教育という言葉は一般的な名詞に過ぎないので、言葉を使用する主体によってそこに多様な意味が込められることとなった(3)。

総体として国民教育運動と呼ばれる動きのなかに、どのような主体が含まれており、それぞれがどう関わり合いながら運動していたのか、これを地域の実態に即して解明することは、学校教育の変化に教育運動がどう対応しようとしていたのかを明らかにする上で重要な課題である。

そこで本稿では、山形県を事例として取り上げたい。なぜなら、山形県には、山形県教員組合（以下、県教組）の他に、山形県児童文化研究会（以下、児文研）による生活綴方教育運動、山形県国民教育研究所（以下、山形民研）の教育研究運動という潮流が存在し、それぞれが協同、あるいは対抗しながら国民教育運動を推進したという点で、地域における国民教育運動の実態を解明することに適した事例と考えられるからである。

具体的には、児文研と山形民研の成立過程や活動内容を取り上げ、運動の様相を明らかにしていくことになるが、その際、県教組など県内の他の教育団体との関係にも留意しつつ論を進めたい。特に児文研に対しては一九五〇年代末ごろからさまざまな批判が出されていったが、児文研がこれにどう応答しようとしたのかという点は、学校教育の変化への対応という意味でも重要な論点である。

一　山形県児童文化研究会と生活綴方教育

（1）山形県児童文化研究会の結成

戦後の山形における生活綴方教育・作文教育の復興はかなり早く、山形県教員組合が主催する山形県文集コンクールが一九五〇年三月に行われ、五〇編の応募があった。つまり四九年度の段階ですでにこれほどの文集が作られていたわけで、その中には無着成恭が指導した『きかんしゃ』も含まれている。この『きかんしゃ』には、全国作文コンクールで文部大臣賞を受賞した江口江一の「母の死とその後」が収録されている。山元村（現上山市）での新任中学校教師無着の実践は、『山びこ学校』（青銅社、一九五一年）として出版され、教育学者・教育関係者にとどまらず世間の大きな反響を呼んだ。

このように一九四〇年代末の山形では、生活綴方教育や作文教育に取り組む教師が少なからず出てきており、五〇年代の生活綴方教育運動に大きな影響を与える作品が生まれるなど、運動をリードしていく地域の一つとみることができる。

ただし、戦後の生活綴方教育・作文教育は、戦前の運動と直接的なつながりがあったわけではなかった。戦前に国分一太郎（一九一一～八五）、村山俊太郎（一九〇五～四八）らが行っていた生活綴方教育運動や北方性教育運動は、徹底的な弾圧により完全に途絶えていた。一九二七年生まれの無着は、四八年に山形師範学校を卒業し、新任の中学校教師となっているので、戦前の運動のことを知っていたわけではなかった。その彼に、生活綴方教育を示唆し導いていったのが須藤克三（一九〇六～八二）である。

須藤は、山形県東置賜郡宮内町（現南陽市）出身で、一九二六年に山形師範を卒業後、二八年に日本大学高等師範部に進学し、東京で小学校の教師を務めていた。教師を続けるなかで、生活綴方教育に深い関心をもつようになり、生活綴方教育に関する雑誌に投稿する他、国分、村山とも交流をもった。四〇年に教師を辞め、教育雑誌や図書の編集に携わっていたが、空襲により山形に疎開し、山形新聞社に勤めるなかで敗戦を迎えた。山形新聞社は四七年に辞職するが、その後も非常勤嘱託の論説委員として社説・文化欄を担当した。

戦後の須藤は評論家として言論活動を行う他、教育文化運動を組織し主導する役割も果たしていく。『山びこ学校』が出版された後、須藤は「『山びこ学校』の教育が無着一人のものにおわらせてはならないし、すぐれた教師たちの仕事も、みんなのものにしていかなければならない」と考え、無着と相談して仲間を集めることにした。[4] 一九五一年七月、この呼びかけに応じて集った教師たちにより山形県児童文化研究会が結成された。

集った教師たちの顔触れは、無着の師範学校時代の同級生や知り合い、須藤が山形新聞の仕事で知り合った詩、短歌、童話に取り組んでいた教師、生活綴方や学校劇に関係する教師であり、最初の会合では一〇名が集まった。須藤はこの集まりを「綴方運動をタテとし、児童文学や児童劇などをヨコとした」ものと表現している。

須藤によれば研究会で重視されたのは、①教育実践、②それぞれの教育実践を全面的な理解のもとでたしかめる、③教師がわからだけで教育を考えてはならないの三点であった。

①について、研究会では、文集や学級通信など何か一つでも実践したものを持ち寄ることにしていたが、それは、須藤が「それぞれの教育実践の中から見出だしていく知識や思想はたしかなもの」だと考えたからであった。[5] しかし一人の実践し得うる範囲は限られるため、実践をみんなのものとして検討しあい、先人や他の人たちの実践からまなぶことも大事だとしている。

②について、児文研には生活綴方、童話、学校劇、詩などさまざまな領域の運動者が集ったが、次第にそれぞれの

領域だけにたてこもらず、各領域の有機的な連関の中で運動していくようになったという。この研究会を、綴方研究会や作文研究会ではなく、「児童文化」研究会と名付けた須藤の意図もここにあったと考えられる。

③について、教師のがわからだけで教育を考えないというのは、子どものがわから考えるということにとどまらず、地域の人びとにとっての教育を考えるという意味をもっていた。山形県は農業県であり、児文研の会員たちも多くが農村で実践を行っていたことから、特に農民の生活を受けとめ、共同体的構造や農民層分解の過程をおさえることが求められた。

児文研は少数の教師の集まりとして始まったが、一九六〇年には三三名の会員がおり、多い時には五〇名以上が名を連ねていた。五〇年代中頃から県内各地に作られていった教師サークルの代表の多くが児文研の会員であったことも併せて考えると、児文研は山形県の教育運動において中心的な役割を果たしていたということができる。しかしそこに至るまでの経緯はけっして平坦なものではなかった。

結成当初の児文研には会則・規約がなく、出入り自由のサロン的な集まりという雰囲気であったことから、会員の入退会も多く、落ち着きのない運営であった。呼びかけ人の無着も一九五三年には山形を去り、東京で暮らすことになった。五二年末から五三年の前半にかけて、出席する会員が少なく、研究会は名だけという状態だったという(6)。

一九五三年九月の研究会は、不振を打開するため反省批判会を行い、規約を定め、会費を徴収することが決まった(7)。その後の活動の展開で重要な要素となるのが規約六条で定めた地域研究団体の設立である。児文研の主な会場は山形市にある須藤の自宅であったため、児文研の会員は自然と村山地方在住者が中心となっていた。そこで、県内各地にサークルを作り、それぞれが連携し協同することで運動を広めていこうと考えたのであった。

置賜地方では一九五二年七月に、児文研の会員であった樋口実が中心となり、米沢の教師を中心に構成された「おきたま児童文化研究会」を結成していた(8)。おきたま児文研も一〇名内外の少数の集まりであり、ごく一部の教師が参加するにとどまっていたため、仲間を増やそうと教師たちへの働きかけを行っていた。ちょうどそこに県児文研の地域研究団体設立の方針が伝わり、おきたま児文研は正式に県児文研の支部サークルとなり、機関誌『気流』を廻してもらうことになった。

一九五四年から児文研と県教組文教部の連携がうまれ、地域の教師サークルの結成を促していくことで、実際に多くのサークルが誕生し、児文研の運動や生活綴方教育運動は最盛期を迎えることになった。

（2）教師サークルの隆盛

児文研と県教組の関係が深まるのは、一九五四年に県教組文教部長の剱持清一が児文研に加入したことによる。五五年に須藤を講師とした文集展覧会と作文教育講習会を県教組文教部の主催で開催している。同年八月には、児文研・県教組が共催する第一回山形県児童文化研究協議会が開催され、作文、版画、学校劇、人形劇、童話に携わる人びと約二〇〇名が県内各地から集まり、経験を語り合い討議をかわし、研究を深め合った。以後、六二年まで毎年開催される児童文化研究協議会は、各地のサークルの交流の場としてだけでなく、各領域の有機的な連関を追究する児文研の活動にとっても重要な意味をもっていた。

県教組は一九五四年六月の定期大会でサークルの育成を運動方針に掲げており、五五年ごろからサークルの結成が目立つようになるが、その多くは児文研と関係のあるサークルであった。おきたま児文研、最上児文研は五二年に結成されていたが、東置賜児文研、東村山児文研、庄内児文研が五四〜五五年の間に相次いで誕生した。他にも、北国の会（西村山地区）、河北教育座談会（西村山地区）、西川町の集い（西村山地区）、もっこくの会（温海地区）などが児文研の会員を中心に結成されていた。

これらのサークルは、地域の若い教師が会員となっており、会員数は十数名程度の小規模なものであることが多い。当初は教師同士の交流が主な目的で、悩みや不満を語り合うことからスタートし、その後、教育実践の報告、分校訪問、各種研究会への参加などを行っていくなかで、生活綴方教育の取り組みに注力していくようになる。

県教組が一九四九年度から毎年開催している文集コンクールも順調に応募数を伸ばし、文集のレベルも向上していった。(9) 夥しい数の応募作品を有効にいかすため、須藤や児文研会員が編集委員となり、四九～五三年度までに応募された文集から選択・編集して、五五年三月山形県教員組合文教部編『山形の子ども』が刊行され、以降第一三集（一九七〇年刊行）までほぼ毎年刊行された。文集の応募は、村山地方や酒田地区が多く、米沢地区や鶴岡地区が少ないという地域的な偏りがあると指摘されているが、(10) 作文教育や生活綴方教育の取り組みが全県的に広がっていることを物語っている。

さらに児文研を中心に、戦前の生活綴方教育運動、北方性教育運動を掘り起こしていくなかで、現在の生活綴方教育運動は戦前の運動を継承するものであるとの認識を深めていった。前述のように児文研に集った若い教師たちは戦前の運動を直接知っていたわけではなかったが、須藤や国分に導かれ戦前の運動を学んでいった。戦前の運動家であり一九四八年に亡くなった村山俊太郎の遺稿集『北方のともしび』（山形県児童文化研究会、一九五七年）の刊行はその成果の一つである。また東北の生活に根ざした教育を目指す北方性教育運動を再び築きあげようと、五七年に雑誌『教育北方』が、五九年に雑誌『北方地帯』が、それぞれ刊行を開始している。

なお一九五六年八月の『山形教育』に掲載されたサークル名簿では、二四の教師を主体にしたサークルが確認できる。(11) そのなかには西置賜教育座談会、一五会（上山）、創造美育の会（酒田）など、児文研とは異なる系列のサークルも含まれている。西置賜教育座談会と一五会は児文研の結成より前に誕生しており、教育科学研究会と関係が深い。創造美育の会は、創造美育協会の山形支部として五一年に結成されている。

教師サークルとは少し異なるが、一九五四年に結成された山形童話研究会（五五年に山形童話の会に改称）も児童文化運動の一翼を担ったサークルである。同会は、山形出身で早大生であった鈴木実らを中心に、須藤に働きかけて結成された児童文学のサークルであるが、鈴木自身は「単なる児童文学運動というより生活記録運動要素」をもつものとして生活をみつめることから創作を行おうとした(12)。

鈴木実と農村の青年たちの共同創作である「ヘイタイのいる村」は、アメリカ軍の射撃場となった一山村の人間群像を描いた作品で、会の雑誌『もんぺの子』五号(一九五五年一月)から連載された。青年たちの住んでいる地域は、実際にアメリカ軍のキャンプが作られた神町(現東根市)やアメリカ軍に接収され射撃場となった戸沢村(現村山市)であり、まさに生活をみつめるなかから生み出された作品であった。「ヘイタイのいる村」は、一九五七年に『山が泣いている』の題で劇団こけし座により上演され、六〇年に『山が泣いている』(理論社)として出版された。

一九五〇年代の中頃は、山形県における青年や女性のサークル・生活記録運動の最盛期でもある。北河賢三の研究によれば、この時期に刊行された文集は二一〇種を超え、教師や青年たちのサークルの他、青年団や青年学級、婦人学級や若妻会といった社会教育団体によって担われた運動であった(13)。こうした諸団体の交流と運動の発展を目指し、須藤と剱持が基本的な構想を立て、真壁仁や県教組書記局、青年サークルの主だった人物の協力を得て実現したのが、五六年から開始される山形県青年婦人文化会議である。第一回は一六〇余人が参加し、五七年の第二回にはのべ五五〇人が参加、五八年の第三回には約一〇〇〇人が集うという大規模な集会となった。

こうした青年や女性のサークル・生活記録運動の隆盛には、児文研や教師サークルの会員が、青年団や青年学級、母親学級と結びつきを深め、青年学級や母親学級で生活記録的な学習が進められたという背景があった。たとえば、おきたま児文研の会員である鈴木輝男は、一九五四年に南置賜郡南原村(現米沢市)中学綱木分校へ赴任したが、綱木青年学級も担当して青年たちの生活記録を指導した。彼らの詩や生活記録、生活調査の記録は、文集『渓流』としてまとめられ、『渓流』は五五年の第四回全国文集コンクールで入選している。この鈴木輝男と綱木青年学級の活動は、須藤克三編『村の青年学級』（新評論社、一九五五年）、大田尭編『農村のサークル活動』（農山漁村文化協会、一九五六年）に紹介され、反響を呼んだ。

こうしたサークル運動の盛り上がりを作り出し、支えたのは、児文研だけの力ではなく、県教組の存在も大きかった。一九五〇年代中頃の県教組は独自の運動を展開し、各地の教組にも影響を与えている。五七年、県教組は学校の実態を把握するための「学校白書」と、戦争が子どもと教師に与えた影響を、教師自身が過去を振り返ることで描いた「戦争教育の記録」に取り組み、『山形の教育　学校白書と戦争教育の記録』（山形県教員組合、一九五八年）をまとめた[14]。五七年の日教組定期大会で、県教組は「学校白書」と「戦争と教育の反省記録」に全国的に取り組むことを提起し、各地で戦時教育の記録を含む白書が作成されていくことになった。

一九五八年の県教組定期大会では、剱持が考案した「三つの組織論」に取り組むことが決定された。「三つの組織論」は、教科組織論、学校組織論、教育運動組織論からなり、国民教育運動を進める上で重要な方針として「剱持テーゼ」とも呼ばれた[15]。教科組織論は、教科の分化を克服した全教育課程の組織化を、学校組織論は、学校の民主化により学校における教師集団の形成を、教育運動組織論は、あらゆる教育団体、労働組合、農民組合と手を結び国民教育運動の推進を、それぞれ目指すものとされた。

一方で、一九五八年の勤評反対運動から六〇年の安保改定反対運動にかけて、県教組は政治運動に注力するようになる[16]。このことは、県教組が支える面ももっていたサークル運動に影を落とすことになる。おきたま児文研は、勤評反対運動を行っていくなかで、サークルの会員たちが地区教組の中心となっていき、教組の運動に集中することで、サークルとしては停滞し、有名無実な状態となっていった。庄内児文研でも、教組の運動に積極的に参加するなかでサークル運動は停滞し、離れていく会員も出た。しかし、サークルが教組の運動に呼応していくのは、「県教組を中心に県内のサークルを育てたり、サークルの交流をはかったことも大きく影響」しており、必然的なかなり行きだった

と指摘している。(17)

一九六〇年の山形県教育サークル協議会名簿には三九のサークルが確認できるが、五六年のサークル名簿と比較すると構成が大きく異なっていることがわかる。(18)五六年の名簿から引き続き名前が確認できるのは、県児文研、おきたま児文研、東置賜児文研、最上児文研、庄内児文研、もっこくの会、西置賜教育座談会、一五会、創造美育の会の九サークルに限られる。つまり五六年の時点で存在していた二四のサークルのうち、一五のサークルは六〇年までの間に消滅したことを意味している。一方で、五六年以降に二〇のサークルが新たに結成されているということでもある。

勤評反対運動はサークルにマイナスの影響を与えただけではなかった。音楽教育の会（山形市）、教師サークル（山形市）、火曜会（寒河江）、サークル555（寒河江）、軌道（村山）、木曜会（村山）、研生サークル（最上）、女教師の会（最上）、戸沢青年教師の会（最上）など一〇のサークルは、勤評反対運動後に作られた新しいサークルである。(19)勤評反対運動の経験から新たに教師たちが結びつく可能性もあったのである。

しかし、おきたま児文研や庄内児文研のように、教組の運動に注力するようになれば、それだけサークルの運動はなおざりとならざるを得ない。一九六〇年代は地域の教師たちによる自主的なサークル運動の衰退期といえる。一方で、教科研、歴教協、全生研などの全国的な組織により系列化された教育団体の活動が影響力をもつようになった。

（3）児文研会員の実践

これまで一九五〇年代の児文研の活動を概観してきたが、彼らが重視した教育実践が実際にどのように行われていたのかを二人の教師を取り上げてみていきたい。一人は土田茂範（一九二九〜二〇〇三）で、山形師範学校で無着の一年後輩にあたり、児文研には最初から参加しており、多くの教育実践を出版し、会の中心的な役割を果たした。もう一人は烏兎沼宏之（一九二九～九四）で、山形師範では土田の一年後輩となっている。烏兎沼は五四年ごろに児文研に参加したが、後に土田と共に会の中心メンバーとなっていく。

土田は一九四九年に山形師範を出て、醍醐（現寒河江市）小に赴任し四年生を担当した。翌年、五年生に進級した子どもたちが最低限手紙を書けるように作文に取り組むことにした。しかし最初のころの作品はうまい作品をまねしただけの「きれいごとの詩」であった。たとえば山という題材で、「高い山。／光った山。／うつくしい青い山。／山はなにもいわずに／たっている」というものであった。そこで無着の『つづりかた通信』などを読み、綴方教育を真剣に考えるようになった。

一九五一年一月に「お金」という題材で綴方を書かせてみたところ、「ぼくは、学級費のふくろさえ来ると、なんといってもらったらいいかわからなくなるのです」とか「ぜにもらうのつくづくやんだぐなった」といった作品が出されてきた。土田は、学校で必要なお金をもらうことに圧迫を感じている子どもが多いことを初めて知り、子どもたちを指導するには子どもたちの生活の実態を知ることが必要であり、そのためには子どもたちを取り巻く村の生活を知る必要があると考えるようになった。

一九五一年の夏から秋にかけて、村では日照りによる水不足が深刻な問題となっていた。この問題を題材として、家や近所で何と言っているのか、どう対処しているのかを調べて綴るように指導した。このことが、土田と子どもたちが農業のこと、村のことを学習するきっかけとなっていった。こうして子どもたちは生活のなかで感じたことを率直に表現するような詩が書けるようになり、農作業や村の生活を詩と版画で表現する『百姓のうた』ができる。春先の寒いなかで苗代を作る苦労を次頁のような詩と版画で表現している。

土田は『百姓のうた』や綴方を掲載した文集『アンテナ』を発行した。この『アンテナ』は第三回山形県作文コンクール（一九五一年度）で特選となり、一九五二年に日本作文の会・児童文学者協会共催第一回全国文集コンクール

なっしょ（なわしろ）こせ　猪倉謙太郎

春のつったえ風にふかれて
あせ水たらし
くわをあげて
どしんとおく。
手足が
いたいのもわからずにする
なっしょこせ。
これがひどい
あれがひどいと
いうならば
百姓はできない。
（後略）
（『百姓のうた』、明治図書出版、
一九五九年、より転載）

で優秀賞となるなど高く評価された。

子どもたちの卒業とともに土田は醍醐小を去ったが、子どもたちは土田を慕い、中学三年まで版画を彫り続け、親たちも「アンテナ後援会」を作って支援した。この一連の活動の記録を、一九五五年に児文研が手刷りで『百姓のうた』として出版し、関係者に配布した。『百姓のうた』は五九年に明治図書出版から出版されている。

一九五二年に西里（現河北町）小に転任した土田は、須藤らの勧めもあり五四年度に初めて一年生を担任した。その教育の記録が『村の一年生』（新評論社、一九五五年）として出版された。初めて学校に通う子どもたちに学校での生活を教え、文字を教え、文章を綴るようになるまでの記録だが、土田は子どもたちに多大な影響を与えるのは家庭や地域であると考え、頻繁に学級通信『きしゃぽっぽ』を発行して協力を求めた。『きしゃぽっぽ』は、子どもの文章を載せた文集と、「親と教師の広場」という副題で親の文章を載せた文集も作成された。試行錯誤を重ねた教育実践は、低学年の指導方法を確立する上で貴重な記録として高く評価され、小砂丘賞を受賞している。

土田は、村での教育実践の経験から、教育は村をより良い方向に変えていくためのものであり、村が変わっていかなければ教育の効果も薄いものとなることを感じ、村を変えていくにはどうすればいいのかを追究するようになる。『村の教育』（麦書房、一九五九年）は、醍醐小、西里小、送橋（朝日町）小での実践から、村の封建制を克服し、村を変えていくための展望を示した著作である。西里小では高学年ではあるが文字が書けない子どもがいた。土田はそれを子どもの怠慢とは見ず、貧しさゆえに置いていかれている存在と考えた。文字が書けない子どもの家庭は、極貧で地域からも疎外された家庭であった。送橋小ではこれまでよりも強固な村のしがらみを感じた。村は一見争いごとがないように見えるが、それはそれだけ人びとが抑圧されているためであり、中にいる人は気づきにくいのであった。こうした村の抑圧性や貧しさを克服するためには、生活を高めること、つまり生産（農業）を効率化する必要があるとしている。

村への着目は烏兎沼にも共通している。『わらし子とおっかあたち　ある共かせぎ教師の記録』（アジア出版社、一九五九年）は、烏兎沼が豊田（長井市）小で指導した文集『なえっこ』の綴方から、子どもたちが直面している家、地域社会、生産の問題を丁寧に読み解いた作品である。また烏兎沼は、母親たちと回覧ノートをやり取りし、地域の青年サークル、若妻会、俳句グループともつながりを持ち、私設公民館のような役割を果たしながら、農村の女性の立場や青年たちの悩みを学んでいった。

『わらし子とおっかあたち』は副題にもあるように、夫婦で教師をしている烏兎沼宏之、喜代子の生活記録でもある。特に教師として働きながら、嫁として家事をこなし、母として子育てをする喜代子にのしかかる負担が率直に語られている。『わらし子とおっかあたち』は一九六二年に県教組の自主製作により映画化されている。

二　真壁仁と山形県国民教育研究所

（1）真壁仁と教育

須藤克三と山形県児童文化研究会を中心とした教育文化運動とは異なる潮流として、山形県における国民教育運動をリードした山形県国民教育研究所の所長を務め、運動の中心的な役割を果たしたのが、農民詩人の真壁仁（一九〇七〜八四）である。

真壁は一九〇七年に山形市宮町の農家に生まれ、家業を継ぎ、農業を営む傍らで詩を書き、詩集『街の百姓』（北緯五十度社、一九三二年）、『青猪の歌』（青磁社、一九四七年）を刊行した。四〇年に村山、国分らが検挙された際には、真壁も学習会に関する嫌疑により検挙された。戦後は山形市の農業委員（五〇年）や教育委員（五二年）に選ばれている。

真壁はマルクス主義のようにはっきりとした主義を掲げることはなく、「ヒューマニズム左派」と言われるような立場であった[20]。そのため政党に所属したことはないが、一九五九年の参議院山形地方区の補欠選挙に、社会党公認・共産党推薦の統一候補として立候補し、惜敗している。平和運動・原水爆禁止運動には積極的に参加していたが、原水協の内部対立が激しくなる六四年には原水禁運動から身を退いている。

前述の通り、真壁は山形県青年婦人文化会議の呼びかけ人の一人にもなっており、農村の青年サークルと交流をもっていた。真壁が編集した『弾道下のくらし――農村青年の生活記録――』（毎日新聞、一九五六年）は、アメリカ軍の射撃場となった戸沢村の青年たち、東根町神町の『おさなぎ』グループ、綱木の『渓流』グループ、佐藤藤三郎ら山元村、本沢村（現山形市）の青年たちの『百姓のノート』グループのメンバーが執筆している。この本には生活記録、詩の他に小説も収録されているが、それは真壁が小説形式で書くことを通じて、「ことばを自分のものにし、文学を自分のものにしてゆく」ことに期待したからだった。真壁は農民詩人として、青年たちのサークル運動を生活記録としてよりも農民文学として伸ばしていこうとしていたのだと思われる[21]。

真壁が教育と関わりをもつのは、一九五二年の山形市教育委員となったことと、同年の教育研究集会から県教組講師団の一員として関わるようになってからである。ただ、より本格的に教育研究に取り組むようになるのは、五〇年代後半からとなる。真壁の教育論は『野の教育論』全三巻にまとめられているが、議論の範囲は、農業と教育、地域と教育、方言や民俗と教育などに広がっている[22]。そのなかでも軸となるのが国民教育論である。

真壁が教育研究に取り組んでいく上で大きな影響を受けたのは、歴史学者で国民教育研究所初代所長を務めた上原専禄の国民教育論である。真壁の理解では、上原がいう国民教育とは「学校における子供の教育をふくめて、国民の自己創造、国民の自己形成」のことであり、国民教育を実現するには、問題を時間（歴史意識）と空間（世界史的視点）の二つの軸の構造のなかでとらえることが重要だという。[23] こうした上原の提起を受けて、真壁が考える国民教育とは、さまざまな形で存在する教育の阻害を払いのけ、多様な民衆運動や共闘のなかで国民の教育要求を組織していく「運動」とされた。労働者や農民の運動と教師が手を結び共闘するためには、教師が教育労働者であることを自覚し、職場を組織化することと、「地域の実際に密着した」活動が必要とされた。

真壁の国民教育論は、一九六〇年代に展開される山形県国民教育研究所の活動に大きな影響を与えていくことになる。

（2）山形県国民教育研究所の設立

山形県国民教育研究所が設立されるきっかけとなったのは、一九五七年に日教組が国民教育研究所を東京で設立したことにある。研究所の五七年度の目標は教育研究の現状分析におかれ、千葉県、岩手県、山形県、宮崎県の四県で、大学、研究所、教組、現場実践者と共同研究を組織した。山形県で共同研究に参加したのが、真壁仁、五十嵐明（山形大学）、西塔辰雄（高校教師）、そして児文研に参加していた剱持清一らであった。西村山郡の河北町北谷地中学校と朝日町送橋小学校、米沢市の三沢西部中学校と上郷小学校の四校が調査され、五八年三月に国民教育研究所が報告書をまとめている。

一九五八年度には高知県、和歌山県が調査地域に加えられ、勤評反対運動が行われるなかで教師の教育研究がどう行われているのかを追究することとなった。この年から山形県の共同研究者が主体となって山形県における調査を行い、前年の四校の継続調査と、新たに酒田地区の校区教研や米沢市の教師集団の実態が調査されることとなった。この研究成果が、五九年一月の大阪における日教組第八次教研終了後に行われた国民教育研究所の六県研究集会に『新しい教師集団』として報告された。この報告書は教師や研究者の間で議論を呼び、大きな反響があったため、一部を書き改め六〇年に三一新書として出版された。

『新しい教師集団』は、勤評反対運動が少数の積極的な教師のみでなく、学校や地域全体の問題として取り組まれた事例を調査することで、剱持が提唱した三つの組織論に見合う新たな教師集団が形成されていることを論証しようとした。その中には、児文研の土田茂範が参加した送橋小の教師サークル金曜会の活動が取り上げられている。金曜会の実践は、複式学級の学習指導法の研究から反封建の教育へと「脱皮」し、勤評と向き合うことでさらに反権力の教育へと変化したと評価されている。

一方、同書には、これまでの教師たちの運動に対する批判も示されている。剱持は山形の教育文化運動が「内部の問題としての封建主義との対決という運動の規定のしかたをこえなければならない」と述べ、真壁も教育文化運動を「反封建闘争という争点でだけとらえてきたのは」誤りではなかったかと指摘している。

国民教育研究所の共同研究が進められていた一九五九年の県教組定期大会で、県教組が出資する教育研究機関として山形県国民教育研究所を設立することが決定された。その後、山形県国民教育研究所をどのような研究機関とするかについて、民研共同研究者集団と県教組執行部、文教部が話し合い、構想を練った。そこで出された方向性は、①教組の活動と密接に関係しつつも、教組の下請け機関ではない独立した研究機関であること、②東京の民研の小型版ではなく、山形特有の教育現実のうえにたった実践、教育運動の分析、調査を行うこと、とされた。翌六〇年の定期大会で、趣旨、設置規定、予算が決定された。

決定された趣旨は、「この研究は／北方地帯の教育現実のうえにたち／国民による、国民のための、国民の教育をうちたてるために／ひろく学者、文化人、教師、父母の協力のもとに／民主的な諸団体と手を結び／今日的な教育研究センターとして／研究を組織し／研究、調査を行う」というもので、「北方地帯の教育現実」のうえに、教師のみでなく、学者、文化人、父母と手を結んで「国民の教育」をうちたてることを目標に掲げた。[24]

一九六〇年の趣旨等の決定後、一年以上の空白期間を経て、六二年三月にようやく第一回運営委員会を開催し、活動を開始した。委嘱された運営委員の顔ぶれは、真壁を運営委員長として、民間研究者、大学研究者、教師（剱持、坂本源勇）、女性、農民（斎藤太吉、植松要作）、労組関係者、教組関係者となっており、教育学者や教師だけでなく農民や労組関係者が含まれていることが特徴的である。

運営委員により「地域研究」と「教科研究」という二つの研究主題が決定され、それぞれの分科会により具体的な研究テーマの選定と、実際の研究活動を担う研究委員の委嘱が行われた。地域研究は、内陸班と庄内班が設けられ、研究委員として教師と大学研究者の他、農民や労組関係者が委嘱された。教科研究は、技術教育研究班、教科構造研究班、国語教育研究班が設けられ、研究委員は全員教師であった。こうして「国民による、国民のための、国民の教育」の創造を目指す研究活動が始まった。

（3）山形県国民教育研究所の地域研究

山形民研の研究活動のなかで特徴的なことは、従来教研などでも取り組まれてきた教科研究の他に、地域の調査から国民の教育要求を掘り起こそうとする地域研究が教師や地域の人びとを組織して行われた点にある。そこで、山形民研の研究活動を地域研究に即してみていきたい。

地域研究は、子どもや民衆から出されている教育要求の根、地域の生活条件、生産、労働の構造を立体的に把握することなしに、国民教育を構築することはできないという課題意識のもと、子どもたちを取り巻いている地域そのものをとらえようとするものである。そのため地域の教育にとどまらず、生産、労働、生活、サークルも含めた各団体の運動などあらゆる方面から地域を把握することが目指された。また、実際に地域に暮らす人が参加する研究という強みをいかし、人びとの生活意識に即して要求を引き出しつつ、運動に組織していくという態度で臨むものとされた(25)。

地域研究の対象として、①日本農村の貧しい典型的な地域、②単作地帯の農村と民主主義運動についてという二つの類型が設定され、①は村山地方を対象とする内陸班、②は庄内地方を対象とする庄内班の担当となった。

内陸班は調査対象を旧南村山郡柏倉門伝村（山形市）とした。柏倉門伝村は、運営委員であり、内陸班の研究委員ともなった斎藤太吉の出身地で、斎藤はサークルどてかぼちゃの会を結成し、青年サークル運動をリードする存在だった。内陸班は、柏倉門伝村における、どてかぼちゃの会の活動も含めた農民組合、青年団、平和運動などの戦後の民衆運動史、村の生活、生産構造、村民性、村民の政治的関心、村民の教育要求、地域と教師の関わりを調査し、一九六六年に『地域の民主化と教育』として成果をまとめた。

庄内班は、西田川郡大山町（現鶴岡市）を対象に、学力テスト反対運動に結びつく民主化運動の歴史を扱った。戦前の社会運動、戦後の労働組合・農民組合の成立過程、サークルの成立過程、地域の政治などを調査するとともに、組合やサークルの運動が安保や学テとどうかかわっているのかという現状の分析も行った。その成果は一九六四年に『地域の戦後史』として刊行された。

長期的な研究だけでなく、短期に現地を訪問するという形で地域の実情を知ろうとする活動も行われた。一九六四年七月、真壁、西塔、斎藤の三名が三日にわたり、西置賜郡小国町の五味沢小中学校を訪問した。小中学校では、授業参観、児童総会の傍聴、職員との座談会を行った。夜は村の人たちと座談会を開き、地域の人びとの考えや生活がどのように変化しているのかや学校への要求などが話し合われた。六五年には、離島の生活と教育を調査するため、真壁ら委員八名が飛島を訪問している。

また、山形民研の活動に共感し、地域で民研活動を行う組織の結成がみられた。一九六三年に、北村山教育相談所（六四年に北村山国民教育研究所に改称）、東置賜国民教育研究所が設立されている。米沢においては、かつておきたま児文研で活動していた鈴木輝男、坂本源勇らが、組合活動を経て、米沢教育相談所（五九年設立、六五年米沢教育文化会議に改称）の活動に参加するようになり、山形民研の地域研究に協力していくことになった。

こうして山形民研は山形県における国民教育運動をリードする研究機関として、県内の教育運動に一つの大きな流れを作り出した。山形民研は県教組の組合員が資金を出して設立した機関であり、県教組の付属機関ともいえる立場であったが、県教組と完全に一致した立場とはいえない面もあった。県教組は一九六三年に社会党一党支持派が主流派となり、社会党の運動方針に沿って県内の労組と協調して活動する労働組合としての性格を強めていった(26)。これに対して山形民研に参加した劔持、西塔、鈴木、坂本らは社共の統一戦線を支持し、県教組内では反主流派となっていた。そのため、県教組で組合運動と教育研究活動の統一が議論されると、山形民研では組合と教育研究活動の関係を特集し、組合が上から研究課題を押し付けることに反対する主張をしている(27)。

山形民研と児文研の関係は基本的に協力的な関係にあったが(28)、運動の指向性は大きく異なっていた。児文研は、教師の教育実践を中心にして地域の問題をとらえていこうとするのに対し、山形民研は、生産、労働、生活、各団体の運動を対象として地域の全体像を把握し、そこから人びとの教育要求を掘り起こそうとしていた。こうした指向性の違いにより、『新しい教師集団』にみられるようなサークル運動への批判と同種の批判が、児文研に対してなされることもあった。

三　山形県児童文化研究会の模索と山形県国民教育研究所の動き

（1）児文研への批判

一九五〇年代に山形県内のさまざまなサークルを結びつけ、サークル運動をリードしてきた児文研に対して五〇年代末からさまざまな批判が行われるようになった。その一つは、教師のサークル運動が教育現場での実践に限られており、政治や社会の問題に広がらず、地域の他の集団と結びついた運動にまで発展していかないことを批判するもので、児文研は反封建の運動で反独占の運動にはなっていないという批判である。

勤評反対運動から安保反対運動の時期は、教師サークルを含むサークル・生活記録運動に対する批判が強まってきた時期であった。斎藤太吉は、これまでの運動は古い共同体的なものへの対決が主要な問題であったが、勤評のような統制を強める政策が進行していく現状に対して、生活記録さえやっていればいいというような、サークル・生活記録万能主義が強いとして、もっと「政治や社会の問題と対決」し、原水禁運動や勤評反対運動に参加していくべきだと主張した(29)。斎藤の主張は、『新しい教師集団』にみられたこれまでの教育文化運動が反封建であったとする批判にも通じるものである。土田の実践のように、農村の共同体の問題に取り組んできた児文研の運動は、農村の封建制への対決としては有効だったが、独占資本主義の支配が強まる現状には対応できていないという批判が、「児文研は反封建の運動で反独占の運動にはなっていない」というフレーズにこめられていた。

もう一つは、児文研が教育実践の中心としてきた生活綴方に対する批判であった。全国教研では一九五六年の第五次教研で、生活綴方や生活綴方的教育方法といった言葉が盛んに使われている。ところが五七年ごろから現実の描写を重視する生活綴方の文章は実感主義、状況主義であり、それは抽象化、理論化に向かうことを阻害するという批判が出されるようになった。教研講師団の一人日高六郎は、「生活綴方的」細密描写は時に情緒主義に陥ることもあり、それは実感主義と呼ぶこともできるとして、「実感ベッタリ主義に甘んずるのではなく、理論化の方向への工夫と努力」を求めている(30)。この種の批判は鶴見俊輔や佐藤忠男からも出されており、生活綴方によって子どもが自身の家や地域のことを把握できたとして、それを日本や世界の社会状況を踏まえてどう普遍化していくのかという生活綴方教育が抱える課題を指摘するものであった(31)。

現実を正確に認識し、それを適切な文章にすることを目標とする生活綴方教育は、国語科の作文教育方法の一つではなく、全教科の基礎に位置づけられるものとされた。そのため各教科と生活綴方の関係をめぐる批判も出された。教育学者の山住正己は、生活綴方的な指導を取り入れることで、肝心な教科の指導が十分に行えない危険性もあるとして、「教育は生活を組織しなければならないとか、教育と生産労働とを結びつけなければならないなどというまえに、その教育自身、とくにその中心である教科の内容を、もう少し充実」させる必要があるとしている(32)。

一九五〇年代後半は、国語や算数等の教科の内容や教材、教授法に関する研究が深まり、五七年の第六次教研ではそれまでの分野別分科会から教科別分科会へ分科会の方式が変更された。各教科の研究が深まり、指導方法の枠組みが整えられていくと、どの教科にも属さないという立場をとる生活綴方は教科の枠組みから浮いたものとみられるようになった。そのため生活綴方に取り組む教師を特殊視するようにもなった。六〇年の第九次教研における国語科分科会では、「生活つづり方というものはきわめて特殊な作文指導で、普通の教師には指導できないと言いかねぬようなフンイキがただよった」という(33)。

生活綴方は、教科に属するものではなく、生活指導領域に属するものとされたので、第六次教研以降、生活指導分科会で取り上げられていた。生活綴方的な生活指導では、綴方の指導により子どもたち個々のリアリティが確立され、そうした子どもたちが対等で仲の良い仲間として集団を作っていくことが目標とされた。これに対して、一九五九年に結成された全国生活指導研究協議会が推進したマカレンコの集団主義の立場から向けられた批判もあった。第九次教研の生活指導分科会では、生活綴方的な生活指導の実践を報告した山形代表に対して、集団主義にたつ香川代表は、「うまくみんなの泣き所をおさえた美談的」なものと批判し、「北方教育の伝統にたつ仲間づくりを克服」したいと述べている(34)。

この時期には、生活指導領域に限らず、社会主義的な教育論の立場から生活綴方教育が「再検討」されるべきだという主張がなされている。ソビエト教育学を研究していた教育学者の柴田義松は、道徳教育は「意図的・計画的な教育」が必要であり、経験主義では道徳教育を正しく行うことができないとして、経験主義と抱合しやすい生活綴方教育はその観点から「再検討すべき時期」にきているとした[35]。

また、児文研への批判というわけではないが、一九六〇年代になると、児文研と県教組の関係は希薄になっていった。五五年から行われている山形県児童文化研究協議会は、県教組文教部と児文研を中心とした各地の教師サークルが共催して行っていたものだったが、六三年から県教組文教部と山形県民間教育研究団体連絡協議会が共催する山形県民間教育研究団体合同集会へと名称を変更した[36]。

山形県民間教育研究団体連絡協議会は、児文研などの教師サークルの他に、教育科学研究会国語部会山形県支部、歴史教育者協議会山形県支部、数学教育協議会山形県支部、科学教育研究協議会山形県支部、全国生活指導研究協議会山形県支部、日本教育版画協会山形県支部、創造美育協会山形県支部が加入する団体で、全国的な民間教育団体の支部が加わっている点がそれまでのサークルの集まりとは異なっていた。組織の変化により集会の運営方法も変わった。児童文化研究協議会の運営は児文研が中心となって行っていたが、民間教育研究団体合同集会は分科会を各民間教育団体の支部が運営する形式となった。

こうした変化は、児文研が教師サークルをリードする立場から一歩下がり、各民間教育団体や各地の教師サークルと同等な立場となったこと意味し、全国的な組織が地域支部を確立させていくことで、教師サークルに影響力をもつようになっていったことを示すものだと考えられる。

（2）児文研の応答

一九五〇年代末から投げかけられるようになった批判や県内のサークル運動の衰退、そして高度経済成長による地域の変貌という事態に児文研はどのように応答しようとしたのか。

児文研は反封建の運動だとする批判に対しては、こうした批判自体が「公式的な論評」であり、児文研は政治主義的な「性急な態度」を拒否して、子どもたちの社会認識を「順序よく」「正しく」「科学的に」育てることで、国民教育、国民文化の創造を目指すと反論している。[37] 児文研は教組や文化運動などの全国民的な統一戦線の一翼を担っているとも言っているが、「生活綴方のしごと」を主軸として研究していく研究会として、小さな生活者たる子どもたちに確かな認識と豊かな感情とたくましい行動力を与えるために、「実践をきめこまかに行い、この実践を何よりも大事にし、この実践を一そう確実なもの」にすることを目標に定めている。

この応答に明らかなように、児文研はあくまでも教育という現場での実践にこだわった。しかもその実践は、一九五〇年代に取り組んできた生活綴方の方法を主軸とするものであった。では、生活綴方を中心とした児文研の活動内容により密接に関係する批判として、同時期に強まっていた生活綴方への批判を、児文研はどのように受け止めたのだろうか。

一九六二年、児文研の尽力もあり、日本作文の会第一一回作文教育研究大会が山形県東根市長瀞小学校で開催された。この大会は、生活綴方への批判の高まりを受けて、日本作文の会が方針を転換した重要な大会となった。国分一太郎の講演と六二年度活動方針で、生活綴方を「国語科文章表現の指導」として国語科教育のなかに位置づけ、「生活綴方」という名称はやめて「作文教育」とすることが示されたのである。[38]

これに対して、児文研の鈴木千里は、「生活綴方」を「作文教育」としたことや「国語科文章表現の指導」という位置づけには疑念があり、「生活」ということばで表そうとしている内容が特に重要だとして、「生活綴方」という名称にこだわるとしている。[39]

一九六〇年代の山形は、高度経済成長の影響を受け、地域が大きく変貌していった。五九年から六三年まで若年層を中心に毎年二万人を超える県外への流出が起こるだけでなく、出稼ぎに出るものも急増し、六三年から七〇年にかけて毎年三～四万人が出稼ぎに行くという状態であった(40)。人口の流出や出稼ぎは農村地域に特に目立ったが、激しい人の移動は農村の様相や農業の在り方も変えていき、兼業化が急速に進み、基幹農業従事者の高年齢化、過疎などの問題が生じることとなった。

こうした地域の変貌に、児文研は当初うまく対応できず戸惑いを隠せなかった。土田は、一九六二年に最初の赴任校だった醍醐小に転任したが、一〇年ぶりの醍醐はかつてと状況が大きく変わっていた。かつて土田が理想とした農業の協同化や機械化は達成されていたが、それでも生活の苦しさは変わらず、農業の展望が見出せない状況となっていたのだった。そうしたなかで、子どもたちは、生活の現実から社会と切り結ぶような問題を見出す綴方を書くことができなくなっており、土田はその原因を子どもが農作業を行わなくなったためと考え、親と共に働くように指導した。しかし以前の子どもが働き手の一人として農作業を担っていたのとは異なり、一時の手伝いの域を出ず、土田が求める生活を鋭くとらえるような作品は出てこなかった。

烏兎沼は一九六一年に山形市の都市部の学校に転任し、生活綴方の指導を行ったが、農村部の子どもたちと異なり、生活と生産が切り離されている環境では、烏兎沼が期待するような作品はほとんど出てこなかった。都市部での実践に限界を感じた烏兎沼は、六七年に自ら希望して農村部の学校へ転任していった。

児文研の教師たちを導く立場にあった須藤は、いち早く子どもの作文の変化をとらえていた。須藤は、山形県作文コンクールで毎年審査員を務めるとともに、『やまがたの子ども』の編集も行っており、県内の子どもたちの作品をだれよりも多く読んでいたといえる。須藤は、コンクールの選評や『やまがたの子ども』編集後記で、子どもの作文の変化を繰り返し指摘し、児文研の教師や文集に取り組む教師に検討を促している。たとえば、一九六五年に『やまがたの子ども』第十集を編集した際には、近年の作文は社会認識が貧しく、社会現象や生産の問題を的確にとらえておらず、傍観者的な文章や道徳的な主張に終わっているものが多く、年中行事的にこなしていると指摘している。[41]

生活綴方への批判や実際の作品が抱えている課題に対して、児文研は「何をどう書かせるのか」を追究していった。それは端的に、子どもたちに「ほんね」を、「ありのままに」書かせることだと結論されている。[42]ここでいう子どもの「ほんね」とは、①要求や訴えがするどく出ているもの、②発見や確認のあるもの、③個性的な見方の出ているもの、④新しい題材をとらえたもの、⑤めったにない体験を書いたもの、⑥子どもらしい無邪気さ、達者な見方のあるもの、⑦教科学習とつながりのあるものとされている。こうした題材を「ありのままに」書かせるには、題材を見つけさせ、題材から地域や社会へと視野を広げさせる計画的な指導が必要とされ、生活綴方教育の指導方法による作文の指導を週一、二時間カリキュラムに組み入れることが提案されている。

そうした取り組みのなかから、出稼ぎが子どもたちに与える影響を鋭くとらえた実践が表れた。児文研創立以来の会員で、学校劇や詩の指導に力を入れていた中学校教師の鈴木久夫の『京子よ泣くな　出かせぎ地帯の教育証言』（みどり書房、一九六九年）である。鈴木は、一九六二年に朝日町にある西五百川中学校に赴任し、耕地が狭く農業だけでは暮らせない山村地域で、父親や母親が長期の出稼ぎに行かざるを得ないことが、子どもたちに深刻な影響を与えていることに気づく。そこで子どもたちと地域の農業や出稼ぎについて学習するとともに、出稼ぎに出る親と子どもたちをつなぐ『出かせぎ通信』の発行を転任するまでの五年間続けた。

『京子よ泣くな』には教え子の笹井京子の詩や作文、父親との文通が収められている。京子が中学一年の時書いた詩、「妹よ／ある夜わたしは／ふとんの中で泣いている妹を見た。／きっと母を思い出しているんだなあ……。／去年　今年と　出かせぎに行った母。／今まで一度もはなれたことがなかったのに―。／「かあちゃん。」／「なんだ京子、睦子。」／その答は今はない。／ただ冷たいふとんがある。／あの笑顔を思いだすと　やりきれない。／妹よ泣くな　春になれば会えるのに―。」は、両親が出稼ぎに出ることで子どもたちが背負う現実を余すことなく表現しており、多くの人の心をゆさぶった。

一九六〇年代後半に入ると、生活綴方教育か作文教育かという名称の問題以前に、学校教育の中で作文の指導がほとんど行われていないという問題が意識されるようになる。烏兎沼は、六八年の県教研に作文教育のレポートが一つも出されなかった事実を指摘し、「作文をだいじ」にしない教育は「ほんとうの人間教育」ではないとして、「作文教育の復興」を訴えている(43)。

烏兎沼の訴えに呼応し、表現の技術だけでなく、ものを見る目や感じとる心を豊かに育てる作文教育を追究する山形県作文の会が、一九六九年一月に結成された。山形県作文の会には、児文研の教師たちが多く参加しており、「ものを見る目や感じとる心」を重視する点で生活綴方的な方法に通じる部分が多いが、これを「生活綴方」とは言わず「作文教育」として他の教師に受け入れやすいようにしている。

山形県作文の会の結成は、作文教育に取り組む教師たちを増やす上で一定の効果をもったようである。山形県文集コンクールの応募数は、一九六〇年代には二〇〇編台で推移していたが、六九年に四〇一編に急増し、七〇年に五二九編とさらに増加、七二年に六九一編という最高応募数を記録し、それ以降は毎年五〇〇〜六〇〇編台の応募があった。

（3）山形民研と農民大学

作文・生活綴方の教育実践を通じて、生活者としての子どもの認識を育てていこうとする児文研に対し、山形民研から厳しい批判も出された。一九六九年二月に行われた第六回山形県民研全員研究集会で、西塔は次のような報告を行った(44)。村山の北方性教育とは明確な階級意識と生産労働から出発する生産教育を意味し、生活綴方はその一翼を担うものに過ぎないが、国分は北方性教育を生活綴方と同一視し、生活綴方の実践のみにとらわれていたとし、村山と国分を同じ北方性教育の先達としてきたことが間違っていたという。そして国分の北方性教育＝生活綴方という図式は、須藤へと引き継がれ、須藤を通じて児文研に継承された。一方、村山の北方性教育の遺志を継ぎ、反独占反権力の要素をもった教育は、真壁と剱持によって継承されていると主張した。

この報告は、戦前と戦後の生活綴方を同一のものと単純化し、同志であり親友であった国分と村山の関係を的確に説明しているとはいえない点で問題が多い。一九六四年に国分が、渡部義通、朝倉摂、佐多稲子らと共に共産党執行部を批判して除名処分を受けたことは、こうした見方が出された一因と考えられるが、山形民研で北方性教育に対する理解の仕方が変化してきたことも要因となっている。

一九六二年に国民教育研究所が『地域と国民教育』全七巻を刊行したとき、真壁ら山形県共同研究者集団は第二巻で『北方性教育運動の展開』を執筆した。戦前の北方性教育運動を共有の資産として国民教育創造の課題のなかにいかすために、その歴史を取り上げたのだった。当時のとらえ方は「北方性教育運動を日本の生活綴方教育運動のながれのなかでとらえ」るというものだったが、山形民研の地域研究が進められるなかで村山の評価が変化していったという(45)。村山の実践もたしかに生活綴方から始まっているが、それは次第に子どもたちの生活を組織する生活教育へと発展していった。一方で村山は教員組合の結成にも尽力し、教育労働者としての自覚にたった労働運動にも取り組んだ。村山の中で生活教育と労働運動の二つが結びつき、統一的な実践を行ったことが、今日の国民教育運動にとっても重要な意味をもっているとされた。

こうした評価からすれば、生活綴方は不要とは言わないまでも、生活教育を構成する一つの分野に過ぎないということになる。では、山形民研が考える生活教育とはいかなるものであったのか。そして生活教育と労働運動の統一的な実践はどのように実現されると考えられたのだろうか。

その一つの答えが山形県農民大学である。山形県農民大学は真壁を学長として一九六六年に開始されたが、その前身は北村山農民大学であった[46]。北村山農民大学は、一九六四年に北村山国民教育研究所が主催して始まった。北村山民研は、学校教育・社会教育において、生産労働のことがかえりみられていない現状から、農民や労働者の要求に沿って、稲作、酪農、果樹、税金、貿易自由化など生産労働の問題を学べる場が必要と考えた。そこで長野の信濃生産大学から構想を学び、一九六四年九月五、六日の二日間の日程で北村山農民大学を開催した。

一九六五年二月に行われた第二回農民大学では、次のような学習の方向性が申し合わされた。①事実をさぐり、事実にもとづいて学習する。②数字と記録をだいじにし、新しい生活記録運動をおこす。③地域の問題をすばやくとりあげる。④事実を貧農、開拓農、通勤労働者、婦人層などに広くうったえる。⑤役場、農協、学校などに要求運動をおこす。⑥主体的組織を地域に数多くつくりあげる。⑦農民運動に関心をもつ労働者をだいじにする。⑧要求の全県的統一をつくりあげる。⑨平和運動は生活と深く結びついた運動として、積極的にとりくむ。⑩見通しがもてるように、幅広い学習をする。

①〜③は、生活教育の内容にかかわる項目であるが、「事実」や「数字」を重視する、つまり客観的な観測を基礎に問題を考えようとしていることが指摘できる。④〜⑨は、運動を多くの人に広げながら、現実的な要求を打ち出していくことを目標とするものであり、学習から実際の運動へという道筋が示されている。

この運動を全県的に広げようと北村山民研が、真壁や山形民研に働きかけた結果、一九六六年の山形県農民大学開催に結びついたのであった。村山地方を中心に県内各地から一四二名が参加、参加者の職業は、農民の他、農協職員、自治体職員、労組関係者、教師、学生などであった。学習テーマは農民たちの要求により「農村における学習運動をどうすすめるか」とされ、①日本農業の展望、②農協を農民のものにするために、③構造改善事業の問題点、④流通問題と価格闘争、⑤自治体を住民のものにするために、という五つの講義が行われた。

農民大学における農業問題の学習は、農民たちの運動へと結びついていった。村山市では旧村単位の農協合併構想が出されるなか、農民たちが広域農協の問題点を学び、合併反対運動が組織された。河北町では、農民大学の働きかけを受けて成立したサークルが農民たちを動かし、水利事業反対運動が展開された。

学習から運動へと展開していく農民大学の動きは、地域の人びとに働きかけ運動を組織していこうとした山形民研の地域研究の目標とも一致するものである。山形民研は、地域の問題を発見し、それを地域の人びとと共に考えながら、運動を組織していくことこそ、国民教育運動の役割であると考えたのである。一九七〇年代の山形民研は、公害の問題と向き合っていくことになるが、これも公害が地域の抜き差しならない問題として浮上してきたからにほかならない。

おわりに

これまで論じてきたことで、一九五〇年代から六〇年代にかけての山形県の教育運動の流れを、国民教育運動を軸に描くことができた。山形県において国民教育運動をリードしたのは山形県国民教育研究所であった。山形民研の国民教育運動は、日教組・県教組の教育課程の自主編成とは異なり、国民の教育要求をつかむために、地域をトータルに把握し、農民や労働者を含めた運動を組織していこうとするある種の政治主義を含んだ運動であった。一方、生活綴方教育に取り組んでいた山形県児童文化研究会も、自分たちの教育実践を国民教育運動の一端を担う運動として位置づけていた。

山形民研、県教組、児文研は国民教育という同じ言葉を使っているものの、その意味するところはそれぞれ異なる。学校教育を対象としているという点では、県教組と児文研は近いともいえるが、児文研は教科の教育課程の枠を超えて子どもの現実認識の育成を追究する点で異なっている。山形民研は学校教育にとどまらず、労農と提携した地域共闘を目指しており、県教組、児文研の国民教育とは枠組みが異なる。それぞれの意図が異なる以上、単純な協同関係のみで運動が展開されたわけではなかったことは本文でみた通りである。

高度経済成長による地域の変化、学校教育で展開される能力主義教育政策に対し、生活綴方教育に取り組む児文研は苦闘しながら模索を続けた。彼らは生活綴方教育が目指す目標を明確にしながら、国語科の作文教育の方法として位置づけることで運動のすそ野を広げていった。しかし、文集コンクールへの応募が増加し、作文教育が盛んになることが、子どもの現実認識を発達させ作文の質を高めることに直結するものではなかった。一九七〇年代もコンクールの審査員を務めた須藤は、普段の教育の成果としての文集より、年一回の記念品としての文集が多く、教師が指導目的を自覚していないことを繰り返し警告している。

山形民研は、農民大学のように農民を組織化して運動を展開しようとしていたが、一九七〇年代には地域開発の進展や減反政策により離農者が増加し、農民の組織化が機能しなくなっていく。七〇年代まで含めて考えると、山形県における国民教育運動も能力主義教育政策に対抗するヘゲモニーを確立できたとはいえない。しかし、そこに何の可能性もなかったわけではないと考えられる。

児文研と山形民研は運動の目的や方法は大きく異なっていたが、両者ともに地域を重視し、地域を舞台として運動を展開した。彼らが対象とする地域とは、単なる地理的な領域を指すのではなく、人びとが生活する場として具体性をもった空間としての地域であった。日教組の国民教育論は、「国民の教育要求」に応えることを目標としながらも、被教育者に対する支配者としての教師という意識が希薄な上、教職の専門性、聖職意識に閉じこもる傾向が指摘されている。(47)人びとが生活する地域を対象とした児文研や山形民研の運動は、教師たちの中だけで完結するものではなく、地域の人びとと結びつくことが何より重要な要素であった。とすれば、彼らの運動は、聖職意識にとらわれがちな教師たちの傾向を乗り越える可能性を示しているといえるのではないだろうか。

注

(1) 玉田勝郎「公教育における教授―学習過程の構造と人間改革」(持田栄一編『講座マルクス主義6　教育』日本評論社、一九六九年)、二四二―二四四頁。

(2) 佐藤隆「高度成長期における国民教育運動と恵那の教育」(大門正克他編『高度成長の時代1　復興と離陸』大月書店、二〇一〇年)二〇〇―二〇一頁。

(3) たとえば、持田栄一は国民教育をめぐる所論を概ね次のように整理している。国民教育とは、もともと近代国家により担われる近代公教育によって、人びとを国民として教育するという意図を持ったいわば上からの国民教育という意味があった。しかし戦後に、清水幾太郎、勝田守一、宗像誠也によって唱えられた国民教育論は、人間の自由を基礎として国家教育と対立する概念として提起された。これに対して、国民教育の内実を、教育をめぐる独占資本対労働者階級の階級闘争とかかわってとらえる所論があり、独占資本を日米とみるか日本とみるかによっても国民教育の課題が異なっているとしている(持田栄一編『講座マルクス主義6　教育』日本評論社、一九六九年、一〇四―一〇七頁)。

(4) 須藤克三「児文研の誕生と考え方について」(山形県児童文化研究会編『わたしたちの教育探求―サークル十年間の成果と展望―』麦書房、一九六〇年)一一―一二頁。

(5) 前掲注4、一三頁。

(6) 土田茂範「研究会のあしあと(3)」(『気流』二五号、一九五五年五月一五日)。

(7) 「会だより」(『気流』一七号、一九五三年一〇月四日)。

(8) 樋口実「サークル報告」(『気流』一九号、一九五四年三月七日)。

(9) 「第五回文集コンクール(一九五四年度)」(『山形教育新聞』一九五四年三月三一日)。

(10) 須藤克三「第一〇回文集コンクール(一九五八年度)選後感」(『山形教育新聞』一九五九年六月五日)。

(11) 『山形教育』五八号(山形県教育研究所、一九五六年八月)三九頁。

(12) 鈴木実「生活のなかに発見する童話」(『気流』三二号、一九五六年五月二〇日)。

(13) 北河賢三「須藤克三と戦後山形の教育文化運動」(『戦後史のなかの生活記録運動―東北農村の青年・女性たち』岩波書

店、二〇一四年）一二六頁。

(14) 今野日出晴「歴史教育の中のアジア・太平洋戦争」（成田龍一・吉田裕編『岩波講座アジア・太平洋戦争　戦後篇　記憶と認識の中のアジア・太平洋戦争』岩波書店、二〇一五年）一〇一—一〇五頁。

(15) 組合史編集委員会編『山形県教職員組合四十年史』（山形県教職員組合、一九八七年）五七二—五七三頁。

(16) 勤評反対運動は、日教組の政治路線や教組と教研の関係をめぐる対立を表面化させた。一九五九年一月の第八次教研において、県教組米沢地区支部に所属し、おきたま児文研の会員でもあった鈴木輝男が桑原武夫の記念講演を近代主義的な甘さがあると批判した（『日教組教育新聞』一九五九年二月六日）。この出来事は教組と教研の関係をめぐる議論を呼び、教研講師団の日高六郎や竹内好は鈴木発言を批判している。詳細は宮下論文を参照。

(17) 庄内児童文化研究会「現在の時点（昭和三五年四月）」（『教育北方』八号、一九六〇年）三一頁。

(18) 『教育北方』八号（一九六〇年）三二頁に掲載された山形県教育サークル協議会名簿。

(19) 「サークル紹介」（『教育北方』八号、一九六〇年）。

(20) 新藤謙『野の思想家　真壁仁』（れんが書房新社、一九八七年）二八五頁。

(21) 前掲注(13)、一三二—一三三頁。

(22) 真壁仁『野の教育論』上巻、下巻（民衆社、一九七六年）、同続（民衆社、一九七七年）。

(23) 真壁仁「国民教育の創造ということ」（『野の教育論』上巻、初出『山形大学新聞』八八号、一九六一年四月）二三六—二三九頁。

(24) 「山形民研設立から采井委員選出までの経過のあらまし」（『山形教育新聞　民研通信版』一九六三年三月二〇日）。

(25) 「地域研究合同第一回会議」（『山形教育新聞　民研通信版』一九六三年三月二〇日）。

(26) 『山形新聞』一九六四年六月八日。

(27) 『民研通信』八号、一九六五年三月五日。

(28) 山形民研の国語教育研究班の研究委員は、剱持や烏兎沼を始めとして、ほとんどの委員が児文研会員であった。

(29) さいとうたきち「生活記録運動はこれでいいか」（『山形教育新聞』一九五八年七月一五日）。

(30) 日高六郎「「教育研究活動」の現状と問題点」(『思想』一九五八年三月号)。
(31) 久野収・鶴見俊輔・藤田省三『戦後日本の思想』(中央公論社、一九五九年)所収の「大衆の思想　生活綴り方・サークル運動」。佐藤忠男「生活綴方のリアリズムの方向」(『教育』一三九号、一九六二年二月)。
(32) 山住正己「子どもの生活と教科内容」(『教育』一三八号、一九六二年一月)。
(33) 日本教職員組合編『日本の教育　第九集』(日本教職員組合、一九六一年)三八頁。
(34) 前掲注(33)、二三三―二三四頁。
(35) 柴田義松「この『プログラム』を読むにあたって」(『現代教育科学』一九六一年一一月号)。
(36) 前掲注(15)、五八二―五八三頁。
(37) 鈴木千里「わが研究会の問題点と今年度の課題」(一九六二年五月、土田茂範編著『海図のない航路――山形県児童文化研究会の五十年――』艸竹庵文庫、二〇〇四年、所収)一四〇頁。
(38) 日本作文の会『作文と教育』一九六二年九月号。
(39) 山形県児童文化研究会(文責：鈴木千里)「作文教育の普及浸透についての提案に対する意見と具体案　その五」(『作文と教育』一九六三年五月号)。
(40) 『山形県史』第五巻(山形県、一九八六年)。
(41) 須藤克三「やまがたの子ども十集を編して」(『気流』六一号、一九六五年六月)。
(42) 烏兎沼宏之「何をどう書かせるのか追及を」(『気流』六四号、一九六五年九月)。
(43) 烏兎沼宏之「作文教育を復興させよう」(『教育北方』一三号、一九六八年一〇月)。
(44) 西塔辰雄「教育遺産の継承」(『民研通信』一七号、一九六九年四月)。
(45) 真壁仁「国民教育の継承と発展」(『野の教育論』上巻、初出『石川の教育』一九七〇年四月)。
(46) 「輪をひろげる山形農民大学」(戦後社会教育実践史刊行委員会編『戦後社会教育実践史』第三巻、民衆社、一九七四年)。
(47) 前掲注(1)、二三二―二四一頁。

編著者紹介

北河賢三（きたがわ　けんぞう）

1948年生まれ

早稲田大学名誉教授

『戦後史のなかの生活記録運動　東北農村の青年・女性たち』（岩波書店、2014年）

「日高六郎の戦争・戦後体験と戦後思想」（早稲田大学教育・総合科学学術院『学術研究（人文科学・社会科学編）』第66号、2018年）

黒川みどり（くろかわ　みどり）

静岡大学教授

『創られた「人種」　部落差別と人種主義』（有志舍、2016年）

『評伝　竹内好　その思想と生涯』（山田智と共著、有志舍、2020年）

執筆者紹介

上田美和（うえだ　みわ）

共立女子大学国際学部准教授

『石橋湛山論　言論と行動』（吉川弘文館、2012年）

『自由主義は戦争を止められるのか』（吉川弘文館、2016年）

井上祐子（いのうえ　ゆうこ）

1963年生まれ

公益財団法人政治経済研究所主任研究員

「写真家濱谷浩のグラフ・キャンペーン——一九五〇年代総合雑誌グラビア頁の試み」（赤澤史朗・北河賢三・黒川みどり編『戦後知識人と民衆観』影書房、2014年）

『秘蔵写真200枚でたどるアジア・太平洋戦争—東方社が写した日本と大東亜共栄圏』（みずき書林、2018年）

和田悠（わだ　ゆう）

1976年生まれ

立教大学文学部教育学科教授

「鹿野女性史の視角—『現代日本女性史』を読む」（赤澤史朗・北河賢三・黒川みどり・戸邉秀明編著『触発する歴史学—鹿野思想史と向き合う』日本経済評論社、2017年）

『子どもとつくる平和の教室』（共編著、はるか書房、2019年）

宮下祥子（みやした　しょうこ）

1985年生まれ

立命館大学大学院社会学研究科博士後期課程

「鶴見俊輔のハンセン病者との関わりにみる思想—1953～1964年を中心に」（『同時代史研究』第10号、2017年）

「社会科教育と戦後知識人—日高六郎の「社会科学科」をめぐる実践」（『新しい歴史学のために』第296号、2020年）

高岡裕之（たかおか　ひろゆき）

1962年生まれ

関西学院大学文学部教授

「思想史の場としての「健康」」（赤澤史朗・北河賢三・黒川みどり・戸邉秀明編著『触発する歴史学　鹿野思想史と向きあう』日本経済評論社、2017年）

「戦時の人口政策」（小島宏・廣嶋清志編著『人口政策の比較史』日本経済評論社、2019年）

高木重治（たかぎ　しげはる）

1981年生まれ

早稲田大学教育学部非常勤講師

「戦後農村における地域婦人会活動の軌跡—下伊那地域を事例として—」（『年報日本現代史』第18号、2013年）

「郵政関係移管文書の特徴」（『北の丸』第50号、2018年３月）

戦中・戦後の経験と戦後思想　一九三〇—一九六〇年代

2020年9月25日　第1刷発行

編著者　北河賢三
　　　　黒川みどり

発行者　赤川博昭
発行所　株式会社現代史料出版
〒171-0021　東京都豊島区西池袋2-36-11
TEL03-3590-5038　FAX03-3590-5039
http://business3.plala.or.jp/gendaisi

発　売　東出版株式会社
印刷・製本　亜細亜印刷株式会社

ISBN978-4-87785-356-3　Printed in Japan